增长黑客

如何低成本实现爆发式成长

[美] 肖恩·埃利斯（Sean Ellis）
[美] 摩根·布朗（Morgan Brown）著
张溪梦 译

中信出版集团 · 北京

图书在版编目（CIP）数据

增长黑客 /（美）肖恩·埃利斯，（美）摩根·布朗著；张溪梦译 .-- 北京：中信出版社，2018.1（2026.1 重印）
书名原文：Hacking Growth: How Today's Fastest-Growing Companies Drive Breakout Success
ISBN 978-7-5086-7853-5

I. ①增… II. ①肖… ②摩… ③张… III. ①企业管理－技术革新－研究 IV. ① F273.1

中国版本图书馆 CIP 数据核字（2017）第 162302 号

增长黑客

著　　者：[美] 肖恩·埃利斯　[美] 摩根·布朗
译　　者：张溪梦　韩　然　张　颖
出版发行：中信出版集团股份有限公司
（北京市朝阳区东三环北路 27 号嘉铭中心　邮编　100020）
承 印 者：嘉业印刷（天津）有限公司

开　　本：880mm×1230mm　1/32　　印　　张：12　　字　　数：260 千字
版　　次：2018 年 1 月第 1 版　　印　　次：2026 年 1 月第 43 次印刷
京权图字：01-2017-0380
书　　号：ISBN 978-7-5086-7853-5
定　　价：59.00 元

肖恩·埃利斯

献给我深爱的妻子斯维特拉娜和

我们聪慧的女儿娜塔莎、安娜

摩根·布朗

献给埃丽卡、班克斯和奥德丽·格蕾丝

目 录

推荐序

以有限的资源获得最大限度的成长

迅雷创始人、远望资本创始合伙人　程浩

作为十几年的创业老兵，我花了两天时间一口气将这本书读完，然后又花了一天时间画了一个脑图。原因是这本书写得非常翔实生动，把我以前朦朦胧胧的“感觉”重新梳理了一遍，终于变为很有条理的知识体系。

必须说，《增长黑客》是每位奋斗在一线的创业者和企业高管们都该认真研读两遍的实战指南。

对于如何有效获客、留存用户、让业务爆发增长，书中不仅有体系的方法论，更有翔实的实战技巧。任何希望以有限的营销资源，甚至不想额外花钱就能收获最大限度成长的企业家，本书都不容错过。

特别在国内资本热衷于炒作热点、项目同质化严重的当下，创业竞争环境要比美国严苛许多。国外往往同一赛道只有两三家企业在竞争，而国内同一时间却能涌现出十几个共享单车、共享充电宝的玩家。这时你再说自己的商业模式有多么巧妙、团队背景有多么豪华都没用。创业者更需要的是一套精细化运营的知识体系，帮助他们从乱战中快速脱颖而出。

这正是《增长黑客》准备告诉我们的创新方法。预算紧张下依靠巧思去挑战庞然无匹的企业巨头成为可能。脸谱网、优步、Airbnb（爱彼迎）和 Pinterest（一个图片分享网站）这些互联网界知名的“独角兽”，正是依靠这一方法论，完成了项目早期的迅猛扩张，进而取得了巨大成功。

此前，结合迅雷并不平坦的创业经历和十多年企业一线管理的实战经验，我对埃里克·莱斯的《精益创业》做了比较深入的研究，也在自身实战基础上做了全新和丰富的解读，甚至在转型投资人后，多次作为创业营的导师，给国内的创业者们讲过精益创业的课程。

肖恩·埃利斯和摩根·布朗两位作者呕心撰写的《增长黑客》，可以说正是《精益创业》的姊妹篇。

因为《精益创业》主要聚焦在如何低成本快速验证需求和解决方案，所以埃里克并没有针对用户增长这块着更多笔墨，毕竟“有需求”是用户增长的前提。但是精益创业显然也不是万能钥匙，特别在国内，随着人口红利和移动互联网流量红利的双双消失，商业环境已完成了从以往粗放式增长到精细化运营的转变，初创企业即使验证了需求和方案，仍然面临如何获客和如何留存的问题。而《增长黑客》主要讲的就是需求验证后，如何获客、如何激活、如何留存，以及如何赚取更多利润的方法。两本书相结合，基本上覆盖了整个创业过程。

该书详细介绍了增长黑客团队的组成以及运行机制，并拿脸谱网、Yelp（美国最大的点评网站）、优步等大家耳熟能详的公司举了很多例子。增长黑客做过的事情，其实我们过去在互联网创业过程中很多也都亲自实践过，例如怎么做“漏斗模型”、怎么通过分析数据发现问题、怎么优化着陆页面、怎么提高用户付费率、怎么做 A/B 测试……但这些基本上都属于“项目制”。

简单讲，就是绝大多数国内公司并没有一个专职负责“增长”的团队，作为资深从业者，我也体会到“项目制”有两个不足之处。

第一，项目制都是临时性质的，都是针对某个具体问题，该问题解决后项目组就解散了，没有人持续关注用户增长，而用户增长又是一个从不间断的事情。

第二，每个项目的执行水平和项目经理的经验有直接关系，如果没经验再重视也没用，而国内这种人才又普遍稀缺，所以每个优化都落实得参差不齐，也很难形成积累。

因此我认为，设立一个专职的增长团队很值得借鉴。当然，在具体执行中，我们也要关注增长团队和各业务部门的潜在冲突。

对于企业最为关注的如何获客，书中特别着重阐述了病毒式营销。病毒式营销的优点显而易见：高爆发性、成本低，甚至免费。对于社交类产品，例如微信、脸谱网，病毒是最自然的推广方式（大家都记得微信刚注册完，就让你邀请通讯录的好友），这点无须赘言。

但是非社交类产品怎么做病毒式推广就很有技巧了。文中举例 Dropbox（文件储存软件）通过推荐给朋友来获得更大的存储空间，制造病毒式传播，这一点非常巧妙。我也深有体会，当时还把 Dropbox 推荐给几个朋友使用。与之类比，我想到了微信钱包。理论上，支付类产品是明显的工具（工具需要场景驱动，例如你得想好买什么再去支付），和病毒没什么关系，也没有网络效应。

事实上，腾讯的财付通确实在微信出现之前一直做得不温不火。这样的工具怎么制造病毒式传播？听起来不容易，但我相信大家对后来的过程其实都很熟悉，那就是微信红包！我印象最深的是一个大年三十晚上，迅雷的同事在群里排好队形让我发红包，躲都躲不了。我不得不开通微信钱包。同样，收到我红包的同事也需要开通微信钱包，才能把红包存到银行里。据我所知，仅一个春节就有近亿用户开通了微信钱包，而且腾讯从头到尾没花一分钱，这就是病毒营销的魅力。

《增长黑客》整本书读下来酣畅淋漓，把我以前比较零散的知识点做了很好的梳理，而且文中举的例子虽然是国外的，但都是主流应用，相对比较熟悉，这对大家吸收也有帮助。此外，这本书翻译得非常干练流畅，用词严谨。在这里亦对译者张溪梦的辛苦工作表示感谢。

最后想说，对于身处战火之中，争分夺秒、时间宝贵的每位创业者，理解并施行这本书列举的增长黑客方法，会让你们事半功倍。所以预祝每一位读者在阅读后都有自己的收获，这是一本能够让你在商海中取道捷径的“黑客指南”！

译　序

让数据驱动增长

GrowingIO 创始人 & CEO　张溪梦

“If you are not growing , then you are dying！”（如果企业不在增长，那么就是在衰亡！）一句名言，道出了“增长”这一企业运营永恒的真理。无论是上市企业，还是创业公司，或者是投资机构，都非常看中增长的概念，因为它是衡量一个企业最核心的方向标。

2010 年，肖恩·埃利斯首次提出“增长黑客”的概念。他认为：增长黑客的唯一使命就是增长。他们所做的每一件事都力求给产品带来持续增长的可能性。在硅谷，像领英、脸谱网、Airbnb、Dropbox 和 Slack（团队沟通交流平台）这样的独角兽企业，早就开始使用增长黑客的方法进行商业实践。它们通过创造性的方法、科学的数据分析工具，可以用极低的费用在短时间内吸引数以百万计的用户，达到数十亿美元的估值。肖恩在十多年前就发现了这个特点，他认为，现代企业必须不断创新，才能实现高效的增长。

肖恩在美国硅谷被称为“增长黑客之父”，他不但是“增长黑客”理论的奠基人、扶植超过4家企业高速成长的营销和产品顶级专家，也是我在硅谷工作时的一位非常好的朋友。认识肖恩还要从美国高速增长的创业企业 Dropbox 说起。那是在 2010 年底，我还在领英位于硅谷山景城的总部工作，带领整个数据分析团队为领英全力推动用数据驱动的增长和变现。有一天晚间，我的一位美国同事和我提到 Dropbox 的增长团队希望能够和我交流一下如何用数据来驱动变现和增长。在此之前，很多人曾经和我提到过 Dropbox 这家公司，其用户数量和活跃度在过去几年一直呈现每年接近 500% 的爆发式成长，是当时硅谷的明日之星之一。每年 5 倍以上的成长速度在 2009 年经济危机之后绝对是一种令人惊叹的成就。最令我着迷的部分还是它的早期增长团队的奠基人肖恩·埃利斯的增长黑客理论框架，特别是这套思维体系令很多企业无论在商业还是在财务上都跳出了当时急功近利的营销怪圈，而是将关注用户体验和价值作为企业增长的目标。这种核心价值观又在技术和产品的推动下令企业增长效率得到了迅速放大，从而在未来令企业达到商业利益的最大化。

以往传统的营销方式只切入用户生命周期的开始部分，例如品牌、定位以及获客等早期阶段，因此这类营销方法都比较粗放，市场部门把营销预算打包然后逐步外包给第三方的代理来推行计划和落地，但是今天这种粗放的模式在不断受到各种挑战和质疑。今天的数据化运营已经远远超过传统营销所定义的范畴，而且已经超过了普通企业数字营销的概念。例如我们所知道的网站营销、微信营销、搜索引擎营销、社交媒体营销等等，媒体广告等概念已经渐渐变成每一家公司的必备竞争力。今天的营销概念已经悄悄地扩展到产品内部，以及销售和服务等各个部门和领域。

特别重要的是，今天的数字化运营已经通过核心产品的研发以及用户体验等工作获得更快速的业务成长。特别在用户的留存上，需要提高各个环节的转化效率，同时在各种渠道上进行优化，迅速用数据找到优化的方式，不断进化和迭代。增长黑客的核心理论就是这种有效而且规则的高级协作和运营的体现。因此，未来的数字化运营，将不再单纯以市场营销为核心，而是贯穿整个客户生命周期，通过各个部门间的协作为客户提供一个整体的、持续的最佳体验。

2017 年以来，营销的核心已经开始从广告、搜索、社交媒体和公众评论的世界向专注于客户体验的方向迅速转化。其结果是，企业的营销战略越来越多地确认了产品团队，而不仅仅是营销部门，对客户体验进行有效管理进而促进增长。“增长黑客”就是这个重要转型时期的理论基础。

我们的团队从硅谷回到中国开展业务以后，在增长黑客这个领域里看到中美之间仍然存在四个巨大的差异：第一，是否对数据的巨大价值有深刻的认知；第二，是否掌握数据驱动的体系和方法；第三，是否运用数据指导各个业务部门的运营；第四，是否善于利用分析工具代替人力。

帮助中国企业弥补这些差距并且能够在与外来竞争的对抗中胜出，这是我们创立 GrowingIO 的主要原因。作为一款用户行为数据分析工具，GrowingIO 围绕用户展开营销渠道优化、提升转化、提高留存和变现等方面的分析。这不仅对没有那么多时间和资源的创业公司或项目有用，也可以帮助大公司构建企业级数据驱动体系。今天是大数据技术迅速应用于商业进而产生价值的时代，如何很快地用分析产品来实现商业价值，是一个企业必须具备的核心竞争力。

2016 年底，GrowingIO 举行了国内首次数据驱动增长大会，我们很荣幸地请到肖恩·埃利斯专程来到北京为参会者做了几场精彩的增长黑客演讲和培训。在题为 Growth Hacking Success: Setting and Achieving High Impact Growth Objectives（黑客式成功：设立和实现高影响力目标）的演讲中，肖恩·埃利斯也是突出强调了数据分析和科学试验对于增长黑客的重要性。

眼下，中国正在经历一个重要的产业升级过程。随着中国人口红利的衰减、互联网流量红利的马太效应显现、用户的时间越来越碎片化、资本投资变得更为理性和务实，未来企业的单位运营成本也会呈现一个线性的，甚至是指数型的增长。这意味着随着成本的大幅度增加，中国企业必须改变过去粗放型的营销和运营方式，特别是在市场营销、产品制造、销售以及未来的客户服务等各个方面向更加科学、高效的方向转变。肖恩·埃利斯的《增长黑客》将为读者带来一个有效的理论和实践框架，希望它能为您的企业带来高速增长！

前　言

低成本、高效率的精准营销

2008 年，我（肖恩）接到了在线存储服务公司 Dropbox 创始人德鲁·休斯顿的电话，他告诉我这个刚刚成立一年的公司面临的困境，这马上激起了我的兴趣。当时，Dropbox 的云文件存储与分享服务已经建立起了一个不错的初期粉丝群，尤其受到硅谷技术达人们的青睐。早在 Dropbox 产品完全开发完成之前，休斯顿就在网上发布了一个视频原型，说明该服务将如何运作，这个视频也为他赢得了著名创业孵化器 Y Combinator 的支持，吸引了一大批早期用户。

视频在聚合类资讯网站 Digg 上发布之后，马上获得疯狂转发，Dropbox 试用版的用户人数也转眼之间从 5 000 人增加到 75 000 人。[1] 很显然，休斯顿找到了一个商机。后来，公开版发布之后，又一批用户注册了 Dropbox，也对其提供的服务颇为满意。但是接下来，当休斯顿试图将用户群扩大到技术达人以外的人群时，他却意外碰壁了，而且他面临着巨大的时间压力，因为竞争十分激烈。一家创业公司 Mozy 就比他早三年起步，另一家公司 Carbonite 已经获得了 4 800 万美元的融资，而休斯顿获得的种子资本只有 120 万美元。与此同时，微软和谷歌这两大超级巨头公司也在进军云储存领域。面对如此强大的竞争对手，Dropbox 该如何扩大其用户群?

休斯顿在电话中告诉我，他们的初期用户很稳定，但是规模还不够大，他希望我能够帮助他们吸引更多用户。当时，我正准备辞去在创业公司 Xobni 市场副总裁的职位，而这家公司的创始人亚当·史密斯正是休斯顿的好友，于是亚当建议我和休斯顿见个面，讨论一下 Dropbox 面临的挑战。那时，在硅谷，我已经在帮助企业获得飞速发展方面积累了一定的名气，特别是帮助像 Dropbox 这样面临激烈竞争却预算有限的公司。我先是成功帮助网络游戏公司 Uproar 获得增长。当索尼、微软和雅虎都在大举进军游戏行业的时候，Uproar 在我的帮助下一跃成为十大游戏网站之一，并且在 1999 年 12 月进行 IPO（首次公开募股），当时，Uproar 已经拥有超过 520 万名游戏玩家。[2] 随后，我又和 LogMeIn 合作帮助其增长。LogMeIn 是由 Uproar 创始人成立的一家非常具有创新性的服务公司。当时，其主要竞争对手 GoToMyPC 正在大力进行市场推广。在我的帮助下，LogMeIn 一举成为市场领导者。这其中有何秘诀？我和工程师们合作，利用技术达到一个对他们来说不同寻常的目的——通过设计新方法寻找并获得新客户并从客户身上学习，以优化客户定位、扩大客户群并提高营销投入的效益。

1994 年，我刚刚步入职场时对软件工程还一无所知。当时，我的工作是为一家商业杂志销售广告版面。而那时，企业互联网化的浪潮才刚刚开始，但是我看到了互联网行业的前景。因此当我遇见 Uproar 的创始人时，当即决定拿出我辛苦赚得的一部分销售提成投资到这家公司，并跳槽到这家游戏门户网站，帮助它做销售广告。但是不久之后我就认识到只依赖传统营销手段的局限性，即便披上了新的互联网时代的外衣，诸如网上横幅广告之类的方法，也很难有效地驱动增长。真正让我醒悟的时刻大概是当我试图销售广告版面给当时领先的广告公司盛世长城和奥美而被它们拒绝的时候，它们不肯将 Uproar 网站上的横幅广告位推荐给它们的客户，理由是 Uproar 网站的用户群不够大。当时，我的手头有些紧，担心拿不到自己急需的销售佣金，与此同时，公司创始人也要求我尽快找到办法获取新用户。我采取的第一个办法是在雅虎等门户网站投放付费广告，这有效地促进了增长。但是这种做法成本太高，这和后来德鲁·休斯顿在推广 Dropbox 时遇到的难题一样，价格高昂的广告并没有带来足够高的回报。同时，索尼、雅虎和微软也开始推广它们的游戏，在网上铺天盖地地打广告。作为一个年轻的创业公司，Uproar 在资金实力上根本无法与它们抗衡，因此我必须另谋出路。

这时，我想到了一个办法：创造一种全新类型的广告，让网站主免费在他们的网站上为Uproar的游戏做广告。也就是说，网站可以为访问者提供新的有趣的功能，而Uproar也获得了在这个网站上展示的机会。创始人同意了这个想法，随后我和工程师团队一起用了短短几周的时间开发了一个新的单人游戏，只需要给网站增加一小段代码就可以将这个游戏添加到任何网站上。这也是最早的嵌入式微件之一。如此一来，网站主成了Uproar的广告联盟成员，对于每一个通过他们的网站转到Uproar的新游戏玩家，Uproar只需要支付50美分。这样的低成本对我们来说非常合适，而且因为这个游戏趣味性很强，我们的联盟成员也非常乐意把它添加到他们的网站上。除了通过这些网站获得新的用户，我们也在这个单人游戏上增加了一个“将此游戏添加到你的网站”的选项，使其他网站主可以毫不费力地将游戏放到他们的网站上。

这个游戏初获成功后，我们测试了几个不同版本的文案、行为召唤和免费游戏，以寻找最有效的组合方式。Uproar因此获得了爆炸式的增长，这些免费的游戏很快就被投放到了4万家网站上，Uproar也打败了那些在营销上一掷千金的巨头公司，一跃成为网络游戏的领军者。自那以后，很多其他公司也采用了同样的策略促进增长，其中最著名的例子就是YouTube。通过嵌入式视频播放器微件，YouTube的视频得以遍布整个网络，网络视频也因此形成一股风潮。

正因为我在Uproar取得的成功，其创始人随后又邀请我帮助他发展他的下一个创业项目 LogMeIn。LogMeIn 是一个创新性的产品，可以使用户在任何一台联网的电脑上获取他们家中或者办公室电脑里的文件、邮件和软件。在进行了猛烈的搜索引擎营销攻势之后，LogMeIn 起初获得了不少客户注册量，但是很快就进入了平台期。我意识到它面临的是同样的问题：广告成本太高，而收效太少。尤其是为了将产品与强有力的竞争对手 GoToMyPC 区别开来，LogMeIn 在我的建议下从收费模式转为免费增值模式[①]，但如此一来，产品付费收入减少了，营销成本更显高昂，而且每月一万美元的广告支出并没有带来相应的获客效益。尽管我们做了很多不同版本的广告测试，也尝试了各种不同的关键词搜索，试用了不同的广告平台，转化率仍然非常低。对于一个如此实用而且免费的产品，这样的结果令人十分不解。于是我再一次求助于技术以寻找解决问题的新思路。

我决定试着联系那些注册后却并未使用我们产品的用户，获取他们的反馈意见。我们在注册过程中收集了用户的邮箱地址，于是便给这些用户发邮件，询问他们为何没有使用 LogMeIn。这种做法现在看来再平常不过了，但在当时却是一个颠覆性的想法。仅仅几天过后，我们收到了完全一致的回复：他们不相信我们的服务真的是免费的。当时，免费增值软件模式才刚刚出现，许多人不相信有这等好事。意识到这点之后，我将我的营销团队

① 免费增值模式（freemium），指用免费服务吸引用户，再通过增值服务将部分免费用户转化为收费用户。——编者注

和技术团队召集在一起进行头脑风暴，让大家献计献策，思考如何改进用户“着陆页”，如何更好地向用户传达这并非圈套，让他们相信 LogMeIn 真的提供免费的产品。我们尝试了许多营销方案和网页设计，但是，这些试验几乎没有带来任何实质性的改变。之后我们决定在页面上增加一个购买付费版本的简单链接，结果这让我们找到了页面设计、信息传达和服务选项的完美组合，使我们的转化率提高了不止两倍。但这仅仅是开始。通过深入分析数据，我们发现，那些下载了软件却并未使用的用户流失情况更加严重。我们不断试验，比如尝试改进安装过程和注册步骤等，最终使转化率大幅提升。这不仅提高了搜索广告的成本效益，同时使我们能够在保证盈利的前提下将搜索广告规模扩大 100 多倍。这样一来，公司的规模扩大了，也迅速实现了飞跃式的增长。

再一次，我们只用了几周时间便找到了解决方案。而且方法也很简单，只需要一些创新性的思考，加强整个公司的协作，开展实时市场测试和试验（而且成本极低，甚至为零），并且根据试验结果做出迅速灵活的反应。这些便是后来我创立的增长黑客方法论里的要素，你也将在这本书里读到这个方法论的内容。

当然，当时并非只有 Uproar 和 LogMeIn 这两家创业公司将编程和营销知识与网络最初的一些特征结合起来以驱动增长。比如，Hotmail 就是最早利用网络产品病毒式传播与自我传播特征的公司之一，它在用户发出的每一封邮件的底部加上了一句非常简单的话，“加入 Hotmail 你也可以发送免费邮件了”，同时附上了一个链接，可以使新用户跳转到着陆页注册新账户。[3] 与此同时，网络支付平台贝宝（PayPal）的例子则显示了将产品和知名网络平台相结合所能获得的巨大增长潜力，这个网络平台就是易贝（eBay）。贝宝团队发现易贝上的拍卖人喜欢使用贝宝作为买家的支付方式，于是他们创建了自动链接。自动链接可以自动将贝宝的图标以及注册链接添加到拍卖人所有在拍商品页面，这使易贝上使用贝宝支付的交易数量增加了两倍，因此贝宝在易贝上获得了病毒式的增长。[4] 再来看看领英的故事。这家公司在创立的第一年有些不温不火，但在 2003 年底实现了势如破竹的增长。这是因为它的工程团队找到了一个绝佳的办法，使用户可以毫不费力地上传他们 Outlook 邮箱的通讯录并邀请联系人。这个办法产生了极大的网络效应，加速了领英的增长。[5] 在每一个案例中，增长都不是通过传统的广告营销获得的，而是通过编程上的一些巧思，而且都是在预算紧张的情况下实现的。

如此这般精心设计、扩大并留存用户群的办法并非依靠传统的营销方案、重金打造的发布会或者高昂的广告支出，而是利用软件开发将营销嵌入产品本身。实践证明，这种办法非常有效，而且性价比很高。或许更重要的是，企业收集、储存、分析并实时跟踪大量用户数据的能力在不断提高，即便是小型创业公司也能够以极低的成本、更快的速度和更高的精准度试验产品的新功能、向用户传递信息的新方式或者塑造品牌的新办法以及其他新的营销手段，因此便催生出了一个通过高速度、跨职能的试验来驱动增长的做法，我就此提出了“增长黑客”这一概念。

在 LogMeIn 的增长策略取得成功之后，我决定专注于用试验的方法帮助初创公司加速增长。所以当德鲁·休斯顿找到我，跟我讨论如何与 Dropbox 合作时，我迫不及待地想将我发展出的这一套方法付诸实践。我所做的第一件事就是获得休斯顿的支持，对现有用户做一个简单的调查，以计算 Dropbox 的“不可或缺性得分”（这是我提出的一个评分标准，你将会在本书中读到更详细的说明）。这个调查只问了一个非常简单的问题：“如果你无法再使用 Dropbox，你将有何感受？”用户可以选择“非常失望”“有一点失望”“不失望”或者“不适用——已经弃用产品”这几个选项。（我之所以这样设计这个问题，是因为我发现询问人们是否满意并不能提供有意义的信息，与满意度相比，失望度能更好地衡量用户对产品的忠诚度。）我已经在很多家创业公司做过这项调查，发现只要有 40% 的受访者表示如果无法再使用一家公司的产品他们会“非常失望”的话，就说明这家公司拥有非常强的增长潜力，而如果这一比例不到 40%（表明用户对产品比较冷淡），这家公司就会在业务增长上遭遇很大的困难。虽然我做了多次此类调查，但是当我看到 Dropbox 的结果时，还是吃了一惊，它的分数非常之高，在那些已经充分探索了产品各项功能的用户中，得分更是高得离谱。

这表明 Dropbox 有着非常大的增长潜力，那么接下来要思考的就是如何释放这一潜力。因此我向休斯顿提议，不再花更多的钱做付费广告，而是通过试验来找到触发增长的其他办法。休斯顿表示赞成，于是邀请我作为临时的市场总裁加入公司，任期6个月。作为麻省理工学院工程系的毕业生，休斯顿已经很好地发挥了他的工程才能，开发出了Dropbox这个优秀的产品，现在我们需要将他的能力用于拓展新的用户群，并保证新用户也会喜欢这个产品。

接下来便进入了增长过程的第二步——深入分析用户数据。通过分析Dropbox的用户数据，我们发现，1/3的Dropbox用户都是通过既有用户的推荐注册的。这说明尽管Dropbox的产品自传播还没有带来足够快的增长，但它的口碑效应已经十分强劲。也就是说，休斯顿已经创造出了一个人们真正喜爱的产品，而且他们十分乐于向朋友们推荐这个产品，只是它还没有带来足够多的新用户。这是一个典型的“梦幻之地”谬论，至今仍然在创业群体中广为存在：商家相信它们所需要的只是打造出一个出色的产品，而客户的获得只是水到渠成的事。

我开始思考，Dropbox如何才能利用并扩大其强有力的口碑效应，使早期用户能够更有动力并且毫不费力地向他们的朋友宣传这个产品。我和休斯顿以及他为这个项目找来的实习生阿尔伯特进行了头脑风暴，我们决定像贝宝那样开展一个用户推荐计划。唯一的问题是贝宝提供10美元的存款返现以激励老用户推荐新用户，虽然它没有披露最终的总成本（联合创始人埃隆·马斯克后来透露成本高达六七千万美元），但是Dropbox无论如何也没有足够的财力通过“购买”用户来达到期望的增长规模。[6]但我们随后想到，如果我们可以提供对用户有价值的其他东西呢？比如提供更大的存储空间以获得用户的推荐。当时，Dropbox使用的是亚马逊几年前推出的廉价的S3网络服务器来存储数据，这意味着要增加更多存储空间是很容易的事，成本也很低。于是我们将贝宝作为样板设计了一个用户推荐计划，用户每推荐一个朋友使用我们的服务，我们就额外提供给他们250兆的存储空间，同时他们的朋友也可以额外获得250兆的空间。那时，提供250兆就相当于免费赠送了一个硬盘，因此作为激励措施，还是相当“给力”的。

用户推荐计划启动后，效果立竿见影，通过邮件和社交网络发出的邀请量瞬间激增，推荐注册量增加了60%。毫无疑问，计划奏效了，但是我们并没有止步。我们决心充分把握住这次机会，废寝忘食地努力了几个星期来优化这个计划的每一个细节，包括从信息传达到产品呈现、邮件邀请，再到用户体验和界面元素的细节。我们进行了“快节奏试验”（这是我提出的叫法），并实时评估试验的效果。我会每周两次查看每一个新试验的结果，看看哪些做法有效、哪些无效，并且利用这些数据决定下一次试验的内容。通过不断地调整和改变，结果越来越好，到2010年初时，Dropbox用户每个月都会发出超过280万份邀请，用户数量也从产品发布时的10万增长到了400多万。这是短短14个月的成果，而且在此期间没有任何传统的营销支出，没有横幅广告，没有付费推广，也没有邮件列表营销。事实上，在我于 2009 年春季结束和 Dropbox 的合作之后的 9 个月里，Dropbox 没有再招聘一个新的全职营销负责人。[7]

与此同时，这一促进市场增长和获客的新方法也开始风靡硅谷。它摒弃了传统的高额营销预算和不科学、不可量化的营销策略，代之以更具成本效益比、更有效果且以数据驱动的模式。其他公司的创新者也开始设计类似的方法，同样聚焦于快速形成并测试开创性的增长思路。2007 年底，脸谱网正式成立了一个五人增长团队，称为“增长圈子”。这个团队由产品管理、互联网营销、数据分析和工程方面的专家组成，也包括其最资深的产品经理内奥米·格雷特。团队由野心勃勃的经理卡马斯·帕里哈比提亚领导，他是脸谱网平台与广告产品的前产品营销负责人。他向马克·扎克伯格提议，重新将关注点放到扩大用户数量上。虽然当时的脸谱网已经有大约 7 000 万用户，可以说已经获得了显著的增长，但是它似乎开始止步不前了。所以扎克伯格要求团队测试各种方法，全力突破这一瓶颈。团队捷报频传，让扎克伯格看到了成立增长团队带来的回报，因此他继续为团队增加人手，使团队能够做更多的试验，不断加速脸谱网的增长。[8]

他们比较大的一次突破是开发了一个翻译软件以推动国际化的增长，而这一次突破也充分体现了增长黑客方法与传统营销手段的区别。当时，脸谱网 7 000 万用户中大多数都生活在北美，这说明国际市场蕴藏着脸谱网最大的增长机遇之一。但是要吸引国际用户，就需要将网站翻译成各种不同的语言版本，这任务太艰巨了。如果选择传统办法，就需要选出十种使用人数最多的语言，然后逐一组建当地团队开展翻译工作。但脸谱网的增长团队没有这么做，团队的工程师在哈维尔·奥利凡的带领下开发出了一个翻译软件，利用众包模式，让网站自己的用户来将网站内容翻译成自己的母语。曾在脸谱网增长团队工作过的增长黑客专家安迪·约翰斯是这样评价这一创新的："增长并不是说你要选择最重要的 20 个国家，在每个国家雇 10 个人，然后等着这一切的努力能够奏效。增长是通过设计出可以大规模使用的系统，让用户来替我们实现产品的增长。"约翰斯认为脸谱网能够发展到今天的庞大规模，翻译引擎的研发功不可没，可以说是脸谱网采取的最重要的方法之一。[9]

随着脸谱网用户数量的不断扩大，增长黑客方法也逐渐兴起（当然和脸谱网的发展速度不可同日而语）。这在一定程度上是由于脸谱网增长团队的成员去了新的创业公司，比如 Quora（一个互联网应用服务问答网站）、优步、AsaNa（团队任务管理平台）和推特等，并将这些方法也带了过去。那段时间，我在另外两家创业公司 Eventbrite（在线活动策划服务平台）和 Lookout（远程监控软件）通过增长黑客方法取得了巨大成功，而与此同时，领英、Airbnb 和 Yelp 等一众公司也在践行类似的基于试验的方法。

以 Airbnb 为例，其创始人在吸引用户方面曾遭遇极大的困难，以至于在公司开始起飞之前他们曾三次发布网站信息。同时，他们的资金链一度极为紧张，在2008年美国总统大选期间，他们甚至通过销售麦片补贴公司收入，还聪明地把当时的两位总统候选人奥巴马和麦凯恩放到了品牌名字里和麦片包装盒上。后来他们的资金困境越发严峻，两位创始人布莱恩·切斯基和乔·杰比亚一度只能靠没有卖出去的麦片过活，直到他们又筹到更多的资金。他们的团队为扩大用户群尝试了各种办法，但都以失败告终，直到他们找到了一个绝妙的增长黑客方法，从而释放了巨大的增长潜力，而这一过程后来也成了硅谷的一个传奇。他们通过复杂的编程和大量的试验调整，找到了一个可以将用户发布在Airbnb上的房源信息自动免费发布到分类广告网站Craigslist（克雷格列表）上的方法。如此一来，每当有人在该网站上搜索度假租房信息的时候，Airbnb的房源信息就会出现在结果中。

这实在是个绝妙的办法。因为Craigslist并没有提供给Airbnb或任何人跨平台自动发布广告信息的有效方式。Airbnb的团队不得不进行逆向工程，摸清Craigslist如何管理新发布的广告信息，然后在他们的程序中重建这一过程。这意味着他们必须破解Craigslist发布系统的运作方式，弄清楚不同城市的度假房屋出租信息被划分到哪个类别以及信息发布有哪些限制条件，比如对图像和其他格式的限定。现任职于优步负责用户增长的安德鲁·陈评论称："总而言之，这样的对接并不简单，需要做大量细致的工作，想必他们请了一帮非常聪明的技术达人花了很多时间进行完善。”他说："说实话，一个传统的市场人员几乎不可能想到这一点，这种做法涉及太多的技术细节，只有工程师，而且是专注于从 Craigslist 获取更多用户的工程师才能想出来。”[10]

这个无比复杂的对接程序使 Airbnb 的房源信息可以迅速发布到 Craigslist 上，于是数百万 Craigslist 用户通过点击链接跳转到了 Airbnb 网站。在没有花一分钱打广告的情况下，Airbnb 的客房预订量一飞冲天。完成了这一对接之后，Airbnb 团队开始探索如何充分利用这片“蓝海”，他们开始分析并优化用户对 Craigslist 广告信息的反应，优化广告信息的排版、标题等等。[11] 虽然最后 Craigslist 禁止了 Airbnb 的这一做法，但是这已经给 Airbnb 带来了巨大的增长动力，而其团队也继续试验其他方法进一步推动增长。他们今天仍然在利用增长黑客方法驱动增长，我们在后面几章会再介绍他们近期的一些成功试验。

增长黑客方法打破了企业内部传统的“筒仓”结构，将数据分析、工程、产品管理和市场营销方面的员工凝聚起来组成跨职能通力协作的团队，使企业能够将强大的数据分析、技术知识和营销能力高效结合起来，迅速寻找更具潜力的增长手段。通过迅速测试新想法、新思路，并根据计划指标对结果进行评估，增长黑客方法能够帮助企业更快地找到有效的做法、抛弃无效的做法。这可以使企业不再一味地在那些没有用的产品功能或者市场营销手段上浪费时间，摒弃浪费资源、过时而且没有得到验证的做法，代之以经过市场验证的、以数据驱动的做法。

谁可以成为增长黑客？

增长黑客方法并不仅仅是市场人员的工具，它也可以用于新产品开发和老产品的持续改进，或用于扩大既有产品的用户群。因此，它对于产品开发人员、工程师、设计师、销售人员和经理都有同样重要的价值。

增长黑客方法也不仅仅是创业者的工具，它既适用于小型初创公司，也适用于大型成熟企业。事实上，如果你在大公司工作，并不需要获得某个公司高层的授权来实施增长黑客方法。它既适合大规模推行（整个公司范围内），也适合小规模实践（一个项目或计划）。也就是说，任何部门或项目团队都可以通过本书中介绍的方法进行增长黑客实践。

正是这一方法论推动了上述所有公司取得巨大成功，也推动了很多其他增长最快的硅谷独角兽公司取得成功，包括 Pinterest、BitTorrent（一款下载工具）、优步、领英等。对于这些公司取得的爆发式增长，一个常见的说法是它们只是想出了一个颠覆性的商业构想，一个绝妙的、变革性的、像风暴般震撼整个市场的想法。但是这样的说法显然是错误的。对于所有这些成功的公司来说，产品大范围普及并不是一夜之间实现的，也绝不是轻轻松松就达成的。这些公司的成功并不是因为某个改变世界的产品，也不是因为某一个想法、某一次好运气或者天才之举。事实上，它们之所以能够成功，是因为它们遵循了这样一套方法，迅速提出并测试产品开发和营销的新想法，并利用用户行为数据寻找驱动增长的制胜方法。

如果你觉得这一个迭代过程听起来有些熟悉，很可能是因为你在敏捷软件开发（agile software development）或者精益创业（the Lean Startup methodology）方面了解过类似的做法。这两个理念是将这样一套方法分别用于产品开发和新商业模式探索，而增长黑客则是将同样的方法用于用户获取、留存与收入增长。采用这样的方法对肖恩和其他创业团队来说再自然不过了，因为设计出这一套增长黑客方法的公司汇集了很多熟悉这些方法的工程师，而这些公司的创始人也乐于将工程师开发软件、开发产品的这一套方法应用于扩大用户群。敏捷开发的核心是加快开发速度，强调迅速编程，然后定期测试并进行产品迭代。精益创业同样注重快速开发和高频率测试，并且强调尽快推出一个"最简化可实行产品"（minimum viable product）使用户能够尽快使用，以便尽早获得真实的用户反馈，确保公司业务具有可行性。增长黑客方法采用了这两个理念中持续改进和快速迭代的做法，将之用于客户和收入增长。在这一过程中，增长黑客方法打破了营销和工程之间的传统壁垒，寻找嵌入产品本身的新的营销方法，而这样的方法只能通过更多的技术知识来实现。

这些开创者以及后继者摸索出的增长黑客做法逐渐形成了一套严密的商业方法论，并且在全球范围内掀起了一股风潮，数以十万计的公司纷纷开始效仿。这些增长黑客包括企业家、营销人员、工程师、产品经理、数据分析师等，他们不仅来自技术创业公司，也来自各行各业，包括技术、零售、B2B（企业对企业）、专业服务、娱乐甚至政界。

虽然每一个公司的具体实践方法可能有所不同，但是这一套方法论的核心内容都是一样的。

- 设立一个跨职能团队或几个团队，打破营销和产品开发部门之间传统的筒仓，凝聚公司人才。
- 进行定性研究和定量数据分析，深入了解用户行为与喜好。
- 迅速产生新思路并进行测试，根据严格的指标对试验结果进行评估并采取相应行动。

然而，尽管增长黑客方法论已经通过实践检验，也日益普及，而且可以应用于任何领域或行业，但目前仍然没有一本权威、详尽且具有指导性的书来引导各行各业、不同规模的企业实践这一方法论。

这本书正是为了弥补这一空白。

一本确切翔实的指南

我们决定写这本书，是因为我们看到了增长黑客能够给各行各业、各种职能带来的巨大潜力，也是因为我们意识到人们对于更好地理解并执行这个理念存在迫切的需求。增长黑客是颠覆性的、强有力的开拓市场的全新手段，但是人们还没有很好地理解该如何利用它以发挥它最大的功效。

肖恩不仅是增长黑客的一个开拓者，也是网站GrowthHackers.com（一家提供黑客式增长咨询的网站）的创始人。这是目前在增长黑客领域领先的资讯网站，并且已经成为这一充满活力的群体的聚集地，其会员遍布世界各地，也吸引着数百万访问用户。我们每天都被各种询问增长黑客最佳做法的问题轰炸，这显然说明人们对于增长黑客的原理和实施过程存在着太多的疑问。于是我们决定写一本确切翔实的指南，使营销人员、产品经理、项目开发者、公司创始人以及各类企业的创新者都能够利用这本指南将增长黑客方法带到他们的团队或者公司中。

在本书中，我们会分析肖恩在Dropbox、Uproar、LogMeIn以及其他很多非常成功的公司的经验，也包括他在发展他自己的两家公司GrowthHackers.com和Qualaroo过程中的心得体会。Qualaroo是一家用户研究与调查公司，在肖恩的领导下取得了飞速增长，后来肖恩高价卖掉了它。我们将探究当下其他一些发展最迅速的公司的增长团队的经验，比如脸谱网、印象笔记（Evernote）、领英、Yelp、Pinterest、HubSpot（数字营销公司）、Stripe（网上支付平台）、Etsy（网络商店）、BitTorrent和Upworthy（资讯网站），也采访了那些将增长黑客理念带入沃尔玛、IBM（国际商业机器公司）和微软等大型成熟企业的增长负责人。这些内容都将在本书中呈现。我们结合自身经验和这些增长专家的智慧及他们的故事写就这本增长黑客指南，使读者可以从中汲取灵感并付诸实践，实现他们自己的商业目标。

于是，我们就有了第一本充满实践性、通俗易懂、循序渐进的增长黑客指南，它适用于任何类型的团队、部门或者公司。而两位作者中，一位是增长黑客的奠基者之一，另一位则是增长黑客的资深践行者。

势不可当的增长机器

毋庸置疑，增长停滞是当今企业面临的最危险、最紧迫的难题之一，不仅对初创企业来说是这样，对于任何规模、任何行业的企业来说都是如此。《哈佛商业评论》上一篇关于增长停滞的文章指出，一项大规模研究发现，87% 的受访企业都经历过一次或多次急剧的增长放缓的情况，而且“在增长停滞的前后 10 年间，公司市值平均会缩水 74%”。而且，两位作者认为这一问题在未来将进一步加剧，“种种迹象表明，在不远的将来，增长停滞的风险会不断上升”，这主要是由于“成熟商业模式的‘半衰期’在缩短”。两位作者提出了造成增长停滞的各种原因，其中包括“企业在管理既有产品和服务更新换代及开发新产品和服务方面的内部流程上存在问题”，以及“过早放弃核心业务，也就是未充分挖掘既有核心业务蕴藏的增长机会”。[12] 而增长黑客为这两个问题提供了解决方案。

简而言之，每一个公司为了生存和发展壮大，都需要扩大客户群。但增长黑客并不仅仅涉及如何获取新客户，而且还包括如何吸引、激活用户并使用户产生依赖，如何灵活地适应客户不断变化的需求和喜好，使他们不仅成为我们不断扩大的收入来源，也成为我们忠实的宣传者，通过口碑推动品牌或产品的增长。

增长团队的一个核心使命就是尽一切可能挖掘一个产品或服务的增长潜力。这就需要他们不断对产品进行调整并对调整内容进行测试，这包括产品的特征、信息传达方式以及用户获取、留存与变现的方式。这一方法的一个重要目的也在于寻找新的产品开发机遇，可能是通过分析客户行为或反馈，也可能通过研究机器学习和人工智能等新技术的应用方式来寻找机会。

在很多推行增长黑客方法的公司，这一方法都取得了巨大的成功，以至增长团队发展到超过一百人的规模，而这些增长团队往往下设负责不同任务的小组，比如负责客户留存或者发展移动客户群的小组。有的公司甚至设立了不同人数的小组，并根据不同的业务需求调整小组的人员配置和职责分工。例如，在领英，增长团队已经从一开始的 15 人扩大到了超过 120 人，分为 5 个部门，分别负责网络增长、SEO/SEM（搜索引擎优化 / 搜索引擎营销）操作、用户引导、国际增长、用户吸引与重获。[13] 而在优步，增长团队则由不同小组构成，有负责司机用户增长的，有负责乘客用户增长的，有负责国际市场拓展的，等等。[14]

现在，任何公司都应该设立一个或多个增长团队，这样做的同时也不需要抛弃传统的组织架构或营销策略。增长团队并不一定会取代传统部门，而是对传统部门的补充，并能帮助它们改进工作方式。创业公司在创业初期摒弃传统的筒仓结构是有利的，但是随着公司的增长，在保留增长团队的同时也可以逐渐建立起传统的营销团队。而在规模更大、更成熟的公司，增长团队可以很好地协助产品、市场、工程和商务智能部门，与它们通力合作并促进不同部门之间的有效沟通。

肖恩在 Dropbox 的经历表明，即便是规模最小的团队也可以实践这一过程。对于很多创业公司，尤其是初创公司来说，这样的小团队应当由创始人领导，并且整个公司的员工都应当参与进来。而规模更大的公司不可避免地要遭遇既有架构和文化对于改变的抵触情绪。小型增长团队可以单独设立，甚至可以为短期项目专门设立，比如新产品发布或者某一营销渠道（比如移动渠道）的推出。增长团队既可以是从零打造的专注增长的组织单元，也可以是由公司不同部门的现有员工组成的群体，也可以是根据具体需求设立的特别小组。随着时间的推移以及公司具体需求的变化，很多增长团队的规模、工作范围和职责也随之不断变化。

增长黑客方法能够灵活适应任何团队或公司的不同需求，无论它们的规模是大是小，或是处于哪个增长阶段。它也能够带来丰厚的回报。接下来将讨论增长黑客方法的作用，以及它的重要性缘何远超以往。

顶住冲击

今天，不论是最青涩的创业公司还是最成熟的大企业，每一家公司都应当实行增长黑客方法，否则，势必会遭受来自采用此方法的竞争对手的冲击。

即便是像IBM和沃尔玛这样的大型老牌企业现在也开始将增长黑客作为生存的关键手段。毕竟，现在所有公司都在某种程度上成了互联网技术公司，尽管很多公司的互联网操作仅限于营销和销售而非产品开发。另外，今天的市场领导者可能转瞬间就会遭受剧烈冲击，因此也需要迅速地采用新的技术工具并持续进行产品开发与市场营销试验，而这样的需求正迅速地从数字产品领域蔓延到各行各业。

随着物联网的迅速发展，越来越多的产品都在通过联网或与其他产品联结而变得更加“智能”，这一过程只会发生得越来越快。随着实物商品的世界和软件世界迅速融合，对产品进行实时监测与更新在不久的将来不仅将成为可能，也将成为企业保持竞争力的关键。通用电气CEO（首席执行官）杰夫·伊梅尔特最近表示，“每一个工业企业都将成为软件公司”，而对于消费品公司、媒体企业、金融服务公司等各行各业的公司来说也将如此。[15]

著名商业战略分析师迈克尔·波特和软件公司PTC的CEO詹姆士·海普曼在他们共同发表在《哈佛商业评论》上的一篇文章中指出，一家公司如果能在产品售出之后对产品保持关注，就意味着“这家公司客户关系的重心从销售这个一次性的交易转移到了逐渐将客户从产品中获得的价值最大化上”。他们强调，这样的转变意味着“产品设计、云操作、服务改进和客户参与等部门之间将需要进行协调与合作”。根据我们的经验，要做到这一点，搭建一个跨职能的增长团队是最佳也是成本效益比最高的办法。[16]

电动汽车的开拓者特斯拉就是一个例子。它很好地利用技术不断地测试、更新并改进其产品，在这一过程中也将新的竞争对手甩在了身后。特斯拉并不在其生产的汽车上体现车型和年份，因为它不会让客户等着新车型发布，而是定期向车内软件发送更新，实时提升汽车的各方面性能（比如加入自动驾驶技术）。特斯拉计划在未来几年大大提高其汽车销量，因此从脸谱网和优步的增长团队招募了一批人才，并宣布：“我们正在从零开始打造一支增长团队，以设计、构建并优化可扩展的加速用户增长的解决方案。”[17]

解决速度需求

增长黑客方法也可以解决当下所有企业都面临的速度难题。在当今竞争空前激烈且日新月异的商业环境中，迅速找到增长方法是至关重要的。增长黑客方法通过革新开发与发布产品的传统过程，设立持续的市场试验制度，系统性地实时应对市场需求，能够让企业抓住新机遇并且迅速解决问题，使企业增长更加迅速。这使得采用此方法的企业能够获得强有力的竞争优势，而且随着企业发展步伐的不断加快，这一优势将愈益凸显。

现在的企业需要能够灵活并迅速地适应新技术与新平台，这至关重要。按照现在大部分企业仍在推行的传统商业模式，产品管理、市场营销、销售和工程等部门像一个个筒仓一样相互割裂，它们有着各自的任务计划，跨职能互动十分有限。产品团队负责开展市场调研、制定产品规格并评估市场规模。当完成设计后，产品被交付给工程部门或者生产部门，之后成品又被交回到产品部门手中。与此同时，市场部在收到产品部的市场调研结果和产品说明之后便着手制订营销方案，营销人员经常与第三方机构合作制订广告与推广计划，这就意味着这一工作往往远离核心员工。当产品开始发售时，公司才会想方设法扩大销量，实地销售报告也会反馈到产品和市场团队，以便为下一次产品发布提供指导。这一非常低效的循环可能需要几个季度甚至几年时间才能完成，使得企业无法及时适应消费者不断变化的需求或者技术的发展，也无法及时进行新的能力建设、产品改进和营销渠道拓展以吸引新客户。

换言之，无论是创业公司还是成熟企业都承受不起被组织中的筒仓结构拖累的代价。通过打破这些壁垒，增长黑客方法能够使团队和企业更灵活、更迅速地适应不断变化的市场需求，加速推出新产品和新功能，也加速制定并实施能够吸引、激活新客户并从中变现的营销和销售策略。正因为这种对于速度的要求，增长黑客法的一个关键特征便是以尽可能快的节奏进行试验。正如脸谱网的增长副总裁亚力克斯·舒尔茨所言，“如果你每两周推送一次代码，而你的竞争对手每周推送一次，这意味着在短短两个月之后，你的竞争对手将会完成 10 倍于你的试验量。他们学习到的与产品相关的东西也将是你的 10 倍。”[18]

挖掘数据“金矿”

增长黑客给公司带来竞争优势的另一个途径是帮助公司充分利用海量的客户数据。如今，在新技术工具的帮助下，企业能够更容易地收集这些数据，而这些数据蕴藏着等待开采的增长“金矿”。然而，对于今天的企业，无论大小，要从这些数据的“高山”中搜索并提取宝贵的“金矿石”却并非易事。在大多数情况下，企业都没有探索出收集用户数据的综合性方法。产品经理可能会开展调查和试验，但这往往是在没有市场部门参与的情况下进行的，而市场部往往也会自行收集数据并自己使用，不与其他团队分享。企业往往会聘请广告公司进行市场推广，广告公司也会收集相应数据，但是事前也不会咨询其他部门对于信息收集范围的意见。同时，编程团队收到的都是基于过去的数据提出的要求，而这些数据反映的客户需求往往已经过时了。

结果，企业要么是以错误的数据指导行动，依赖的是肤浅、无用的指标（比如页面访问量），要么由于内部过于分化而错过宝贵的增长思路和机会。

增长黑客能够帮助企业更有效地利用数据，以提取具体的、有意义的且实时的用户行为洞察，企业则可以利用这些洞察制定相应的战略，提出更有效且更有针对性的增长策略。

沃尔玛的移动应用“低价捕手”（Savings Catcher）就是一个很好的例子。这个应用产生于与沃尔玛的价格匹配政策相关的用户行为分析。为充分利用广告匹配（即零售商同意为某一商品匹配市场上的最低价格）的兴起，沃尔玛的增长团队请工程师开发了一款 App（应用软件），使客户能够通过手机拍照上传沃尔玛购物小票，如果其他连锁超市对其中任意商品提供更低的价格，客户就可以自动获得沃尔玛的返现。此外，工程团队发现，他们可以将沃尔玛在其价格匹配项目中收集的数据与他们外包的调查团队进行的广告推广计划结合起来，这样沃尔玛就可以只对它具有明显价格优势的商品进行大力推广，从而大大节省了广告开支。

沃尔玛前市场副总裁布莱恩·莫纳汉认识到沃尔玛最大的财富正是它的数据，因此他推动公司各个部门的数据平台进行整合，使工程部、产品推广部、市场营销部甚至第三方代理商和供货商都能够通过一个统一的平台利用其产生并收集的数据。增长黑客通过促进合作和信息共享使大数据的作用最大化。莫纳汉强调，企业运营离不开这一方法："你需要能够理解软件编写过程的市场人员、重视消费者洞察并理解商业问题的数据科学家。"[19]

传统营销成本上升而回报却不明晰

传统营销手段如平面广告和电视广告，也包括近些年兴起的网络广告，都已陷入危机。随着市场越来越碎片化、变化速度越来越快，传统广告出现了成本不断上升而关注度却不断下降的局面。一个主要的问题，是在欧美等主要市场，互联网用户的增长已经停滞不前，现在，互联网已经覆盖美国 89% 的人口和英国 93% 的人口，互联网用户的增长几乎像这些国家的人口增长一样缓慢。[20] 即便在增长迅速的移动互联网领域，美国的移动用户普及率也已经达到了 64%。[21] 这说明随着广告支出继续向线上转移，在访客量相同的情况下，广告间的竞争会更加激烈，从而推动线上广告价格以惊人的速度不断拉升。

同时，随着消费者对技术的了解日益加深，他们也更加排斥广告。事实上，在美国，有 6 980 万互联网用户在使用广告屏蔽软件，其中近 2/3 是千禧一代的年轻人。[22] 另外，已经有 50% 的美国家庭订购了网飞（Netflix）、Hulu（一个免费视频网站）和 Amazon Prime（亚马逊金牌服务）等视频服务，更别说还有 TiVo

等 DVR（数字硬盘录像机）技术，“看电视”这个概念（包括电视广告）就像 20 世纪 50 年代的斯旺森电视晚餐（冷冻快餐）一样已经过时了。[23] 简而言之，电视广告已经变成了一种噪声，甚至完全被人们忽视或屏蔽。

这一传统营销的危机有多严重呢？最近麦肯锡发布的关于上市软件公司的研究报告指出，营销投资和增长率之间没有任何相关性，完全没有。[24] 富尔奈斯营销集团（Fournaise Marketing Group）关于 CEO 对传统营销看法的研究发现，“73% 的 CEO 认为市场营销人员缺乏业务可信度，对效果的关注不足”，“总是在要钱，却很少能够解释清这笔钱能带来多少额外的业务”。[25]

增长黑客使企业无须耗费资金开展过时、昂贵且商业价值模糊的营销活动便能取得爆发式增长。它依靠的是设计出让消费者爱上一个产品或一项服务并忍不住向朋友宣传的特性或功能，是提出富有创意的点子，以新的、可衡量的方式吸引用户。这种做法的威力是巨大的。

抢抓新技术机遇

消费者发现新内容和新产品的途径在发生着日新月异的变化，而下面这张图充分说明了这一现象。这张图是由风险投资家、增长专家詹姆斯·柯里尔制作的，体现的是不同数字营销渠道的发展趋势。在如今这个网络平台常常一夜之间兴起或衰落的

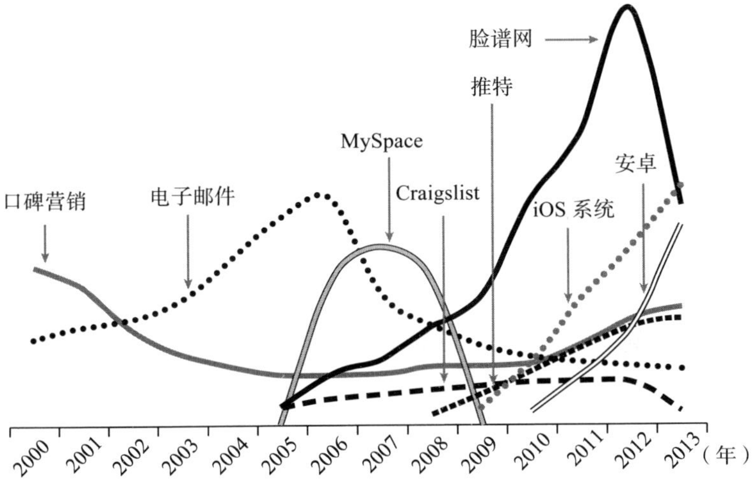

图 前 –1 病毒式传播渠道的有效性

世界，快人一步采用新技术和新网络平台对于企业获得增长先机来说至关重要。

要抓住这些机遇，技术和营销团队需要紧密合作。然而大部分公司在利用新兴平台方面往往受到传统规划、预算制定和组织规章的束缚，行动太慢了。因此当这些公司准备好要采取行动时，它们早就已经丧失了先发优势，而且现在变化的节奏还在不断加快。

打破传言

在具体探讨增长团队是什么、怎么搭建之前，我们希望先澄清一些对于增长黑客的误解。首先，这一过程并不是像很多人以为的那样，要帮助企业找到一把“尚方宝剑”。媒体报道了很多广受称赞的增长黑客案例，比如 Dropbox 的用户推荐计划和 Airbnb 的 Craigslist 自动发布程序，这使很多人以为激发增长所需要的仅仅是一次伟大的增长黑客行动。不可否认，寻找像 Dropbox 的用户推荐计划这样的成功行动的确是增长黑客实施过程的目标，但是大多数情况下，增长是来自一次次小成功的积累。这些小成功就像是储蓄账户里的利息，通过一点点累加实现增长的腾飞。而且，在实现腾飞之后，优秀的增长团队仍会继续开展试验、进行改进。在本书中，我们也将介绍诸如脸谱网、领英、优步、Pinterest 和 Dropbox 等顶尖的增长团队是如何全力以赴不断提出、测试并完善新的增长黑客思路的。

其次，很多公司认为它们可以直接聘请一个“独行侠”来做增长黑客，这个人有很多神奇的手段可以给公司带来更快的增长。这就大错特错了。这本书要说明的是，增长黑客其实强调的是团队合作，最伟大的成功案例都是来自编程技术、数据分析能力和营销经验的结合，而很少有人能够精通所有这些技能。

增长黑客也经常被认为是通过设计巧妙的变通手段打破现有网站和社交平台规则的做法。虽然 Airbnb 广为流传的 Craigslist 案例很可能让人这么认为，但是打破规则绝非必要步骤，而且在大多数成功的增长案例中并没有这种做法。Airbnb 的做法的确是天才之作，但是这样的“旁门左道”并不是增长黑客的核心，而且大部分增长专家都对这个案例嗤之以鼻。Airbnb 的真正故事是它的创始人做了大量的试验来寻找增长点，但大部分试验都失败了，而后他们才想出了在 Craigslist 自动发布房源信息的主意，在成功之后他们仍然继续进行严格的试验并测试了很多完全合乎规则的策略以促进增长。

当我（肖恩）提出“增长黑客”这个词来为这套方法命名时，我取的是这个词现在所具有的更广泛、更积极的含义，正如它在“黑客空间”（hack space）和“黑客马拉松”（hackathon）等词中的意思，以及脸谱网总部的地址中“黑客路 1 号”（1 Hacker Way）中的含义，即通过合作创造性地提出新想法，解决棘手的问题。而这正是增长黑客的关键特征。

再次，人们常常认为增长黑客方法的任务就是吸引新用户或新客户。其实，增长团队应当承担更广泛的责任，事实也是如此。它们也需要关注客户激活，也就是说使原有的客户成为更活跃的用户和买家；也需要思考如何使他们成为产品或服务的宣传者。此外，增长团队应关注如何实现用户留存和变现，也就是说使客户成为“回头客”，增加他们为公司创造的收入，从而实现长期持续增长。通常，企业过于关注如何获取新用户和新客户，而这些新用户和新客户往往很快就失去了对企业的兴趣。企业在这方面浪费了太多资金。比如，Econsultancy（数字营销和电子商务咨询公司）2012 年的报告指出，在获取更多网络流量方面，每花费 92 美元，只有 1 美元将访客转化成实际使用者。[26]

客户失去兴趣并离开，这种情况发生在网站访客身上时通常称为“跳出”(bounce),而发生在付费客户身上时叫作“流失”(churn)。这正是初创企业和成熟公司面临的最大问题,同样也是能够直接带来增长的机会所在。

还有人认为增长黑客方法只是一种市场营销。但是正如之前所讲,增长团队也应参与到新产品开发中去,以分析一个产品是否针对目标市场进行了优化,它是否可以提供给用户所谓“不可或缺”的体验,以及它是否能够为合适的用户群提供这一体验。这就是我们常说的产品—市场匹配。在这之后,他们也需要提出丰富的想法以继续推动产品改进,同时对不同的想法排定优先级并进行试验,以确定哪些想法能够带来收入并驱动增长。增长团队甚至也可以在企业的发展战略方面发挥作用。例如,脸谱网的增长团队促成了公司一些战略性收购(如对 Octazen 的收购)从而推动公司增长。Octazen 提供用户任意邮箱通讯录的导入服务。事实上,正是脸谱网的增长团队最早意识到 Octazen 的技术能够使脸谱网的用户更轻松地邀请联系人加入这一社交网络。[27]

总而言之,增长团队应当参与增长的各个阶段和各个方面的努力,无论是实现产品—市场匹配,还是用户获取、激活、留存和变现。至于具体做法,我们将在正文详细说明。

本书结构

我们将本书分成了两个部分。第一部分为“方法”,整体介绍增长黑客方法的实施过程，比如如何搭建增长团队，团队需要哪些人、哪些技能，人员如何管理，以及团队如何通过快节奏的增长黑客过程产生并测试新想法，而这一过程又是如何迅速产生强有力的效果的。我们将介绍我（肖恩）和其他增长团队领导者摸索出的这个十分有效的过程。这一过程能够促进顺畅的跨部门合作，以创造增长动力、破解增长奥秘，而且它能够毫不费力地适应并满足任何企业的不同需求。总之，第一部分将阐述增长黑客方法的种种细节，并说明为什么企业应当推行这一方法。

第二部分为“实战”，介绍具体实施这一方法的一整套详细策略，并分章节阐述如何实现用户的获取、激活、留存和变现，以及如何在增长实现之后维持并加速增长。我们将在这一部分分享来自不同行业、不同公司的增长故事，包括像 Pinterest 和推特这样的独角兽公司，像 Spotify（正版流媒体音乐服务平台）和印象笔记这样的移动应用，像 Hubspot 和 Salesforce.com（一家客户关系管理软件服务提供商）这样的商业软件公司，像好订网（Hotels.com）和 Zillow（提供免费房地产估价服务的网站）这样的网络门户，还有像亚马逊和 Etsy 这样的电商平台，以及像沃尔玛和一家我们虚构的食品百货连锁店这样的实体零售商。我们将介绍它们的增长团队是如何利用不同的增长黑客方法驱动增长的。另外，我们也会介绍一些供增长团队使用的网络工具，比如 GrowthHackers.com 的“项目”软件，这些工具可以帮助增长团队管理本书第一部分介绍的增长过程。同时，我们也会介绍一些客户调查工具，提供排定试验优先级并记录试验结果的模板，说明增长会议的组织方式，也会针对不同关注点建议一些可以开展的试验，同时，GrowthHackers.com 也会不断更新这些信息。

世界各地不同行业、不同形态、不同规模的公司都在谋求发展出路的过程中面临着巨大的挑战。而增长黑客法提供了一套严密的方法论，帮助企业通过跨职能合作迅速发现增长机遇。它强调以数据驱动的分析和试验。企业在收集数据方面往往投入巨大，而这样的分析和试验能够以系统性的方式帮助企业发挥海量数据的强大作用。我们将通过这本书说明，所有类型的企业都可以实施这些策略，不论是先小范围实施还是要在整个公司层面推行。增长黑客是一个全新的、颠覆性的商业方法论，任何企业、任何公司创始人、任何公司团队领导者，如果他们希望不负众望，希望取得重要成果，希望以有限的营销投入获得最大的回报，希望实现企业目标，就必须采用这个方法论。我们接下来将说明如何实施此方法论。

第一部分

方　法

第一章

搭建增长团队

2012年，当普拉莫德·索克加入BitTorrent成为其新任产品总监时，这家一度发展得如火如荼的创业公司正处于一个岔路口。它提供的计算机软件使用户可以从整个网络搜索并下载文件，但当时软件的增长陷入了停滞。更令人担忧的是，它当时还没有推出产品的移动版，在人们迅速从PC（台式电脑）端转移到移动端的时期，这无疑是一个巨大的劣势。更糟糕的是，YouTube、网飞等流媒体服务在手机和其他设备上占据着用户越来越多的时间和注意力，BitTorrent则被甩在了后面。普拉莫德的加入便是为了打造移动版产品，重启增长。

这家50人组成的公司采用的是传统的筒仓式组织架构，分为市场部、产品部、工程部和数据科学部。产品团队和工程团队下设小组，负责不同的产品，比如Mac版和Windows版客户端以及刚刚起步的移动版。跟所有类型的企业一样，它的数据团队和市场团队均为这些产品小组服务，产品开发过程完全与市场营销相分离。产品经理会告知市场经理即将发布的新产品或新版本，之后市场团队便负责所有的营销工作，也就是说营销工作完全没有产品研发人员的参与。

像很多公司一样，BitTorrent 的市场团队也只关注这个漏斗的顶端（如图 1–1），即提高产品知名度，通过品牌建设、广告和网络营销吸引更多新用户。在大多数软件公司或基于网络的公司，提高网站或 App 访客的激活和留存数量并不是由市场人员负责，而是由产品和工程团队负责，他们致力于开发能让用户爱上产品的功能。而这两个群体之间几乎不存在任何合作，他们各自专注于各自的重点工作，几乎没有什么互动。有时候他们甚至都不在一栋楼里，甚至不在一个国家办公。

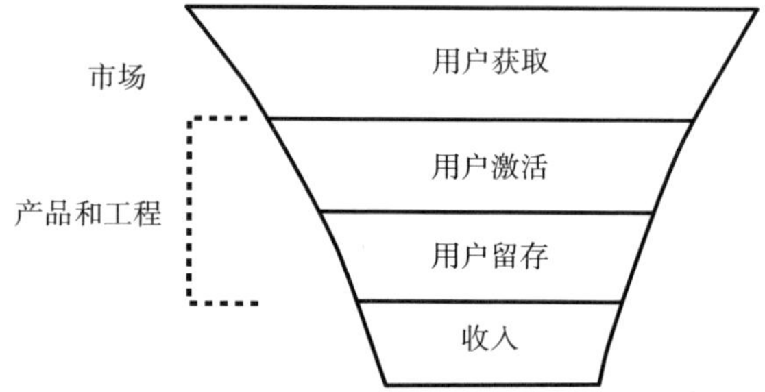

图 1–1 客户漏斗与典型部门权责划分

按照这样的组织分工，当 BitTorrent 的移动应用开发完成之后，市场团队制定了一个发布方案，像往常一样，这个方案包含了一系列传统的营销活动，并且重点放在了社交媒体、公关和付费获客推广上。App 本身做得很好，营销方案也不错，但是用户增长仍然非常缓慢。

普拉莫德决定让营销团队招募一个专门的产品营销经理（PMM）来帮助促进用户增长。产品营销经理经常被称为公司内部“客户的诉求传达者”，他们致力于了解客户的需求和喜好，常常开展客户访问、调查或关注群体动向，帮助改进信息传达方式，以使营销活动更具吸引力，并能更有效地传达产品的价值。有的公司也会让产品营销经理参与产品开发，比如通过开展调研发现值得考虑的新功能，有时也会让他们协助产品测试。

安娜贝尔·萨特菲尔德是一位经验丰富的产品营销经理，她加入了 BitTorrent 的市场团队协助新的移动 App 的用户增长。除了关注产品知名度和获客工作外，她还要求和产品团队一起合作，从漏斗的其他环节（包括用户留存和变现）驱动增长，而不是仅仅将工作局限在漏斗的顶端。市场总监同意了她的要求，但前提是她必须先专心开展获客计划并且达成市场团队制定的目标。

然而在做了一些市场调研和用户行为数据分析之后，她发现了与市场总监的要求相矛盾的情况：很多最佳的增长机会似乎都蕴藏在漏斗的下游。例如，她了解到很多 App 用户都没有升级到付费的专业版，于是她做了一项调查，询问那些没有升级的用户为什么不升级。如果团队能够使更多用户升级到专业版，这将给公司带来可观的收入，而这可能比吸引更多用户下载 App 更重要。在看到调查结果之后，她清楚地意识到**最有可能成功的增长策略不是只关注用户群的扩大，也要最大限度地发挥现有用户的价值**。

她把这一发现告诉了产品团队，心想他们或许可以一起寻找改进 App 的方式。但是她的这一举动让产品团队有些措手不及，因为这是头一次有市场人员给他们提供这样的信息。但是普拉莫德非常满意，他坚信应当以数据驱动的方式进行产品开发。他马上告诉安娜贝尔放手去做，继续从用户调研中获取产品洞察，并越过组织框架将这些洞察传递给产品团队。

安娜贝尔的一个调研发现让产品团队十分惊讶，而且给公司带来了迅速的收入增长。产品团队对于为何很多用户没有升级到专业版 App 有很多猜测，但是看到用户对安娜贝尔提出的问题的回复之后，他们大吃一惊。出现频率最高的回答是什么呢？是用户完全不知道专业版的存在。产品团队感到难以置信，他们以为他们已经对免费版的用户进行了大力的专业版推广，但显然他们失败了，连最活跃的用户都没有注意到专业版的存在。于是团队马上决定在 App 的主屏上增加一个非常突出的升级按钮，不可思议的是，这一个简单的改变就使每日升级收入获得了 92% 的增长。这个改变的成本几乎为零，执行起来几乎不需要时间（从讨论调研数据到部署按钮只用了几天时间），却马上带来了显著的成效。如果没有用户的反馈，他们也许永远都想不出这个办法。

另一个成果也值得一提，安娜贝尔和普拉莫德称之为“爱的增长法”（love hack）。为寻找每日App下载量上升或下降的原因，安娜贝尔对用户数据进行分析，从中发现了一个明显的规律。他们的App只能在谷歌商店里下载，她发现每当商店里App评论区排在前面的是负面评价时，日下载量就会下降。她试着将好评置顶，马上就看到了下载量的增加。于是她和普拉莫德决定在用户下载第一个种子文件后就鼓励他们写评论，因为这时他们已经了解到这个App是多么好用，而且他们二人也认为这应该是用户对App最满意也最有可能给好评的时候。他们要求工程师编写了一个请求代码，在用户下载了第一个种子文件后请求就会以弹窗的形式出现，然后他们做了一个试验来验证这个假设。可想而知，好评开始如潮水般涌来。基于这个试验的结果，他们开始向所有新用户推送这个请求弹窗，结果，四星和五星好评数增加了900%，下载量也大幅上升。安娜贝尔也由此建立起了她的威信，不久之后就有工程师主动找到她询问：“你还有其他想法吗？我们还可以做些什么？”

遗憾的是，市场和产品团队很少能够像这样通力合作。通常情况下，产品团队负责打造产品，也负责产品更新，比如改进注册体验或增加新功能。团队会确定一个产品改进的时间表，通常称为“路线图”。产品改进的某个想法如果没有包含在事先确定的路线图里，往往在推进的时候就会受阻。有时是因为要完成计划中的产品改进所需要的时间已经非常紧张了，有时是因为提出的想法太粗糙，难度太大，也太费时间，因此成本太高，而提出想法的人并没有考虑到这些因素。有的情况下，产品团队也可能认为提出的要求与产品战略愿景不相符（也可能是上述不同原因的叠加）。

即使你不在技术公司工作，你可能也十分了解不同部门之间的这种紧张关系，比如市场团队不理会销售人员的建议，或者研发团队拒绝市场团队提出的设计新产品原型的提议。这是以部门划分职责的筒仓式结构的主要问题之一，也是为什么增长团队必须包括不同专业、不同部门的人员，我们稍后也会详细说明这一点。正如 BitTorrent 团队很快认识到的，最好的想法往往产生于这种跨职能的合作，这也是为何跨职能合作是增长黑客过程的一个根本特征。

打破筒仓

接连不断的成功让 BitTorrent 移动团队大受鼓舞，每一个人都开始提出可以测试的想法。他们测试的其中一个想法只有那些拥有无私精神的技术人员才能想到：自动关闭应用以节省手机电量。移动团队在对免费版 App 的“超级用户”（那些频繁使用 App 但还没有升级到专业版的人）进行专项调查的时候发现了这个增长机会。调查发现这些用户的一个主要痛点是由于高强度使用造成的手机电量迅速流失。于是，工程师很快提出了一个想法：打造一个专属于专业版的功能，当 App 检测到用户手机电量只剩不到 35% 时便自动关闭耗电的后台文件传输。他们在免费版 App 里推广这一功能，当用户电量不足时，App 便会提示他们专业版提供这个功能，吸引他们马上升级。这个新功能十分受用户欢迎，也使公司收入增加了 47%。

接二连三的成功也在整个公司流传开来。安娜贝尔正式从市场部调到了移动团队，直接向普拉莫德汇报工作，而且她的头衔后来也改成了高级产品增长经理。同时，其他项目的工程师也惊讶于移动团队的一次次成功，甚至有两位资深工程师为了加入这个以增长为导向的、高效运转的团队而离开了他们本来的团队。安娜贝尔说："通过跟我们的工程师交谈，我们发现这不仅是因为我们的团队看起来很团结友爱，更重要的是他们认同我们这种数据驱动的方式。"

随着团队不断取得成功，他们也越来越重视数据分析（数据分析工作由数据团队的一个同事负责）。他们依靠数据分析开展试验并分析试验结果。数据分析师和工程师一起共事，确保他们在分析用户对试验的反应时跟踪的是合适的、有用的数据，并根据这些数据提供最有意义的报告。数据分析师掌握足够的技能，他知道什么时候能够判断试验的成败。之后他便与团队协作，分析试验结果并计划后续试验。随着团队对数据分析的依赖不断加深，最后这位分析师也像安娜贝尔一样作为全职员工加入了团队。

这一以数据驱动增长和产品开发的方式取得的巨大成功促使

BitTorrent 的高管决定加大对数据科学的投资并招募更多数据分析人才。同时，随着移动团队增长故事的流传，其他产品团队也开始更频繁地采用数据分析，也更紧密地和数据团队合作开展试验，寻找增长思路。

移动团队后来又提出了其他几十个具有重大影响力的产品改进创意，在实施增长黑客方法两年半的时间里使产品下载量达到了 1 亿次。在移动 App 任务完成后，公司对团队进行了重组，安排他们负责公司其他重要的产品。这一支小小的团队给这个之前增长遇阻的公司带来了不容低估的影响。他们的工作不仅使 BitTorrent 的总收入在一年内增加了 300%，或许更为重要的是，这个团队彻底颠覆了 BitTorrent 的企业文化，使之从受传统营销和筒仓束缚的文化转变为一个合作型文化，无论是市场人员还是数据分析师，抑或是工程师和高管，每一个人都围绕着这个快节奏、强调合作的增长黑客过程开展工作。回忆起这一增长过程在整个公司的传播和蔓延，安娜贝尔说："我最喜欢的两个时刻，一是看到我们的老技术主管在'Palooza'（BitTorrent 对其定期举行的黑客马拉松的称呼）上提出一个增长试验建议的时候，二是跟以前的一个同事见面，他告诉我他想加入我的团队一起开展这个工作的时候。他现在也成了增长黑客的'宣传大使'。"

然而，这种合作方式在各种类型、各种规模的公司里都很罕见。公司的不同业务部门通常都是彼此孤立的筒仓，很少交流、共享信息或者开展合作。这种组织结构在过去多年来一直广受诟病。麦肯锡的一份报告指出，筒仓式结构最致命的一个问题就是它会放缓企业创新的步伐、阻碍增长。作为本书的两位作者，我们一致认为，“对于创新力来说，在系统内部开展合作的能力比个人才能更加重要”。但是麦肯锡的一份调查发现，“虽然 80% 的高管都承认跨越部门界限进行有效的知识分享对于增长而言至关重要，但只有 25% 的高管认为他们的公司做到了这一点”。[1]

同样地，哈佛商学院的一群教授进行了一项关于业务部门之间沟通的研究，他们在报告中指出，业务部门之间的互动之少令他们“十分诧异”。更令人惊讶的是，“在同一战略业务单元、职能或办公室的两个人比不同业务单元、职能或办公室的两个人互动的频率高 1 000 倍。也就是说，跨越界限的互动少得可怜”。[2]

西北大学凯洛格管理学院的兰杰·古拉提教授是筒仓问题专家。他指出，部门之间缺乏沟通会阻碍以客户为中心的产品开发和营销——随着技术和社交媒体的推动，甚至要求企业持续不断地与客户进行更具实质性的互动，从而使以客户为中心的产品开发和营销方式显得越发重要。简言之，工程师和产品设计师有能力找到满足客户需求和喜好的方式，但是他们往往并不知道客户需要什么、想要什么。古拉提在他的一份高管调查报告中指出，2/3 的高管都认识到未来 10 年以客户为中心的产品开发应当是重中之重，但是他的研究发现，“企业的知识和技能孤立地存在于这种组织筒仓中，不同部门的人员难以跨越这些内部界限、充分利用企业资源，以便为客户提供他们真正需要并愿意付费购买的产品”。[3]

搭建跨职能的增长团队能够打破这种壁垒。跨职能团队不仅能够促进并加速产品、工程、数据和市场部门之间的合作，并且能够激励团队成员更多地了解并理解其他成员的视角及他们的工作。建立增长团队或许是公司战略需要，或者是为了某个具体项目或计划的推进。那么，如何搭建增长团队呢？我们接下来将给出具体步骤。

人员构成

增长团队里应当有对企业战略和目标有深刻了解的人，有能够进行数据分析的人，也要有能够对产品的设计、功能或营销方式进行改动并通过编程测试这些改动的工程师。当然，不同公司、不同产品的增长团队具体构成也不同。团队的规模各异，因此职责范围也各不相同。它可以是四五个人组成的小团队，也可以像领英的团队那样有上百个人。不论规模大小，增长团队都应当由以下角色构成（不一定包括下列所有角色）。

增长负责人

每一个增长团队都需要一个领导者，就像部队里的营长，既管理团队又能脚踏实地地参与到想法的提出和试验过程中。增长负责人会确定试验的流程和节奏，并监测团队是否完成了目标任务。增长团队一般每周开一次例会，由增长负责人主持会议（我们稍后也会说明如何组织会议）。

不论专业或背景如何，增长负责人在团队里都扮演着管理者兼产品负责人兼数据科学家的角色。他们的一个主要职责就是选定核心关注点以及团队的工作目标和时间表。我们在接下来几章也会充分阐明，围绕一个主要目标开展试验对于优化结果来说至关重要。增长负责人可以确定一个月度、季度甚至年度关注点，比如使更多用户从免费版产品升级到高级版，或者明确某个产品的新营销渠道中哪一个是最优的。之后增长负责人就要确保团队在这个轨道上开展工作，而不会盲目跟进对既定目标没有意义的想法。对于这些想法，应存档留到目标调整时使用，届时，这些想法就可以用于新目标的实现。

增长负责人也要确保团队采用适合既定的增长目标的指标来衡量并改进结果。经常出现的情况是，市场和产品团队没有系统性地跟踪关键用户行为数据，而这样的数据能够帮助企业发现有益的改进思路，或者能够使企业发现用户活跃度下降或者完全弃用产品的早期迹象。很多公司把太多的注意力放在纸面上很好看但并不能体现用户或收入真正增长的“面子指标”上，比如网站访问量。我们将在第三章详细介绍如何选择合适的指标。

所有的增长负责人都应具备一些基本的技能：能够熟练进行数据分析、精通或熟悉产品管理（即开发与发布产品的过程），以及了解如何设计并开展试验。每一个增长负责人也都必须熟知促进用户增长的方法以及团队所负责产品或服务的用法。例如，一个社交网络的增长负责人应当了解病毒式的口碑效应和网络效应（即加入的人数越多，社交网络的价值越大）的原理，许多社交产品正是依靠这两个效应发展起来的。增长负责人也应当有相关的行业或产品知识，比如，一家网上零售商的增长负责人应该对购物车优化、产品推广、定价和营销策略有敏锐的把握。出色的领导力也是必要的，它能够使团队专注于目标任务，即使面对一次又一次的试验失败（这再正常不过了）时，增长负责人也应能激励团队加快试验节奏。走进死胡同、试验没有定论或者彻头彻尾的失败都是增长试验的常态。但是一个优秀的增长负责人能够使团队保持热情，而且能够为团队继续开展试验保驾护航，使团队在试验失败时不必遭受不必要的审查或者来自管理层的压力。

增长负责人这一角色并不需要最佳职业背景。现在有的人以此为专业，但大多数人都是从工程、产品管理、数据科学或市场营销等其他专业领域转到这一岗位的。在上述任一领域享有专长的人都可能是不错的增长负责人候选人，因为他们都能够在增长黑客过程中发挥各自的优势。对于创业公司，尤其是创业初期的公司来说，创始人常常要扮演增长负责人的角色。也许有的创始人不直接管理增长团队，但是他们也应当任命一个增长负责人并且让他/她直接向自己汇报。在规模较大的公司，可能存在一个或多个增长团队，那么增长负责人应当由掌管团队工作的高管任命，并向该高管汇报。

增长负责人的工作也许听上去令人生畏且任务太过繁重，但是我们将在接下来的几章介绍一些用于排定试验优先级、跟踪和分析试验结果的工具和方法，在掌握了这些工具和方法之后，这个过程便能够得到高效的管理。

产品经理

每个公司产品开发团队的组织方式各有不同，这会影响派到增长团队的开发人员，也可能会决定增长团队在公司组织架构里的位置，我们稍后将阐述这个问题。通常来说，产品经理负责监督产品及其功能的实现过程。正如风险投资家本·霍洛维茨所言，“一个好的产品经理就是产品的 CEO”。[4]

产品经理的角色其实起源于消费品行业，最早由宝洁设立。最初，这个角色的名称是“品牌经理”，直到今天很多公司仍在使用这一名称。这个职位通常属于市场部门，因为其职责就是帮助公司更好地理解并满足客户的需求。正如产品管理专家马丁·埃里克森所写的那样，这个角色将企业决策尽可能与客户拉近，使产品经理成为公司内部客户诉求的传达者。

由于企业规模不同，产品经理的职能可能由其他员工负责，而在创业公司，特别是初创的公司，这一角色可能由创始人承担。但是在规模更大的公司，产品管理内部可能会分为几层，从产品经理、产品总监到产品副总裁或首席产品官。而派驻到增长团队的产品管理人员的层级可能各有不同，但是在很多软件公司，往往由增长团队所负责的产品对应的产品经理加入团队，并向产品总负责人汇报，而这个总负责人经常是产品副总裁。我们稍后会进行更详细的阐述。

软件工程师

为产品功能、移动界面和网页写代码的人可以说是增长团队的主力。然而他们往往被排除在构想过程之外，因为他们通常忙于公司新产品或新功能的开发。或者他们只是一味地听命于产品和业务团队，落实他们提出的任何想法。这不仅会削弱公司最有能力也是最宝贵人才的士气，也会阻碍想法的提出，因为这使工程师的创造力和在新技术方面的专长无法得以发挥，从而可能错过增长良机。前面讲到，在 BitTorrent，工程师提出的开发节电功能的想法带来了无法估量的价值。增长黑客的精髓就是源自软件开发和设计的黑客精神，也就是利用新的技术手段解决问题，如果没有软件工程师的参与，增长团队就不会完整。

营销专员

当然，有一些增长团队是没有专门的营销人员的，但是我们认为营销专员的参与能够帮助团队取得最优结果。工程和营销这两个专业之间的碰撞能够极大地激发新思路的产生。基于不同类型的企业或者产品，团队所需要的营销能力也各不相同。例如，一个致力于扩大读者群的内容增长团队显然需要一个内容营销专员。比如在摩根·布朗担任 COO（首席运营官）的英曼（Inman，一家房地产行业杂志社），增长团队里有一位邮件营销总监，因为邮件营销是这家公司客户获取、留存和变现的主要渠道。而有的公司可能更依赖搜索引擎优化，所以会有这个领域的一位营销专员加入增长团队。团队也有可能有几个营销专员，分别负责不同的领域。营销人员也可能只是在短时间内加入团队开展他们所擅长的工作，在目标实现之后便离开。

数据分析师

增长团队的另一个必要技能是精通客户数据的收集、整理与深入精细分析，并从中汲取试验灵感。团队里不一定要有全职分析师，可以有一位专门的分析师在处理公司其他工作的同时与增长团队合作。BitTorrent 的增长团队一开始就是这样。但是如果公司有能力聘任一位全职分析师，当然再好不过了。

团队的数据分析师需要懂得如何确保试验的设计严密且在统计上有效，懂得如何获取不同来源的客户和业务数据并将这些数据结合在一起分析用户行为，并且能够迅速整理试验结果并从中提取结论。团队所开展的试验的复杂程度不同，因而在有的情况下这一角色可以由市场或工程团队的人担任，因为这两个领域都涉及一定程度的数据分析工作。而技术性更强的公司则同时需要一位擅长试验报告的分析师和一位擅长深挖数据的数据科学家。

最基本的一点是，数据分析工作不能交给只知道用谷歌分析

（Google Analytics）的实习生或者外包给数字代理商，这是比较极端的情况，但仍然普遍存在。我们将在第三章详细讨论这个问题。太多的公司不够重视数据分析，而是采用像谷歌分析这种预先设定的程序，导致它们无法有效地整合不同来源的数据，比如销售数据和客户服务数据，也使它们无法充分利用这些数据获得重要的洞察。数据分析师的能力大小将决定增长团队是在浪费时间还是在挖掘数据金矿。

产品设计师

同样，这个职位在不同类型的公司也有着不同的头衔和职能。在软件开发领域，专注于用户体验的设计师负责开发与用户交互的界面和序列。在制造业，设计师可能负责产品画图和规格。而在其他一些公司，设计师可能主要负责广告和推广文案的图像设计。在增长团队中，设计师的参与可以提高试验执行的速度，因为这意味着团队有一位专职人员能够迅速地完成任何需要设计的工作。用户体验设计师也能够在用户心理、界面设计和用户调研技巧方面提供重要的见解，帮助团队寻找试验思路。

团队规模与工作范畴

在创业公司和小型企业，增长团队中上述每个领域可以只有一个人，甚至团队只有几个人，每个人负责不止一项工作。而在大公司，增长团队可能包括多位工程师、营销人员、数据分析师和设计师。增长团队的构成和职责，包括团队的规模、组织结构和具体的任务和重心，必须符合公司的需要。增长团队的工作范围可能比较宽泛，比如负责公司各个领域的增长业务，也可能非常具体，比如负责产品某个部分的改进，如购物车功能。有些增长团队是固定的组织单元，比如 Zillow 和推特的团队，而有些则是为特定任务成立的，比如新产品发布，目标完成之后便会解散。有些公司成立了多个增长团队，每个团队负责不同领域的工作，领英和 Pinterest 就是这样。Pinterest 有四个增长团队，分别负责用户获取、病毒式增长、用户参与和新用户激活。而有的公司只有一个增长团队，负责多项任务，比如脸谱网和优步。

如果你刚刚着手成立一个增长团队，那么你可以从不同部门各抽调一两个员工，这样可以使团队迅速启动，团队的规模可以日后逐渐增扩，也可能另外设立新的团队。例如，IBM 成立增长团队的时候是为了扩大 Bluemix DevOps 产品（为工程师提供的软件开发包）的用户群，公司调了 5 个工程师和 5 个来自业务部门和市场部门的其他员工组成了团队。在英曼，摩根率领的增长团队由一个数据科学家、三个营销人员和一个网页开发者组成。摩根也是公司的产品开发负责人，他在团队里担任产品经理的角色，作为 COO，他也是团队里级别最高的成员，但是他并不是增长负责人，增长负责人由一位市场经理担任，摩根负责帮助并指导团队工作。

工作流程

选好了团队成员之后，他们应该做些什么呢？增长黑客过程提供了团队应当开展的一整套具体活动，通过迅速试验寻找新的增长机遇并扩大现有的机遇。这一过程是一个持续的循环，由四个主要步骤组成：（1）数据分析与洞察收集；（2）想法产生；（3）排定试验优先级；（4）试验执行。在第四步完成之后重新回到数据分析阶段，评估试验结果并决定下一步行动。在这一阶段，团队将确定产生了初步成果的试验想法，并进一步完善，而对于结果差强人意的试验想法，则直接抛弃。通过循环往复地推进这一过程，增长团队将不断积累大大小小的成功，创造一个不断改进的良性循环。

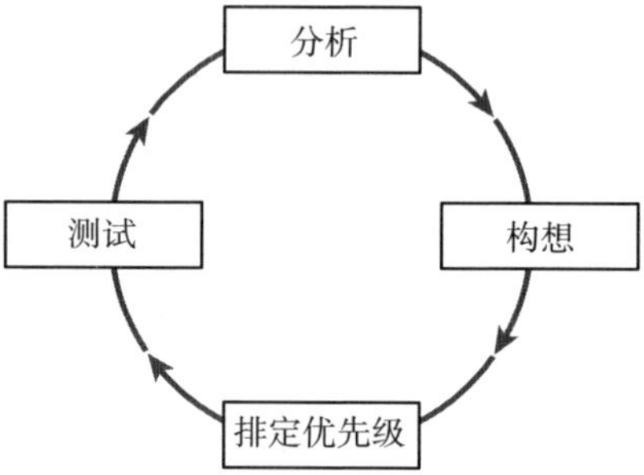

图 1–2 增长黑客过程的四个步骤

团队应定期召开增长会议以保证工作进度。团队会议一般应每周召开一次，它能够为管理团队试验工作、回顾试验结果并决定下一步试验内容提供一个严谨的场合。增长团队可以采用敏捷软件开发方法里的常设会议做法。敏捷开发利用冲刺计划会议组织下一步工作，而增长会议也十分类似，使团队能够回顾进展、确定下一步试验顺序并保持试验速度。

在会议上提出的试验想法将分配给不同成员负责执行、分析或研究，以明确该想法是否值得试验。团队增长负责人在两次周会之间定期与每个团队成员进行沟通，检查工作进度，并帮助他们解决可能出现的问题。

周会可以使团队保持工作进度与重心，确保高度的协调与沟通以推进这一节奏飞快的过程。这个过程就像是在赛道上飞驰的 F1 赛车，在保持速度的同时不断进行微调，如果做不好则可能变成刹车失灵冲出道路的笨重卡车。除此之外，这种深度合作的会议能够达到 1+1=3 的效果，不同成员的专长结合在一起的影响力将会翻倍，使优质的想法变成强大的增长引擎。这样的会议也经常能够催生非常出人意料的想法，而其中很多都是成员独自一人无论如何也想不到的。

例如，通过对于客户流失的深入分析，团队可能会发现很多弃用产品的人都没有使用产品的某一功能，而这一功能非常受活跃用户的欢迎。这一发现可能促使团队试验不同的方法，引导用户试用这个功能。再举一个我们 GrowthHackers.com 增长团队的例子：在分析用户数据时，我们发现社区提交的内容包含富媒体格式（比如会议演示文稿或者 YouTube 上的视频），与简单的文章链接相比，这些内容大大提高了用户参与度并为网站带来了更多的重复访问量。于是增长团队成员提出了一系列为网站增加更多音频、视频等富媒体内容的想法。接下来的工作看似很明确但缺乏新意，直到团队里的一位工程师加入进来，告诉我们不仅可以用一个简单的插件在网站上支持很多类型的媒体文件，还可以嵌入一段代码，自动识别 YouTube、SoundCloud 和 SlideShare 等知名媒体网站的链接并马上将链接内容嵌入网站的讨论页面。于是我们所做的就不是直接增加一两个媒体源的视频那么简单了，而是实现了对十几个媒体源内容的支持，而且大大简化了在网站上发布多媒体内容的过程。如果没有工程师的参与，我们很可能不会想到这个办法。之后，我们重新设计了试验，结果网站社区活跃度的增长远远超出了我们的预测。我们将在第四章介绍最高效的会议组织流程，也会提供一个会议日程样板供读者参考。

人员分工

至于人员分工，每个团队成员仍然应负责各自擅长的工作，有时也需要独立工作，至少在团队成立初期是如此。例如，工程师会负责试验所需要的编程工作，设计师负责团队需要的任何设计元素，数据分析师则负责挑选试验将要覆盖的用户群，而营销人员则负责执行任何针对营销渠道的试验，比如新的脸谱网广告计划。如果团队里有用户体验设计师，他 / 她可能会负责收集并分析用户关于他们最看重的产品功能的反馈，并将分析结果汇报给团队。而这样的调研可能会引导团队提出改变某个功能或者测试某个新功能的想法。而后，团队可能会让工程师负责相应的编程工作，比如，如果调研发现用户在浏览网站时容易“找不着北”，工程师就可能需要对网页进行调整，比如修改购物车界面。

当然，团队成员在其他时候也需要密切合作。比如要开发一个新的产品功能时，团队负责不同工作的成员需要就产品的设计和执行、信息传达方式和产品提供方式以及结果评价指标等达成统一意见。例如，负责移动 App 的团队可能会通过讨论决定，将提高新用户转化为固定用户的速度作为工作重心，也可能因此决定的需要对新用户首先看到的几屏进行大刀阔斧的重新设计，以优化页面的信息传达，并就此开展试验。

必要的高层支持

公司的组织汇报结构必须对增长团队有清晰的界定，即增长负责人应向谁汇报。团队应当由一位高管负责，以确保团队有权跨过既定的部门职责界限开展工作。增长不应作为一个边缘项目存在，如果没有明确且坚定的高层意愿，增长团队将会在公司中处处受阻，陷入低效、僵化的形式主义和地盘之争。在创业公司，如果创始人或 CEO 本人不直接领导增长团队，那么团队就

应该直接向他 / 她汇报。在规模更大的公司，可能同时有几个增长团队，团队则应向副总裁或者首席官中的一位汇报，这位首席官能够保证整个首席官团队都支持增长团队的工作。总之，组织最高层的支持对于团队取得持续的成功至关重要。

马克 · 扎克伯格就是增长团队所需领导力的典范。他在脸谱网成立初期就不遗余力地推动增长，从那时起他对增长工作的热情一直不曾消退。2005 年，也就是脸谱网正式成立增长团队两年之前，公司负责数字营销的诺亚 · 卡根向扎克伯格提出了一个能够为公司创收的想法。卡根是第三十名加入脸谱网的员工，他认为公司需要向投资者证明他们是可以盈利的。当时，他们在公司的会议室里，卡根正在阐述他的想法，而扎克伯格打断了他，从座位上起身，走到白板前拿起一支记号笔在上面写下了大大的“Growth”（增长）一词。扎克伯格认为，公司当时需要做的就是全力以赴扩大脸谱网的用户人数，不应该有别的想法。他在公司创立初期就态度鲜明地把增长置于包括收入在内的所有其他企业关注点之上，这正是脸谱网取得巨大成功的关键所在。[5]

即使在企业纷纷投资虚拟现实和人工智能等未来技术的今天，核心客户群的稳健仍然毫无疑问是投资未来的基础。正如脸谱网的 CTO（首席技术官）迈克 · 斯科洛普夫对《快速公司》杂志（*Fast Company*）所言，“我一半时间在关注公司日常运营，一半时间在关注未来发展，这有时会让人有些错乱，但是我们必须要保证核心业务保持持续增长，因为这是我们大力投资长期项目的前提和基础”。[6]

世界最大的房地产网站 Zillow 的联合创始人斯宾塞·拉斯科夫也是增长过程的坚定拥趸。负责公司增长业务的副总裁奈特·默克是公司的第四十位员工，他回忆说，拉斯科夫和高管团队从第一天起就把增长作为首要任务。随着公司的成长，Zillow 也建立起了一支以默克为中心的增长团队，以保证公司始终如一地专注于增长。默克的团队与脸谱网的工作模式类似，主要关注公司的 KPI（关键绩效指标），并与其他产品团队合作促进获客和留存，以实现各自的业务目标。

拉斯科夫设立了一个名为“Play”的增长计划，即以每 9 到 12 个月为一个周期不断进行的增长活动，并以此为核心将整个公司凝聚起来，共同实现增长使命。例如，在 2008 年，公司注意到其网站流量正在被一个竞争对手吞食，这个竞争对手是一家叫 Trulia（美国房地产搜索引擎）的行业新秀。流量的流失在很大程度上是因为 Trulia 巧妙地利用了搜索引擎优化使其在谷歌搜索结果中的房源数据高于 Zillow。于是 Zillow 的高管团队决定将当年“Play”计划的主题定为搜索引擎优化，公司里的所有团队都要将此作为首要任务，力争在搜索方面做到世界一流。这意味着公司文化的重大改变，因为在此之前公司一直忽视了搜索引擎优化，而更多地关注其他营销策略。但是最终每个团队都找到了搜索引擎优化的办法，而且 Zillow 也赶超了 Trulia，并在 2015 年以 30 亿美元将其收购。[7]

汇报结构

研究员安德鲁·麦金尼斯和三善大辅开展的针对硅谷企业的调查显示，增长团队有两种常见的汇报结构。[8] 他们将第一种结构称为职能模式（或产品部门主导模式），在这一模式下，增长团队向主管其工作范围内的某个产品或几个产品的高管汇报。

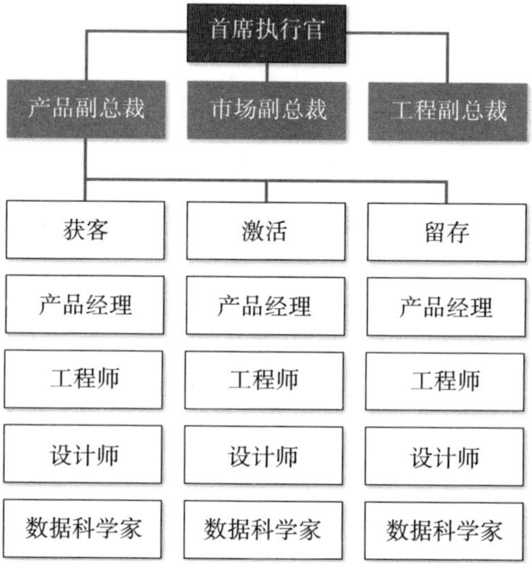

图 1-3 产品部门主导模式

比如，产品部门主导的团队可能将全部精力放在公司移动 App 用户的增长上，而另一个团队则可能专注于推动接受网络免费新闻资讯服务的读者升级到付费订阅的行列。有些情况下，产品部门主导团队的职责范围可能仅限于改进产品某一个方面的性能，比如通过优化 onboarding（即引导用户了解如何使用产品）激活某线上学习软件的新用户。在 Pinterest，约翰·伊根领导的增长团队全心贯注于测试发给用户的邮件和手机推送消息的频率、内容和行为召唤，旨在促使用户更频繁地使用产品。这一职责范围听起来可能太小了，但是正是这种高度的专注才能使团队真正深挖公司的关键增长点。例如，团队最近的一次尝试是打造了“Copytune”，这是一个非常复杂的机器学习算法，使团队能够快速地测试用 30 多种语言编写并推送给用户的几十种不同的通知版本，在软件选出效果最好的版本之后，团队再跟进试验以寻求更优结果。这一计划的成效非常显著，使网站的月活跃用户数（MAU）大增。[9]

产品部门主导的团队也可能负责尝试各种不同方式以驱动增长漏斗各个层面的增长，从吸引新客户到提高留存率，再到增加客户产生的收入。

一般来说，在采用这一模式的公司，每一个产品经理都会领导一个由工程师、用户体验设计师和数据分析师组成的小产品团队，而且经常一个产品部门会有若干个这样的小团队。这个模式在成熟的企业或者已经处于创业后期的公司比较容易实施，因为它能够很快地融入既有的管理结构。这不仅意味着企业架构不需要大幅重组，也能够减少在将增长试验纳入既有产品功能开发路线图的过程中可能遇到的摩擦。

除 Pinterest 之外，领英、推特和 Dropbox 也采用这一模式。

另外一种模式是创建一个独立的团队，这样的团队不再归属于既有的产品开发团队。增长团队负责人向增长副总裁汇报，而增长副总裁一般直接向 CEO 或者其他高管汇报。增长副总裁这个角色的设立通常是为了保证公司管理层中有人对团队的成果负责，优步和脸谱网就是两个例子。不同于产品部门领导的团队，独立团队并非只专注于某一个产品，而是有权就公司所有类型的产品开展试验，甚至可以在公司现有的产品线之外寻找战略层面的增长机遇。一个典型的例子就是脸谱网的增长团队在认识到 Octazen 的技术能够帮助改进其朋友推荐计划的效果时建议

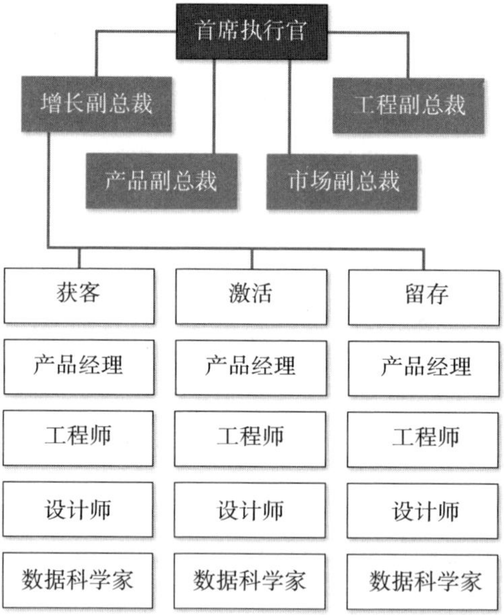

图 1–4 独立模式

公司收购 Octazen。而且，脸谱网的增长团队开展的增长计划覆盖范围十分广泛，他们不仅帮助公司改进既有产品及功能，比如优化新用户注册流程，甚至还为公司开发了一些新产品，比如 Facebook Lite，这是专为数据通信比较落后的地区建立的。增长团队还为产品团队提供支持，当产品团队遇到困难时，增长团队会像特警部队一样空降过来帮助他们发现产品优化和增长的机会，并向他们展示如何推进增长试验过程。

在公司发展初期成立独立增长团队的阻力是最小的，因为这时公司架构还没有成型，资源归属和汇报制度还没有正式确立下来。在地盘尚未正式划分的时候，如果要分配一部分职责和人员给增长团队，公司里不会有太多的抱怨声。不过虽说如此，在规模更大、更成熟的企业成立独立的增长团队也并非不可能。沃尔玛就在 2011 年成立了一支独立的增长团队。它采取的办法是收购硅谷一家知名创业公司 Kosmix 的创新中心，而这个创新中心就成了“沃尔玛实验室”。[10] 这个团队作为专注于电子商务的部门独立运作，聚焦沃尔玛网站和 App 的数字创新计划，其中就包括我们在前言里提到的非常成功的“低价捕手”App。团队同时也负责对数字创业公司中的“潜力股”进行收购，比如时尚搜索应用 Stylr 和网络食谱公司 Yumprint，并将这些公司的技术和人才用于提升沃尔玛的电商业务。

需要强调的一点是，即便增长团队享有充分的独立性，它仍然需要公司高层的大力支持，以应对组织内部的敏感问题和可能出现的摩擦，比如产品、市场、设计和工程人员各自都有自己的行事方式和工作重心，增长团队在和他们打交道时很可能会遇到一些问题。

如何化解阻力

一家公司在成立第一支增长团队时难免会遇到一些阻力。除了组织架构和规范尚未完全确立的初创公司外，对于大多数企业来说，建立一个或多个增长团队都意味着重大的人事和汇报制度的调整。不论这样的调整是长期的还是仅限于某一特定的短期增长任务，都需要牵涉一部分人员的工作安排和职责变动。有过在企业工作经历的人都知道，做出这样的调整势必会遇到一些挑战。

从根本上看，大多数的摩擦都是由企业文化造成的。包括市场、产品开发和软件工程在内的很多部门的人员对于工作安排都有着既成的认知，即他们的团队应当做什么，应当如何去做。在BitTorrent，市场部最初的想法是只关注用户获取，数据分析则由公司的数据团队来完成，而且分析完全是按照产品团队的要求进行。测试工作并不属于任何部门的工作范围，几乎完全被忽略了。可想而知，当成立增长团队并打破原有的部门筒仓时，公司需要下不少功夫来做出相应调整。

诸如此类的摩擦在成立增长团队的过程中屡见不鲜。乔西·施瓦扎佩尔加入雅虎，成立并领导增长团队时，主要任务是实现公司移动产品的增长。他回忆说，当他的团队开始试验向访客推广雅虎的应用时，遭到了品牌团队的排挤，因为他们认为增长团队的做法偏离了原有信息传达方式所使用的风格和语音提示。产品经理也十分谨慎，因为增长团队所做试验触及的人群和影响力都太广了，每一个在移动设备上访问雅虎网站的人都会看到他们做出的调整。克服这一阻力需要跨团队通力合作，也需要建立团队之间的信任。“我们需要付出大量的努力以赢得伙伴团队的支持。”施瓦扎佩尔回忆说。[11]

造成摩擦的另一个原因，是增长试验及其所需动用的资源可能会干扰或者牺牲开展既有项目和工作所需要的时间或资源。例如，在 BitTorrent，安娜贝尔花了大量时间设计试验并分析试验结果，这占据了她开展更加迫切的收购工作的时间。而且，随着团队对数据分析的需求不断增加，数据团队变得不堪重负，直到管理层决定为数据团队招兵买马，情况才有所缓解。

摩擦的产生也是因为增长团队将领域和背景如此不同的一群人聚集在一起，可想而知，他们势必会有意见相左的时候，有时甚至在立场观点和工作重心上存在冲突。工程师一般只对在技术上最具挑战性的工作感兴趣，而不关心他们提出的解决方案是否会对增长产生实质性的影响。产品经理往往沉迷于产品开发与发布工作，如果市场和销售团队在最后一分钟提出产品改动要求却给不出有说服力的商业理由，他们可能会大发雷霆。用户体验设计师经常会反对为产品引入一些试验性的功能或特征，因为他们担心原本对产品满意的用户会因此感到厌烦。营销人员则可能会过于关注像网站访问量或销售线索这样的“面子指标”，而忽略了在漏斗的其他部分（比如用户留存）提升指标的必要性。

此外，这些立场在上述每个群体的成员中往往都根深蒂固，这不仅是组织结构设计使然，他们相应的入职培训、各自的心态及其背后的激励因素都造成了这样的结果。因此，即便在初创企业，让这些来自不同领域的人携手合作都可能是个不小的挑战。

如果管理得当，增长团队完全可以减少这些摩擦，前提是公司要为整个团队实现共同的增长目标提供充分的激励和奖励措施。缓解矛盾的另一个方式是确保在决定试验的优先顺序以及评价试验结果时严格用数据说话，而不是仅凭主观臆断。脸谱网增长团队前负责人卡马斯·帕里哈比提亚将这样的主观臆断称为公司掌握产品设计、消费者需要方向的“学问”。每个公司，不论大小，都有一些根深蒂固的“学问”，我们应当通过以数据驱动的试验来打破它们。例如，在 Qualaroo，员工一度认为如果产品涨价公司就没法保持成功，这也导致公司的发展止步不前。然而，他们在做了价格试验之后发现，在提价超过 400% 的情况下公司仍然能够通过吸引一个新的用户群而获得增长。

当数据分析给出了强有力的结果时，反对意见就很容易处理了。而设计严密的试验带来的结果也会让人无法辩驳，这也能够让人摆脱对自己的某种愿景或策略的执念。而且如果试验过程完全基于数据，团队成员往往会认可这一学习过程的严谨性，并且它可以为成员提供试错的空间，通过不断试错找到最佳做法并取得成功。

毕竟，成功是化解冲突、消除分歧的最有效手段。很多增长团队的成员都表示，随着他们不断努力取得令人惊叹的成果，不仅团队内部对增长黑客方法的热情高涨，这种热情也不断蔓延至整个公司。

团队的演进

随着公司的不断增长和演变，增长团队也应当随之变化。在脸谱网，增长团队从最初的 5 人迅速壮大成一个庞大的群体，并且聚焦多个领域，比如国际市场和新兴市场手机业务领域。

通常来说，随着公司的扩张，员工越来越多，增长团队的构成和关注点也会随着时间的推移而有所变化。这时，增长团队可能会从特定部门或者新增部门招募更多人手，可能也会划分成不同小组，分别负责公司不同业务板块下的更加具体的增长计划。Pinterest 的增长团队就从一个独立团队演变成了产品部门下的四个小团队，分别负责用户体验的不同方面。[12] 在推特，乔西·埃尔曼的团队也从一个一开始只关注“用户引导”的小组演变为一支规模更大、责任更广的增长团队。[13] 其他专业人员也可能加入团队提供特定领域的技术或知识支持，他们可能是公司内部的固定员工，也可能是从外部顾问公司或代理公司聘请的临时雇员。公司在扩张的同时应保持并扩大增长团队的规模，以保持以增长为中心的企业文化。即使是最具创意的产品和想法也会因为缺乏持续的改进而止步不前、最终陨灭，这在现实中常常发生，而增长团队是避免这种惨痛结局的法宝。

对于初创企业来说，增长团队一般都规模很小，需要从团队外部聘请擅长用户增长某一领域（比如用户获取或留存）的专家。对它们来说，为团队增加外部实力能够带来诸多裨益，正如 Dropbox 当初聘请肖恩一样。这样的小团队能将其成员对产品及公司的深刻了解与外部实力结合起来，从而获得丰硕的成果。需要注意的是，不论是在初期阶段还是其他任何时期，都不能将增长的核心职责外包出去。增长工作太重要了，不能轻易交给他人去做，而外部顾问常常缺乏足够的权力、时间或内在动力为实现公司可持续的增长而攻坚克难。

万事开头难

增长黑客过程可能看起来很难落实。搭建一个跨职能的团队并不容易，各个部门的经理可能会反对增长团队占用他们手下员工的时间，大量的试验也会让很多人望而却步。总之，势必会有人说“不”，势必会遇到阻力。好在增长黑客能够带来良性增长循环。目标非常具体的小型团队往往会通过推行增长黑客过程取得一系列的成果，而这能够在整个公司激起员工对于这一过程的热情。一旦人们看到这一以数据驱动的试验方法产生的增长创意的威力，势必会萌生对这一过程的热情，而这种热情如星星之火可以燎原。

不论是在公司还是某个部门内部，增长黑客的推行都不是一蹴而就的。可以试着先成立一个团队使其只专注于某一个产品，甚至是产品的某一个方面，比如网站的注册页面。或者你也可以让团队只负责优化公司的某一个获客渠道，比如加强脸谱网上的获客，或是扩大公司博客的读者群，又或是提高公司邮件营销的效果。增长团队也可以只关注某一个指标，比如提高激活过程中的转化率，或者加强用户留存。随着成功的累积，增长团队的责任范围可以逐渐扩大，或者公司可以成立更多的增长团队。

如果你是小团队负责人，希望尝试一下增长黑客过程，那么最好能够先获得一些支持，哪怕只是几个同事和一个上司的认可。在推行过程中难免会犯错，试验也会有失败，网页可能会崩溃，这些都是这一试验过程的必经之路。而上级的支持可以大大减轻这些失败带来的冲击。IBM 的 BlueMix DevOps 团队增长负责人劳伦·谢福尔就曾经在开展增长黑客试验的初期启动了一项测试，结果导致产品的主页崩溃。但是她的上司非常支持增长黑客行动，所以她和她的团队很快摆脱了这次失利的阴影。[14]

增长团队也不应太早启动，因为如果产品不受用户的喜爱，那么任何试验都无法激发持久的增长。当然，对于一个不尽人意的产品，很多公司都会想方设法保持一定的用户忠诚度或者获得足够的销量，但是它们终将失败。

正因如此，企业在明确其产品对于市场是“不可或缺”还是“有没有都无所谓”之前，都不应制订过于雄心勃勃的增长计划，我们在下一章会更详细地讨论这一点。现在你已经知道如何搭建一个增长团队了，接下来让我们进入这一过程的下一个步骤：团队如何利用客户反馈、严密的试验和测试以及深入的数据分析来评估一个产品是否实现了产品—市场匹配。

第二章

好产品是增长的根本

所有快速增长的企业都有一个共同点——无论它们的客户是谁、商业模式如何、产品类型为何、处于哪个行业或是世界哪个地区，它们的产品都广受喜爱。在用户的眼中，它们打造的产品是“不可或缺”的。

虽然创造一个不可或缺的产品本身并不足以给公司带来爆发式增长，但是这是公司实现迅速、持续增长的基本条件。当然，打造一个不可或缺的产品并非易事。很多公司在发布新业务或者新产品的时候常常本末倒置，投入大量的人力、物力和财力试图吸引更多用户使用它们的产品，而事实上它们的产品并不招人喜欢，有时甚至并不被目标受众所接受。这是创业者最常犯也是最致命的错误之一，也是成熟的公司——甚至那些因创新力而知名的公司——在发布新产品的时候常常遇到的难题。比如谷歌眼镜和亚马逊的 Fire Phone，它们都是非常具有创新力的产品，但是并没有多少人感兴趣。又比如微软 2006 年 11 月推出的 Zune 媒体播放器，据称微软斥资至少 2600 万美元对其进行推广，但是市场反应依然十分冷淡。[1] Zune 并不是一个糟糕的产品，其实很多评论都认为它的设计比较出众，但是与已经随处可见的苹果 iPod（音乐播放器）相比，它并没有什么令人惊叹之处。尽管微软不断加码进行推广，甚至在 2009 年推出了升级版 Zune HD，但它的市场份额始终都没有超过个位数，最终微软在 2011 年叫停了这个项目。[2]

增长黑客的基本原则之一就是在确定你的产品是否不可或缺、为何不可或缺以及对谁来说不可或缺之前不要进入快节奏试验阶段，也就是说，你必须要了解你的产品的核心价值是什么、对哪些客户来说具备这些核心价值以及为什么。（一个例外情况是社交网络类产品，此类产品的核心价值就是用户本身。）这可能听起来再浅显不过了，但事实上，要做到这一点往往需要十足的耐心，因为企业始终都面临着推动产品增长的巨大压力。对于创业公司来说，压力可能来自投资方，或者公司需要向潜在投资者证明自己的盈利能力，又或者公司需要创收以维持自身运营。即便是在成熟的公司，由于它们往往会给产品规定一个目标收入份额及期限，业绩增长的压力也同样沉重。而随着压力的累积，人们会越来越倾向于相信通过加大营销投入便能够获得增长。

但事实是，无论营销和广告投入有多大，无论营销手段有多高明，我们都无法使人们爱上一个不合格的产品。如果你无法在大力推动增长之前创造或者确定产品的核心价值，那么你或许可以沉迷于一时的增长幻影，但也可能会立刻遭到市场的排斥。当然，大张旗鼓的产品发布可能在开始时吸引一些眼球，但是如果产品不具备令人惊叹的特质，即使请巨星做代言人或者斥资几百万美元打广告，都不会获得可持续的增长。

过早追求增长会产生两个层面的机会成本。首先，你会将宝贵的时间和金钱浪费在错误的事情上，即推广一个不受欢迎的产品。其次，当你过早追求增长的时候，你非但没法把早期客户转化为忠实粉丝，反而会令他们失望，甚至使他们变成愤怒的批判者。记住，病毒式的口碑传播是一把双刃剑，它可以帮助你实现增长腾飞，也可以令你灰飞烟灭。

有人将增长黑客曲解为打造产品病毒性的一种方法。这确实是主要的策略之一，但是与其他的增长努力一样，它必须要在确定产品的不可或缺性之后才能被采用。脸谱网增长团队的前负责人卡马斯·帕里哈比提亚回忆说，他在启动团队的增长工作时强调："不要给我任何关于病毒传播的产品方案，我不想听。"[3]

增长团队需要采取严密的方法分析用户行为，以发掘产品或服务的核心价值，我们稍后会介绍这些方法。此外，增长团队需要认识到，有些时候，产品或服务的核心价值并不仅仅在于它的功能，而是在于它是否与恰当的核心市场相契合，而这一核心市场可能和公司一开始所设想的相去甚远，我们稍后也会详细讨论这一点。

最后，值得强调的一点是，创造了核心价值并不意味着我们一定能够正确定位核心价值。像我们这样开发并推广新产品的人常常都会以为我们知道客户会喜爱我们产品的哪一点，但事实上我们以为的往往都是错的。有时候产品真正的核心价值可能完全不同于我们最初在产品愿景中所设定的，它可能是在产品推出之后才加进去的某个功能或用户体验。无论如何，增长团队都应当找到这个核心价值。这就是本章的重点。

不宜过早开展增长攻势

曾经增长最快的脸谱网应用之一为我们提供了一个过早过猛地开展增长攻势的反面典型。BranchOut（脸谱成立的一家职业社交网站）成立于 2010 年，旨在使脸谱网用户通过关联他们的工作联系人在网站上搭建一个职业网络，当时媒体盛赞它为领英的克星。[4] 这些评论家指出，如果你在脸谱网上有了自己的职业人脉网，那还要领英做什么呢？为了加速这个 App 的病毒式增长，团队在扎克·奥尼斯克的带领下设计了一个巧妙的增长手段，即利用脸谱网的邀请功能让更多用户把 App 分享给他们在脸谱网上的朋友。

当时，脸谱网允许用户向自己在这一平台上的朋友发送邀请，分享自己新安装的 App。事实上，很多 App 都通过在脸谱网上利用这一功能获得了飞速增长，比如大受欢迎的游戏应用

Farmville。但是，脸谱网的基本邀请功能只允许用户一次性向不超过 50 位朋友发送邀请，而 BranchOut 团队知道脸谱网邀请的转化率非常低。他们认为，确保病毒式增长的唯一途径就是使用户发送更多邀请。奥尼斯克说，他们为此试验了数百种方法，直到他们无意间发现了一个解决方案。团队找到的这个办法能让用户跳过 50 个好友邀请的上限，通过在一个经过特殊设计的窗口中反复点击“下一步”按钮，使脸谱网的邀请系统向用户建议向另外 50 名好友发送邀请，如此反复进行。这一策略使用户推荐量激增，BranchOut 的用户数量也在短短三个月的时间里从 400 万增加到了 2500 万。[5]

唯一的问题是，人们开始使用这个 App 的时候却失望地发现它并没有很大用处。很快，大批涌入的新用户又迅速地撤离了，每天流失的用户一度高达月活跃用户数的 4%。人才招聘资讯媒体 ERE Media 甚至将之称为网络界的“庞氏骗局”。[6]

BranchOut 的创始人里克·马里尼在 2012 年的一次演讲中承认公司当时走错了路，太过仓促地追求获客却没有改善产品体验。“人们常常认为存在一种能够获取流量、实现病毒式增长的法宝，”他说道，“我们的教训告诉我们，有时候你能够取得暂时的病毒性增长，但是如果想要维持长期的用户增长，首先必须有个好产品。我们认识到，我们必须改进产品，吸引用户每天打开它。不能只做一个人们偶尔需要的工具，而是要打造一个社区。现在我们必须要做出这个转变。”[7]

但是这一转变的念头最后却变成了一厢情愿的空想。BranchOut 虽然获得了近 5 000 万美元的风险投资，但是最终也没能从一次性的病毒奇迹中跳脱出来，它的疯狂之路最后戛然而止，公司以 200 万美元外加一部分股份将资产出售给了一家名不见经传的人力资源公司 1-Page。[8]

很多发力过早过猛的产品在取得了飞跃式的增长之后像 BranchOut 一样最终如烟火般陨灭。正如 Airbnb 的增长团队所言，增长团队必须始终谨记，“是爱创造了增长，而不是增长创造了爱”。而要赢得用户的喜爱，就必须创造“啊哈时刻”（Aha Moment）。[9]

找到产品的“啊哈时刻”

当 Yelp 在 2016 年作为上市公司获得 20 亿美元的估值时，它的成功似乎从一开始就注定了。但事实上，它在创立初期增长十分乏力，因为它面对着十分强大的竞争对手——城市搜索（Citysearch）。这家公司比 Yelp 大得多，在 2005 年曾跻身美国 50 大网站之一，并且背后还有着庞大的母公司——媒体大亨巴里·迪勒的公司 InterActiveCorp（美国互联网商业巨头）。而 Yelp 则是在 2004 年 10 月作为一个概念验证手段启动的，当时连脚跟都还没有站稳，甚至连创始人杰里米·斯托普尔曼都不确定 Yelp 究竟有没有足够的价值。后来，斯托普尔曼的团队在分析用户数据时发现，相当多的用户都在使用网站上隐藏得很深的一个功能——用户可以发布对当地商家的评论。

团队做了一些试验，观察当把“评论”置顶并居中显示时网站访客将做何反应。在看到不错的结果之后，他们调整了商业模式，从最初向他人推荐商家的模式转变为以评论为核心的用户体验模式。但他们并没有止步于此，之后，团队又在网站上创建了旧金山湾区 2000 万家小商家的资料，并鼓励用户添加评论。增长就此一触即发。与此同时，它的主要竞争对手城市搜索却变得不值一提，并且在 2010 年被合并到了城市网络媒体（CityGrid Media）之下。[10]

Yelp 找到了它的“啊哈时刻”。“啊哈时刻”就是产品使用户眼前一亮的时刻，是用户真正发现产品核心价值——产品为何存在、他们为何需要它以及他们能从中得到什么——的时刻。换句话说，就在这个时候，用户认识到这个产品对他们来说为什么不可或缺。正是这个时刻下的体验使早期用户转变成产品的超级用户和宣传大使。对 Yelp 来说，这个体验就是用户能够通过网站上真实可靠的社区评论发现当地的餐馆和其他商家。对易贝来说，用户的“啊哈时刻”是从来自世界各地的人的手中发现并拍下独一无二的物品。对脸谱网来说，是能够马上看到家人和朋友发布的照片和状态并且跟他们分享自己的近况。对 Dropbox 来说，是便捷的文件分享和无限的储存空间。而优步的“啊哈时刻”正如其联合创始人兼 CEO 特拉维斯·卡拉尼克所说，“你点击一下手机就有一辆黑色的车来接你，谁能这么酷？能够让一辆黑色的车8分钟之内赶来接你，这绝对酷毙了”。[11]“啊哈体验”是可持续增长的必要元素，因为有了这个体验的用户会觉得产品太棒了，让人爱不释手并忍不住跟朋友分享。

因此，要确定应该什么时候开始快节奏的增长黑客过程，方法很简单：问一下自己，你是否知道用户“啊哈时刻”的点在哪里？新产品通常都是为了创造一个让用户无法抗拒并且能够满足一大批用户切实需求的“啊哈体验”。有时候一切都会按计划推进，一旦人们开始使用产品，他们就会经历这个“啊哈时刻”，然后会把产品推荐给几个朋友，口碑传播便从此开始。但是在很多情况下，实现一个与众不同的“啊哈体验”并不只是提供产品然后满怀希望地等待成功降临那么简单。

有时候，一个产品并没有提供真正意义上的“啊哈体验”，仍需要进一步的产品开发。但也有时候，产品已经具备了提供“啊哈体验”的元素，接下来要做的就是更有效地引导人们发现它。人们常常是在使用一个产品一段时间之后才会真正发现它的“啊哈体验”，或者他们必须要使用了某个功能之后才会充分地体验到“啊哈时刻”。例如，推特在创立初期时一度难以维系增长，直到它通过大量的用户数据分析发现，那些很快关注了30人以上的用户比其他用户活跃度高得多，而且更有可能留下来成为长期客户。之后推特增长团队便深入挖掘为什么关注30个人会成为一个拐点。他们发现，能够持续地看到感兴趣的人发布的状态和更新正是这些人的“啊哈时刻”。而关注 30 个人恰恰提供了持续的更新，使推特成为这些人眼中不可或缺的服务。

同样地，在我们曾经一起共事的网站调查公司 Qualaroo，我们发现，试用调查服务的用户中收到 50 份或更多回复的用户在试用结束后付费订购的可能性比没有收到 50 份回复的用户高出两倍。在这个情况下，50 份回复就是创造“啊哈时刻”的要素，能够让用户看到我们的产品如何为他们提供新的、有价值的用户反馈。再来看看斯莱克（Slack）的例子，这是一个旨在取代企业电子邮件线程交流的团队群聊产品，也是有史以来增长最快的企业应用之一。数据显示，当团队成员彼此发送并接收的信息达到 2 000 条时，团队将斯莱克作为主要沟通工具并升级到带高级功能的付费版本的可能性会大大增加。2 000 这个数字似乎就是使用户深刻认识到斯莱克所提供的优于邮件的团队沟通价值的临界值。

一个产品的“啊哈时刻”有时候可能难以确定。很有可能出现的情况是，你发布了一个产品之后，由于增长乏力便断定产品根本不存在任何“啊哈魔力”，而事实上有些用户可能已经深深爱上了这个产品。所以在确定产品是否具有令人惊叹的潜力时，关键的一步是通过挖掘用户数据与反馈，以寻找那些真正热爱你的产品的用户，然后分析这些用户在使用产品时有哪些相似之处，从中摸索他们从产品中所获得的其他用户可能没有获得的价值。有时结果会像推特那样发现 30 个人的临界值，但也有时候你的发现会指向进一步的产品开发，甚至会对产品重新定位或重建。

不过，虽然如何使产品实现“啊哈时刻”可能是一个很难回答的问题，但是确定你的产品是否满足基本要求并不需要详细复杂的分析，我们的建议是分两步进行一个简单的评估。

产品的不可或缺性调查

第一步是肖恩设计的一个简单的调查。在他整个硅谷职业生涯中，他一次又一次地证实这个调查是衡量用户是否喜爱一个产品的十分可靠的方法。这份不可或缺性调查从下面这个问题开始：

> 如果这个产品明天就无法使用了你会有多失望？
>
> a）非常失望
>
> b）有一点失望
>
> c）不失望
>
> d）不适用——已经弃用产品

对于调查结果的解读也十分简单。如果 40% 或者更多的回复是“非常失望”，那就意味着产品已经获得了足够的不可或缺性，也就是说团队已经具备了全力驱动增长的条件。

然而，很多产品都达不到 40% 的门槛，在这种情况下，增长团队必须先找到反馈不够理想的原因。如果 25%~40% 的受访者回复“非常失望”，那么团队所需要的往往只是对产品做一些微调，或者调整描述产品及用法所使用的语言。如果“非常失望”的回复不到 25%，可能现有的用户并不适合你的产品，或者产品本身需要更具实质性的开发才能展开增长攻势。

在这种情况下，不可或缺性调查还需要包括其他一些问题，以便帮助你确定下一步工作：

1. 如果本产品无法使用了，你会用什么替代产品？

a）我很可能不会用其他产品

b）我会用：________________

2. 本产品给你带来的主要价值是什么？

3. 你向别人推荐过本产品吗？

a）否

b）是（请说明你是如何描述它的）

4. 你认为哪种人最能够从本产品中受益？

5. 我们该如何改进本产品以更好地满足你的需求？

6. 我们是否可以通过邮件跟进，邀请你对回答做出进一步说明？

关于替代产品的问题可以帮助你锁定主要竞争对手，经常也会为你指出竞争对手可以提供而你的产品所不具备的体验，可能正是这种体验使用户对其青睐有加。这一反馈可以用来确定你应当增加、改进、大力宣传或突出显示的功能，以赢得用户的喜爱。

关于主要价值的问题可以帮助你发现为实现这一价值你或许应该增加的功能。如果产品已经具备这些功能，这个问题也可以指引你测试新的营销语言以更好地向用户传达这个价值。从用户对是否向别人推荐过产品这个问题的回答中，团队可以衡量产品是否具备口碑营销的潜力以及探究如何最大限度地发挥这一潜力。更为重要的是，用户向朋友描述产品时所用的语言会帮助你了解他们所看重的产品价值和功能以及你在产品推广时应当使用的话语。

关于哪类人最能从产品中受益的问题能够帮助团队锁定更加清晰的客户群，从而更有效地向他们推荐产品。例如，在摩根所在的公司英曼，最近推出了一个针对房地产从业者的培训产品，他们就向该产品的用户提出了这个问题，而用户的回答指出，他们认为这个产品特别适合新入行的房产经纪人。于是，摩根的团队利用这一反馈改进了他们的营销和广告的受众定位，把目标主要锁定在这一潜在的客户群。

关于产品改进的问题能够帮助团队发现阻碍产品获得广泛使用的主要问题，也能够凸显公司自身可能没有想到的产品改进机会。

调查的目标群体

显然，调查时受访的用户数量越大，调查的可靠性就越高，信息量也越丰富。对于调查的第一个问题，你至少需要收集几百份回复才能保证调查的可靠性。

如果你的产品试用用户的规模还不足以提供这么多份回复，你就应该更多地依靠客户采访，因为如果只有几十份回复，你可能会得到错误的信息。

调查的目标群体最好是活跃用户而不是“休眠用户”，因为从不再使用产品的用户那里获得的反馈往往没有很大的用处，他们很可能会回复说他们没有从产品中受益，他们也没有向别人推荐产品，甚至可能根本不会回复。相比之下，活跃用户会对产品或服务更加了解，因此往往也能够给出更加具体翔实的回答。

需要注意，我们建议只将不可或缺性调查用于确定你的产品是否已经具备核心价值。一方面，因为当你的产品已经获得增长，向客户询问如果产品不存在了他们会做何感受可能会让他们以为你们要叫停该产品，这可不是个好主意。试想如果脸谱网向用户发送这样一个问题用户该有多么惊慌失措？另一方面，在这一“诊断阶段”结束之后，你对于客户体验质量的调研和测试会变得越来越精细，随着数据的累积，评估也应当越来越注重量化。基于你所积累的用户产品使用数据，你需要更加具体地分析在用户体验中人们喜欢和厌恶的不同元素，以便确定下一步的改进策略。

衡量用户留存

评估不可或缺性的第二种方法是看用户留存率，即在一定时间内继续使用产品或者付费使用产品的用户比例。我们将在本书后半部分更加详细地说明如何利用留存率分析来指导增长试验，但是一般的经验是，你需要获得比竞争对手更高的留存率，并且维持这一水平。要评估产品是否获得了稳定的留存率，团队应当密切跟踪流失用户人数，通常是关注每周或每月的数据。用户流失一般难以察觉，特别是在新用户获取势头强劲的时候，而经常性的监测能够为用户流失提供预警。一家公司可能在获取大量新用户的同时也在失去很多早期用户，这样的流失很可能被新用户增长数据掩盖。团队不应将稳定的用户留存率视作一个达到之后就能一劳永逸的基准，必须持续地付出努力以维系留存率。而且事实上，团队应当努力提高留存率，这是驱动增长的最有效手段之一。但是在早期阶段，最为关键的是保证留存率的稳定，因为它意味着你已经获得了一批认可产品价值的用户。

留存率通常都按月计算。对于移动应用和社交网络甚至快餐店和便利店等经常使用的应用，团队可能需要每周甚至每天统计留存率。如此短的时间周期可以帮助你推算，与偶尔使用的用户相比，有多少用户已经将使用该产品作为一种习惯甚至日常生活的一部分。

不同类型的业务或产品有着不同的留存率，所以最好能够以行业内有足够可比性的成功产品作为基准。如果可能的话，最好取一个平均值作为参考，以确定产品的表现。例如，根据移动分析公司 Quettra 发布的数据，大多数移动应用在安装一个月之后都只能留住10%的用户，而最好的应用能够留住超过60%的用户。[12]

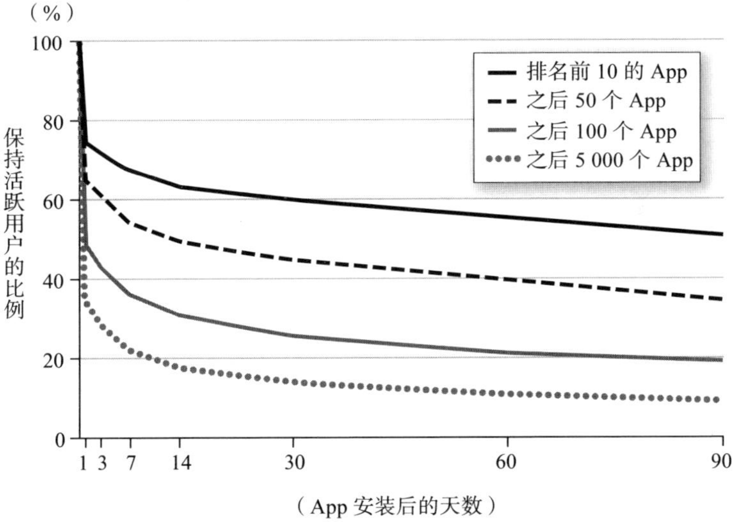

图2-1 安卓应用的用户留存曲线图

资料来源：Quettra

像SaaS（软件即服务）这样的商务产品的境况就好得多了。太平洋浪峰证券公司（Pacific Crest）在2013年开展的针对私营SaaS公司的调查显示，这些公司的用户留存率高达90%以上。[13]连锁快餐店每月的用户留存率在50%~80%。例如，78%的麦当劳顾客在2012年的每个月都会光顾该餐厅。[14]一份2013年的研究发现，美国的信用卡公司每年的客户流失率约为20%，而欧洲的移动通信公司的流失率在20%~40%。[15]

成为不可或缺的产品

如果你的产品通过了这些测试，就说明相当多的客户已经经历了“啊哈时刻”，那么是时候开始快节奏的增长试验了。但如果你发现产品还没有实现不可或缺性，那么你需要做的第一件事就是别再思考一个看起来再正常不过的问题：有什么你还没有使用但是可能会使产品更具吸引力的功能？虽然听上去在办公室里用白板和最聪明的员工讨论改进产品的想法是解决问题的正确方式，但请相信我们，这个直觉并不会对你有所帮助，你需要做的是和用户交流，并且是与前面提到的调查相比更深层次上的交流，以便了解阻碍你的产品成功的真正因素和障碍是什么。否则，你可能会将非常有限的资源和时间浪费在非常昂贵且错误的事情上，比如部署一个毫无用处的功能。虽然增加新功能看起来是改进产品最直接的办法，但事实上，每一个产品开发者都应当警惕特性蔓延（feature creep）的危险，也就是增加越来越多并不真正创造核心价值的功能，而且使产品变得更难以使用。在很多情况下，改进的关键在于做减法而不是做加法。正如 Yelp 所做的那样，他们进行了功能的删减，将用户评论作为产品的核心。

因此，必须采用分析手段找出“啊哈时刻”没有实现的原因以及如何才能实现，而不是单纯依靠主观臆测。为此应同时采取下列三个措施。

- 开展更多的客户调查，包括采访和实地调研，真正与客户和潜在客户交谈。
- 针对产品改动和信息传达进行高效试验。
- 深入分析用户数据。

在进行这些诊断分析时，团队应根据每个成员的专长分配工作。营销人员和产品设计人员的专长可以用于采访和调查工作；工程师知道如何落实产品改动以及如何在产品中设置试验；数据分析师知道如何更深层次地分析用户行为，提供比现成的分析程序提供的基本指标数据更深刻的洞察。接下来我们将逐一介绍每一个步骤应如何开展。

走进用户的现实世界

用户开发领域的创新先驱史蒂夫·布兰克强调说，无论你在哪个行业，你都需要走出办公室，了解你的用户真正希望从你和你的产品中获得的是什么。网络上可以找到开展用户采访的诸多资源，不论你选择哪一个，在采访的时候最重要的一个原则就是要对你的产品保持客观、中立的态度。如果你在整个过程中一直尝试推销产品，那么你获得的反馈将会毫无价值。你需要做的不是宣传，而是倾听和观察。

同样需要谨记的是，事实胜于雄辩。最佳做法是带上产品或者原型去实地采访，这样你就可以真正看到潜在用户会对它做出怎样的回应。这一过程可能会帮你发现你原本以为设计得非常简单易用的功能实际上可能过于复杂甚至用户并不感兴趣，也可能会帮助你发现意料之外的问题。用户甚至可能会提出十分宝贵的产品改进想法，而这样的想法也许是你和你的团队完全想不到的。[16]

电商平台 Etsy 的经历正是如此。Etsy 是为个人或小型手工艺品公司打造的手工艺品买卖平台。它现在已经成功获得了 IPO，融资超过 2.87 亿美元，估值超过 10 亿美元。可见，公司创始人提出的这个商业想法满足了不少人的需求。但是这一需求并非一直像今天这般显而易见，事实上，Etsy 的早期增长主要是靠“地推”拉动的。正如其品牌与社区增长黑客丹尼尔·马维尔所说，Etsy“做了很有意义但是常常被人忽略的一件事——从互联网上走下来”。[17]

Etsy 派员工去全国各地参加手工艺品展销会，与潜在卖家交谈，邀请他们入驻网站，也与他们的客户交谈，在这个过程中，Etsy 发现了“针织群体”① 的网络力量。这个群体主要由女权主义手工艺者组成，而她们正是推动手工运动发展壮大的主力军。Etsy 挑选了一些有影响力的艺术家、手工艺者和复古收藏者并邀

---

① 针织群体，英文“Stitchn’Bitch groups”，是以女性为主的针织爱好者群体，出现于“二战”期间，她们定期相聚在一起一边做针织手工一边聊天。如今，这个群体遍布全球，形成一场社会运动。——译者注

请他们共进午餐，以了解他们的动机，即售卖过程的哪一个方面对他们来说最为重要，以及什么样的“啊哈时刻”才能说服他们加入 Etsy。Etsy 不仅说服了他们中的很多人在网站上开店，也协助他们在网站上打造了一个社区——社区正是他们认为最为重要的体验。Etsy 了解到，很多手工艺者都有共同追捧的刊物，比如女权主义杂志 *Bust*，还有一些关于手工的博客，于是公司决定开设网上留言板，以加强社区建设。Etsy 的社区论坛不仅成为卖家了解如何提高销量的渠道，而且成为新卖家的招募平台，也成为女权主义手工运动的一个大本营。

发展初期地推式的市场开发对 Etsy 来说至关重要，不仅帮助它的团队成员发现了打造不可或缺性的必要条件，也引导他们制定了下一步推动增长的策略。这一策略的中心是构建自然发展的、口口相传的网络社区，而不是开展大规模传统又昂贵的市场营销。Etsy 团队根据早期用户反馈，着眼于开发帮助卖家提高销量的工具和资源，比如刚才提到的论坛以及“卖家手册”博客，也通过开发工具和发展合作伙伴帮助卖家改进客户沟通、订单管理等各个方面的业务。他们也在卖家商店页面和商品页面设置了各种社交网络分享链接，使卖家和潜在买家可以在其脸谱网、博客和 Pinterest 上分享这些定制的手工艺品。

正如一位分析师所写，Etsy 在获客上“几乎没有花一分钱”就实现了快速增长，最终获得 IPO。即便在最近几年，社交媒体、邮件营销、自然搜索等自然增长渠道仍然占据了 Etsy 87%~91%

的流量，而付费广告仅占2%~7%。[18] 这种实地走访的做法非常成功：到2014年底上市之前，Etsy的会员人数已经超过5 400万，销售额达到了19.3亿美元。[19]

约会交友应用Tinder是另外一个通过走进现实世界、巧妙利用既有网络获得增长的产品。尽管面对来自其他多家颇受欢迎的交友网站的激烈竞争，Tinder仍然实现了飞跃式发展，月活跃用户在短短30个月中飙升至2 400万。[20]

然而，Tinder在获取早期用户时遇到了Etsy没有遇到的挑战——人们只对附近区域的约会对象感兴趣，而手工艺者和他们的客户之间的交易不受距离的限制，即使他们位于世界不同的角落也没有关系。Tinder团队做出了一个聪明的决定，既然用户是区域性的，那么他们的增长计划也应该是区域性的。他们决定先锁定大学的兄弟会和姐妹会，因为这些社团之间的联系十分紧密，这可以帮助他们迅速推动口碑传播，也因为这些社团的成员有着很大的影响力，不仅为Tinder团队提供了具有指导意义的研究对象，也提供了非常有吸引力的早期用户，帮助他们把Tinder打造为高颜值约会对象的聚集地。Tinder团队的元老级成员惠特尼·沃尔夫就曾经实地去大学校园给姐妹会做演讲，吸引她们成为Tinder用户，并且通过即时的面对面交流获得真实用户的反馈。之后沃尔夫便会走到路对面的兄弟会向男生们介绍新加入的姐妹会成员，可想而知，要说服这些男生加入就不是什么难事了。Tinder就这样迅速地打造出了本地的约会网络。[21]

用户增长非常强劲，自然而然地突破了最初的市场界限。创始人肖恩·拉德回忆说："那是一月份左右，在那之前我们获得了很多大学生用户，之后他们回到家里向他们的兄弟姐妹和朋友聊起 Tinder。突然间，Tinder 便像病毒一样迅速地传播开来。"[22] 他们并没有在打广告或获取邮箱列表上投入很多成本，而是聚焦于核心用户群，这样也使他们可以灵活地对产品进行调整，不断尝试用户喜爱的功能。但是倘若他们最初没有实地走访、深入了解初期核心市场，就不会取得今天的成功。

寻找受访群体

当然，我们也可以在网上对现有用户群体进行调研，以了解如何实现"啊哈时刻"。贝宝和易贝就是典型的例子。贝宝刚刚推出时，其团队注意到他们初期的固定用户中有不少是易贝上的买家和卖家，于是，他们决定先了解这些用户是如何使用贝宝的以及如何才能使更多类似的人使用贝宝。他们收到了一个易贝卖家提出的将贝宝的图标添加到物品拍卖页面上的请求，这引起了他们的关注，于是他们开始研究人们在易贝上对贝宝的使用。当时，易贝卖家无法使用信用卡收款，而与支票和汇票相比，他们当然更希望能够马上收到钱款，所以他们自然很乐意将贝宝作为买家付款的优先方式。贝宝团队通过分析易贝上的大量拍卖交易试图了解卖家如何使用贝宝，包括他们如何展示并在他们的拍卖页面中说明贝宝的付款方式。贝宝团队也浏览了易贝讨论区里卖家的反馈和想法，从中了解卖家的需求。根据这些反馈，贝宝团队开发了前文提到的自动链接，这个工具能够使卖家把贝宝图标添加到他们所有的卖品页面上，而且还附上一行文字，鼓励买家注册并使用贝宝支付。[23] 这个方法极为成功，甚至使易贝也意识到了贝宝对于其自身增长所起到的作用并最终收购了贝宝。[24]

现在，各种网络平台丰富多样，不管是像脸谱网和 Instagram 这样的大型社交网络，还是苹果和谷歌的应用商店，或是 WordPress（博客平台）和 Meetup（线下聚会网站）上各式各样的群组，都可以用来寻找你的核心受众。通过这些平台你可以寻找产品的潜在初期用户，或许你的产品恰好可以解决他们面临的某个问题，同时，通过他们的反馈你也可以确定你的产品是否为他们提供了“啊哈体验”。

开展调查和采访可能看上去太浪费时间，但事实上，你很可能只需要为数不多的调查回复和几次采访就能够获得十分明确的用户洞察。你可能也不必询问太多问题，往往几个基本的问题就足够了。例如，在推特，乔西·埃尔曼的团队针对沉寂一段时间又重新开始使用推特的用户只问了四个问题：（1）您一开始为什么会注册推特？（2）您为什么弃用推特？出现了什么问题？（3）是什么原因让您又回到推特？（4）这次是什么让您留了下来？

研究发现，开展焦点小组座谈过程复杂、效果不尽如人意且费时费力，但是像我（肖恩）在 LogMeIn 做的简单的用户调查开展起来并不麻烦，不需要任何技术知识，而且这样的简单调查使我们发现了非常重要的信息——用户不相信 LogMeIn 是免费的。在大多数情况下，你只需要几百份调查回复就能够大致了解你在数据分析中发现的用户行为背后的动机，而这样的发现能够帮助你找到真正的增长机会，从而引导你推进增长试验过程。

快节奏的试验

成本低、易使用的分析工具和网络营销技术的发展使产品和信息传达测试变得非常容易，通过这样的测试你可以找到客户群和功能的完美组合，打造不可或缺的产品。有的试验可以很快开展，也非常容易，几乎不需要任何技术知识和成本投入，而更具实质性的试验则可能需要耗费不少金钱和时间，特别是需要工程师开发新功能或者对产品进行大幅度重新设计的时候。团队对于试验的选择和决定必须十分严格。大多数增长团队都采用了最小可行测试（minimum viable test, MVT）的做法，也就是充分验证一个想法所需要的成本最低的试验。如果测试取得理想的效果，团队就会再进行一个更全面的后续试验，或者对于同一个概念采取更完善的执行方式。[25]

快节奏的试验是增长黑客过程的硬性要求，为做到这一点，团队应当运行一个恰当的试验组合：既有较复杂的产品改进试验，也有很容易执行的信息传达和营销试验。我们会在接下来两节详细介绍这两种试验类型。

改进信息传达方式

肖恩在帮助 LogMeIn 实现增长时发现，有时候阻碍增长的并不是产品或服务本身没有价值，而是向既有和潜在客户传达这一价值的方式不对。好在随着网络营销的兴起，改进信息传达方式已经不是什么难事，即便对于非网络产品，增长团队也能够以低成本甚至零成本很快改变信息传达方式并加以测试。

其中一个特别有效且成本很低的方法是 A/B 测试，即在两个及两个以上随机选择的群组中测试两种不同的信息传达方式，比如网络简报所用的两个标题，或者着陆页的两种不同设计方案，以此确定哪一种能够获得更优的用户反应。这样的测试有时可以帮助你发现十分简单却有效的改进方式，比如修改邮件的标题、调整按钮上的文字，或者改变网络表格中的表达方式。以客户关系管理软件 Highrise 为例，这个软件是 Basecamp（基于云服务的项目管理软件）为补充其广受欢迎的项目管理软件功能而推出的。通过注册页面的 A/B 测试，他们发现只是将文字从“注册并试用”改为“查看购买方案与价格”就给他们增加了 200% 的注册量。[26] 这看上去可能是个很罕见的案例，但其实并非如此。在我们合作过的公司，我们亲眼目睹了数百个类似的案例：通过实施 A/B 测试所发现的非常简单的改变，这些公司成功为客户创造了“啊哈时刻”，从而实现了用户的大幅增加。

随着此类试验的价值日益凸显，Optimizely 和 Visual Website Optimizer 等在线网络 A/B 测试平台纷纷推出了新的工具，使企业可以以更低的成本、更少的投入在它们的网站上设置试验，并且不需要工程师的帮助。这些产品使任何负责网站管理的团队成员能够快速对标题、标语、图片、视频、按键等内容运行 A/B 测试，既提高了测试的效率和灵活性，同时也使工程师能够专注于更加实质性的产品测试。

不过需要注意的是，A/B 测试工具虽然容易使用，但是它们提供的数据存在一定的局限性，因为这些工具依赖的是比较表面的衡量标准，比如哪个按钮的点击量更高，而不是点击按钮的人最终是否成了固定用户。这就好比看到一篇“标题党”新闻，忍不住点进去之后却对内容大失所望，这样的点击率显然无法体现长期的客户忠诚度。为解决这一问题，数据分析必须能够在任何 A/B 测试中跟踪测试对象从点击到长期使用整个过程的行为。

A/B 测试也不应仅限于语言、着陆页设计或市场推广。应谨记，增长黑客的一个核心原则就是对客户体验漏斗的整个过程开展试验，不仅包括客户认知与获取，也包括客户激活、客户留存、变现与自传播。例如，在英曼，摩根的团队通过对他们的付费新闻订阅服务的定价和期限进行 A/B 测试，决定将按月订阅的方案替换成为期三个月的订购方案，结果大大提高了留存率。

工程师有时能够对漏斗底部的测试提供非常宝贵的想法，而漏斗底部往往具有更高的技术复杂性，也常常是非技术人员关注不到的领域。例如，我们在上一章提到，Pinterest 增长团队的工程师为了大幅提高试验速度开发了 Copytune 机器学习程序，用 30 种语言的副本向用户发送无数封邮件进行测试，以提升用户留存。这正是多变量测试（multivariate test）的一个例子，即不仅仅是对比两个选项，而是对比信息的每一个元素的每一个可能的版本以寻找最优组合。再比如“多臂赌博机”模型（multi-armed bandit），这是一个更加复杂的测试方式，可以更快地找到最佳方案。我们会在本书后半部分详细地介绍更多测试类型。

针对产品的试验

对产品本身的改动是更加复杂的一类试验，通常需要工程师做大量工作。虽然这类试验主要存在于互联网和软件产品，但是它同样适用于实体产品。构建最简单的产品原型然后让用户试用、制作视频或计算机演示以展示产品的新功能，同时观察客户的反应，这正是负责实体产品的团队利用试验的两种可能方式。

在试验时，应优先测试那些经之前的经验证实能够优化结果并改进用户体验的改动，比如提高网络购物车的响应速度或者优化注册过程。而其他诸如大幅度重新设计或者开发新的产品功能等在实践中应用较少的改动只有在假设十分具有说服力的情况下才应该进行测试，而且这种假设应当是在充分的用户调研和数据分析之后得出的。换言之，对于耗时耗力的测试，团队应当通过严密的论证将风险降到最低，并且在开展规模更大、风险更高的试验的同时也应运行一些更稳健的测试。如此团队才能够确保在野心勃勃的赌博和按部就班的改进之间保持平衡，从而使产品获得可持续的增长。

深挖数据

如今，增长团队可以获得的数据比以往任何时候都多，但是如果没有能力从中提取有价值的信息，再多的数据也毫无用处。也就是说，增长团队要做的并不是审视各种工具和报表提供的数据。若想了解如何使你的产品变得不可或缺，你就需要收集合适的数据并将诸如邮件营销数据库和销售点系统等不同来源的数据整合起来，形成一个完整的数据图谱。然后你需要一位数据分析师来深入分析这些不同来源的数据，从中发现规律和洞察，从而提出值得试验的增长思路。如今，大多数公司，即使是最年轻的、小本经营的创业公司，都在密切跟踪它们的网站和产品的基本分析数据，比如谷歌分析提供的数据。虽然页面浏览量、访问量和跳出率等指标非常重要，但是它们并不能全面地反映客户与产品之间的互动情况。这是因为它们都是非常表面的指标，并不能说明客户真正重视的是产品的哪一方面，也不能体现你是否已经实现了产品—市场匹配。

你的团队应该掌握的不仅仅是用户访问网站的频率和时长，而是用户体验各个层面的数据，并对这些数据进行细致入微的分析，以了解人们如何使用你的产品以及这与你对产品的计划有何出入。这意味着营销人员、数据科学家和工程师必须通力合作，在网站、移动应用、销售点系统、邮件营销和客户数据库中加入合适的数据跟踪设置。有了合适的跟踪功能之后，团队必须对不同来源的用户信息加以整合，以获得全面、充分的用户行为数据，以便数据团队进行分析。

你需要构建的是一个所谓的“数据湖泊”（data lake）或者“数据仓库”（data warehouse）：一个储存所有客户信息的独特应用，可以让你真正深入挖掘并发现可能对产品的使用方式不同于其他人的用户群。这能够让你在单个用户的层面探索产品的使用情况，比如观察一个非常活跃的用户在你的网站上或者用你的App做些什么，或者一个本来准备下单但最后没有点击结算按钮的用户最后做了些什么。可能你会看到他正要下单时突然被跳出的促销信息吸引了过去，这样的信息对于一个用户来说可能无关紧要，但可能会引导你发现值得进一步分析和实施增长试验的领域。如果数据得以有效收集，数据分析师也能够更加轻松地向团队说明快节奏增长试验的结果。

跟踪活跃用户的行为

收集并分析数据的第一步是跟踪用户或客户的关键行为，这可以通过事件跟踪来实现。大多数分析平台都能够在你的系统中跟踪关键事件，比如用户点击某个按钮、观看某个视频、下载某个文档、填写某张表格、播放某首歌、添加某个好友、分享某个文件等。同样，增长团队必须跟踪客户在整个客户体验过程中的各种活动，即他们从访客成为新客户，再从新客户成为固定忠实客户的过程中的各个事件。你是否能够跟踪客户从第一次到访你的实体店或者网站到第一次购买再到后续多次购买的整个过程？如果中间有断开的环节，这些环节的事件可能就是你现在需要开始跟踪的。

这个阶段的主要任务是寻找那些认为你的产品不可或缺的客户，即频繁使用或购买你的产品的人，并发现他们不同于其他客户之处。具体来说，分析师应当寻找最活跃的用户最经常使用的功能以及他们在与产品交互过程中的任何其他特征。可以根据不同的客户属性对客户数据进行分类，比如所在地区、年龄、性别等人口信息，或者职业、所在行业、使用的移动设备等其他属性，此外还应按照他们使用产品的不同方式分类，比如是超级用户还是只是偶尔使用，然后再根据这些分类分析他们所做的不同选择，比如他们购买了哪些产品或者使用了哪些服务。据此你将会发现这些属性和行为与更高额的购买、更活跃的参与和更长期的使用之间的关联。例如，网飞通过分析客户观看的电影和节目发现凯文·史派西的电影和政治题材的电视剧都非常受用户欢迎。这一发现给了网飞制作电视剧《纸牌屋》(*House of Cards*)的信心，这部电视剧不仅轰动一时，也成了很多网飞用户不可或缺的体验。[27]

同样，商务智能公司 RJMetrics 的团队发现那些在试用期间使用其软件编辑图表的用户和没有尝试这一功能的用户相比，转化为付费客户的可能性要高出一倍，而且当试用用户编辑了两份图表时，这一可能性就更高了。那么 RJMetrics 接下来做了些什么？他们在新的使用演示中把编辑图表设成了关键一步。[28]

重新定位产品

这些特别的行为和偏好有时可能难以发现，这在一定程度上是因为它们太出人意料了。虽然听上去有些自相矛盾，但事实是我们常常不知道自己在寻找什么，直到找到了才知道。例如，Yelp 发现其最活跃的用户之所以喜欢这个网站是因为他们可以在网站上写评论，它的团队之前并不知道需要利用评论吸引用户重复使用产品，而这一发现得益于对不同来源数据的分析。如此出人意料的发现恰恰说明我们需要在数据采集上投入更多，也需要快节奏、坚持不懈的增长黑客试验。试验得越多，可以分析的数据也就越多，而分析的数据越多，能够发现的规律也就越多。

Instagram 也是十分具有启发性的一个案例。这个如今大受欢迎的照片分享应用的前身是一个叫作“Burbn”的基于位置的社交网络，它是以创始人凯文·希斯特罗姆最喜欢的酒精饮料 Bourbon（波旁威士忌，省去了几个字母）命名的。但是希斯特罗姆承认，他自己也知道最初的产品太复杂了。或者正如凯斯·索耶在他的《Z 创新：赢得卓越创造力的曲线创意法》(*Zig Zag: The Surprising Path to Greater Creativity*) 一书中所说，“太多功能堆在一起反而让人困惑”。好在希斯特罗姆坚持不懈地分析数据，试图了解用户对产品的使用情况。他发现，产品中的很多功能完全无人问津，只有一个例外：照片。希斯特罗姆和联合创始人迈克·克里格意识到，拍摄并分享照片正是用户的“啊哈体验”，而他们需要围绕这一体验对产品进行重新设计。正如索耶在书中所写，“迈克和凯文看到了将 Hipstamatic（广受欢迎的照片编辑应用）和脸谱网的功能结合起来的机遇，也就是开发一个简单易用的照片分享社交应用。他们砍掉了 Burbn 除照片、评论和点赞之外的所有功能”。精简之后，他们重新发布了产品并更名为 Instagram。在获得了 4 亿用户并由脸谱网以 10 亿美元收购之后，这个公司仍然势头强劲，截至 2016 年一季度，它每年的广告收入高达 10 亿美元。[29]

Instagram 并不是唯一一个基于详尽的数据分析确定“啊哈时刻”从而在创立初期对发展方向做出 180 度大调整并取得成功的公司。Pinterest 是另外一个，它的前身是一个叫“Tote”的移动电商应用，后来才转型成为一个发现并分享灵感的网站。因为本·西尔伯曼发现，Tote 的用户并没有像预计的那样在应用里购买产品，而是将从中看到的喜欢的产品收藏起来。基于这一发现，西尔伯曼改变了思路，设计了一个使用户能够在网上轻松展示这些珍贵收藏的应用。布莱恩·科恩是西尔伯曼的第一位投资人，他说这一重新定位是“他（西尔伯曼）从第一个产品中吸取经验教训之后得到的结果”。[30] 而如果他没有分析活跃用户是如何从应用中获取价值的，重新定位也就无从谈起。

Groupon 的早期版本也是一度濒临失败，但是对用户行为的密切分析引导创始人安德鲁·梅森对产品重新定位，从而使 Groupon 获得了迅速发展。Groupon 的前身是一个叫作“The Point”的筹资网站，可以为各种事情、各类群体众筹，人们可以在网站上为某个筹资项目提供资金，而筹资项目只有在足够多的人加入时才会向所有人开放。但是产品推出后反响寥寥，情况糟糕到梅森差点退回投资人的所有资金。但是，在分析数据之后，他们发现那些给予用户优先与优惠购买权的筹款项目是最成功的，于是 Groupon 团队根据这一发现对每天的筹资项目进行设置。梅森为此还提出了一个口号：“建立你的 Groupon.com。”[31] 公司就此实现了腾飞。

YouTube 也有类似的经历。虽然如今很难想象，但是 YouTube 最初是一个视频约会网站，之后创始人发现用户上传视频资料并不只是为了寻找约会对象，而是为了分享各式各样的视频，于是 YouTube 摇身一变成为大型视频网站。联合创始人贾伟德·卡里姆说："用户走在了我们前面。他们开始用 YouTube 分享各类视频，比如他们的狗、假期等。我们觉得这很有意思，所以我们说，为什么不让用户来定义 YouTube 呢？到了 6 月份，我们已经对网站进行了彻底的改造，使它变得更开放、更广阔。这使我们大获成功。"[32]

所有这些重新定位的案例都说明，在投入大量财力物力开展增长攻势之前，必须要收集并分析用户行为的定性和定量数据以及他们对产品优缺点的反馈。如果这些公司在重新定位之前就展开增长攻势的话，可能今天我们就不会知道它们的名字了。因为它们很可能不会获得爆发式的增长，而是将宝贵的时间和金钱浪费在推广一个并非让用户觉得不可或缺的产品上。

当然，深入的客户行为数据分析可能也会告诉我们，也许并不是产品或服务本身或者信息传达的方式有问题，而是产品投放到目标市场的方式。HubSpot 的经历就是一个例子。它的产品是企业客户关系管理和营销软件。通过严密的用户数据分析，它发现一开始就接受了产品培训的用户留存的时间比没有接受培训的用户长得多。于是它转变了销售策略，将付费产品培训作为新的客户体验的必要环节。

当时，要求客户在购买一个软件之后再付出额外的成本接受产品培训并不是人们通常认为的最佳实践。各家公司都担心增加软件购买的成本将会使一些对价格比较敏感的用户转身离去。但是 HubSpot 团队相信他们的数据分析，果断推行了产品入门培训。[33] 这就像卡马斯·帕里哈比提亚所说的，增长团队要努力破除关于产品和市场的一些错误认识，基于实证推动增长。结果，HubSpot 的客户群获得了迅速增长，公司也在 2014 年成功上市。

实现“啊哈时刻”

注意，所有这些试验和分析过程都应聚焦于发现你所提供给客户或能够提供给客户的“啊哈时刻”。一旦确定了创造“啊哈体验”的条件，增长团队就应将注意力转移到如何尽快使更多客户体验到这一时刻上。在脸谱网，增长团队发现用户的“啊哈体验”是在网站上添加越来越多的朋友所带来的兴奋感（数据显示，在前 10 天添加了至少 7 位好友的用户最可能成为活跃用户），于是他们马上开始把所有精力放在网站设计上，通过调整网站设计促使用户在网站上添加更多朋友。他们对网站所做的最重要的改动之一是更新了“新用户体验”（NUX），以专注于帮助新用户寻找朋友。最初版本的新用户体验中寻找朋友的环节只是整个用户使用引导的一部分，现在则成了最重要的环节。增长团队做了无数次试验，一点点剥离新用户起始页上的无关信息，聚焦于如何帮助新用户迅速搭建自己的社交网络，比如导入个人邮箱通讯录以寻找已经在使用脸谱网的朋友。团队也利用了脸谱网上的广告空间向用户推送他们可能想加为好友的人。

推特的团队也是利用了类似的方法使更多用户体验到他们所

发现的产品核心价值，从而获得了迅速的初期增长。数据显示，推特用户的“啊哈时刻”是收到朋友和明星、政客等他们看重的人发布的状态。就此，乔西·埃尔曼及其团队设计了全新的新用户体验，以使新用户尽快地关注30个推特用户。他们引入了推荐功能，并将之作为注册过程的主要环节。这一功能基于新用户注册时选择的兴趣点向其推荐具体的推特账号，比如他们可能感兴趣的明星和运动员。同样，在Qualaroo，我们发现回复超过50份调查问卷的用户更可能成为活跃的付费用户，于是我们开始向有可能达到这一门槛的试用用户建议调查的类型和投放位置。

还有很多其他实现“啊哈时刻”的策略，比如产品参观、邮件互动、特价优惠等等，我们将在后面几章详细介绍何时及如何实行每一类策略。

正因为实现“啊哈时刻”对于后期所有的增长来说至关重要，企业常常为此投入大量的时间和努力。增长专家詹姆斯·柯里尔建议，公司1/3的工程时间都应该用于打造对的新用户体验。脸谱网、推特和Pinterest甚至将新用户体验从它们的主产品中拿出来作为单独的产品来看待，并且设立了由设计师、产品经理、工程师和增长负责人组成的团队专门负责完善新用户体验。

一旦发现了活跃用户群和“啊哈时刻”，也即实现了产品—市场匹配，你就可以开始在这一基础上系统地打造一台高速运转的增长机器了。本书接下来的部分将介绍具体的增长黑客方法和策略。

第三章

确定增长杠杆

打造一个有吸引力的产品并通过不可或缺性测试是获得迅速、可持续增长的前提条件，但是只靠一个不可或缺的产品还不够。即便是真正出色的产品，即便它深受一群早期核心用户的喜爱，如果没有全力驱动增长的努力，也难免会失败。媒体报道过太多曾号称“将引领新风潮”的产品因无法为早期用户群之外的广大市场提供具有足够吸引力的核心价值而以失败告终，比如之前提到的谷歌眼镜，还有轰动一时的赛格威电动平衡车。但是还有一种更加令人困惑的失败案例没有得到充分的报道——那些确实提供了颇具吸引力的核心价值并且拥有广阔的尚未被占领的潜在市场的产品。它们的问题往往是缺乏精心设计并严密执行的增长战略。

以 Everpix 为例，这是近年来最被看好的照片应用之一，设计的初衷是为苦于无法整理移动设备上大量照片的用户提供一个简便的解决方案。它的设计十分巧妙，使用起来也很简单，深受评论家的追捧，用户平均评分高达 4.5 颗星。科技博客 TechCrunch 赞美称："Everpix 最妙的一点是它提供的'一次性设置'，也就是说，在初次安装并设置之后，你就什么都不需要管了。"[1] 它初期获得的 5.5 万用户也非常活跃，其中有大约一半的人至少每周都会打开一次应用。公司创始人选择了免费 + 增值的商业模式，即应用的基础版是免费的，用户可以选择每年花费 49 美元升级到付费的专业版。而当时，升级到付费版的转化率高达 12.4%，远远高于大多数付费 + 增值产品 1% 左右的转化率。[2] 创始人的选择没有错，但是他们犯了一个致命的错误：没有利用早期用户的热情来获得更快的增长。

虽然用户对产品的热情和高转化率看似表明 Everpix 正走在通往成功的大道上，但是事实上它就像一颗定时炸弹。创始人需要大幅增加付费用户的数量，而且要尽快做到这一点。产品发布一年半之后，公司的运营支出高达 48 万美元，而用户付费收入却刚刚超过 25 万美元，而且创始人将筹集的 180 万美元的种子资金几乎全部花在了开发产品功能上。在弹尽粮绝的情况下，公司又将收到来自亚马逊的约 3.5 万美元的网络服务账单，创始人只得努力筹集更多资金。融资失败后，Everpix 最终倒闭了。

他们也考虑过利用一些增长黑客方法驱动用户增长。例如，他们想过，当用户发送照片给另外一个人时，应用可以要求这个人先注册再下载照片。但是他们最终没有这么做，因为他们担心这会使用户感到厌烦。但是增长黑客不仅仅是从一系列方法中选择一个来试用，而是一个持续的试验过程，以确保这些方法能够取得理想的结果。如果他们真正推行增长黑客的话，他们就会运行试验以确定他们的假设是否成立。但他们没有这么做，而是始终一心扑在改进产品上，例如，他们开发了一个功能，可以通过邮件向用户发送他们在去年同一天拍摄的照片。这大大增加了每日访问应用的用户数量，但是他们的目标是创造更多收入，而每日活跃用户数并不是他们需要关注的指标。他们急需的不是提高既有用户的活跃度，而是增加付费用户的数量。

他们也曾希望通过筹集更多资金来缓解资金链紧张，但是没有强有力的增长指标数据，要说服投资人就困难得多了。他们最终拿到了 50 万美元的贷款，但是他们接着聘请了一位传统营销专家，这位专家提出了一个新口号——“让你的照片井然有序”，希望能够以此触发增长，但结果事与愿违。[3]

Everpix 的悲剧收尾说明了在适当的时间选择适当的增长杠杆有多么重要。转化率和用户好评都明确说明他们已经有了一个出色的产品和一群忠实的活跃用户，他们需要做的是把注意力从改进产品转移到增加收入上，即利用丰富的设计和工程人才将更多用户转化为付费用户。如果他们做到了这一点，Everpix 可能今天已经成为一家利润丰厚的公司。

明确增长战略

创造并使更多用户体验到“啊哈时刻”是破解增长难题的第一步。下一步是明确你的增长战略。在进行快节奏增长试验之前，你必须清楚地知道你将如何驱动增长——你的增长杠杆是什么以及它们是否能够帮助你取得理想的结果。能否做到这一点将决定你的增长是真实、强劲、持续且能够创收的还是会像幻影一样转瞬即逝。

你必须通过一套十分严谨科学的方法明确你需要何种类型的增长以及获得这种增长需要何种杠杆。尤其是在增长初期，必须设定一个十分严密的试验流程，专注于对实现目标来说最为重要的杠杆。试验速度本身并不是目标，毕竟，漫无目的的试验不论运行节奏有多快都注定是浪费时间和精力。增长黑客并不是要以最快的速度随意尝试各种想法，看哪个能奏效，而是通过快速的试验寻找并优化最具增长潜力的因素。

在增长初期，你需要制定一个在最短时间内会对增长产生最大影响的试验策略。起步时关注点越集中，试验的目的性就越强，影响力也就越大。大公司有财力针对广大用户中的一小部分开展一次又一次的试验，而对于小公司，每一次试验都有很大的机会成本，因此必须在开展每次试验时都以高影响力为目标。当然，你无法提前确定是否能够实现这样的影响力，但是应当有非常具有说服力的依据证明将要进行的试验是最佳选择。

高影响力试验除了可能带来更大的成功，也能够更快产生明确的结果。这可能有些难以理解。脸谱网和推特增长团队的前成员安迪·约翰斯给出了下面这个表格来解释这一点。他罗列了三个不同试验的结果，三次试验均旨在改进新访客转化率，基础转化率为 3%。[4]

表 3–1　试验影响力对试验速度的影响

	基础转化率	与对照组对比	所需样本规模 / 变量	所需试验天数
试验 A	3%	5%	72 300	72
试验 B	3%	10%	18 500	18
试验 C	3%	30%	2 250	2

假设试验 A 测试的是一个小改动，比如注册按钮的颜色。结果显示，新访客注册人数涨幅非常小，只比没有改变按钮颜色时增加了 5%。因此可以推断，注册按钮的颜色并不是阻碍新用户注册的关键因素。同时，这一结果也说明你需要让试验继续运行一段时间，等收集到足够的数据后才能得出明确的结论。如表 3–1 所示，要想在试验 A 中得到具有统计学意义的结果，每一个变量都需要 72 300 位访客，或者说，你需要等 72 天才能得到确定性的结果。正如约翰斯在接受 *First Round Review* 的一次采访中所说，“这对于创业公司来说太漫长了”。在这样的情况下，创业公司应该尽快放弃这个试验并开始下一个可能具有更高影响力的试验。

开展大量的像调整按钮颜色这样的小改动试验并不是开展增长黑客过程的最佳方式。小型团队应该做的是专注于那些最有潜力产生影响力的试验。约翰斯格外强调这一点："真的，要大胆一些，不能只是调整页面上某个按钮的位置。你可能因为网站流量比较小，所以选择运行这样的试验，而因为注册量有了小幅提升，你可能会将试验周期延长到几个月甚至几年。如果你们是一家年轻的创业公司，一定要想方设法获得大幅提升。"[5] 之后，随着用户或客户群的扩大，你就可以同时测试更多的利基领域①了。随着客户数量的增长，不论改动有多小，同时推进数量更多的试验都可能带来巨大的成功。

那么如何在战略层面将精力放在潜在影响力最大的试验上呢？这正是我们这一章将要讨论的内容。

真正重要的指标

确定增长战略和增长重点的第一步是明确哪些指标对你的产品增长来说最为重要。要做到这一点，最佳方式是建立约翰斯所说的公司"基本增长等式"（fundamental growth equation）。这是一个简单的公式，所有与增长相关的关键因素都在这个等式中有所体现，而这些因素相加共同驱动公司的增长。也就是说，这

① 利基领域，指相对小众但有盈利基础的细分市场。——编者注

个等式是你核心增长杠杆的集合。每个产品或企业的等式都不尽相同。

以下是摩根所在的英曼公司的等式：

（网站流量 × 邮件转化率 × 活跃用户率 × 付费订阅转化率）+ 留存订阅用户 + 复活订阅用户 = 来自订阅用户的收入增长

易贝的等式如下：

发布物品的卖家数量 × 发布物品的数量 × 买家数量 × 成功交易数量 = 总商品增长数量

为了说明这个等式的价值，约翰斯甚至创建了亚马逊的增长等式：[6]

垂直扩张 × 每个垂直市场的产品库存 × 每个产品页的流量 × 购买转化量 × 平均购买价值 × 重复购买行为 = 收入增长

当然，所有产品都有共同的增长推动因素，比如新用户获取、高激活率或高留存率，但是每个产品或企业都有其特定的因素组合。例如，优步的一个关键因素是司机用户的数量，因为为保证乘客用户在用车时的“啊哈时刻”尽快到来，优步需要确保在任何地点都有足够多的司机。乘客用户数同样重要，乘客不仅可以创造收入，而且能够保证对司机的旺盛需求以留住现有的司机。正因如此，优步才要求增长团队专门负责这两个指标的提升。对于 Yelp 来说，核心增长因素是被评价的商家数和每个商家收到的评价数。对于脸谱网，关键因素是用户的分享数和用户花在查看动态消息上的时间，因为新分享的内容会增加动态消息的数量，也就会使用户花更多时间浏览，进而也会使网站对于广告主来说更具吸引力，从而能够收取更高的广告费。因此，虽然传统营销和预先定制的数据服务所跟踪的诸如网页访问量、页面浏览量、新用户和再次使用用户数、新注册人数和用户在网站上花费的时间等基本指标数据很重要，但是明确与产品或企业相关的特殊指标更加重要。

要确定你的核心指标，首先要明确与用户对产品核心价值的体验最直接相关的行为。比如，对脸谱网来说，这样的行为就包括用户添加了多少好友、多久访问一次网站、发布了多少状态和评论以及在网站上停留多长时间。你至少需要跟踪用户达到“啊哈时刻”之前每一个步骤的相关指标，以及他们采取这些步骤的频率。例如，优步在乘客用户方面的核心指标是完成的行程数。所以，除了新增下载量之外，优步也应该跟踪预订的行程数、再次预订的乘客数以及乘客预订新行程的频率。

前文提到的等式可能看起来过于简单。显然，一个企业成功的背后还有诸多其他因素的驱动，比如研发投入、材料成本、运货费用、库存管理等。但是增长公式的简洁明了正是关键所在。

如今，即便使用最基本的数据分析程序，我们能够获得的客户行为数据量之大都令人惊叹。例如，谷歌分析提供了数百张图表和数据点（见图 3–1）。虽然它提供的数据很可靠，但是如果它跟踪的并不是对你的增长来说最为重要的指标，就可能导致你迷失重点。删繁就简地将企业运营浓缩为一个基本公式可以为增长团队提供极大的帮助，使他们在杂乱的数据海洋中找准方向。

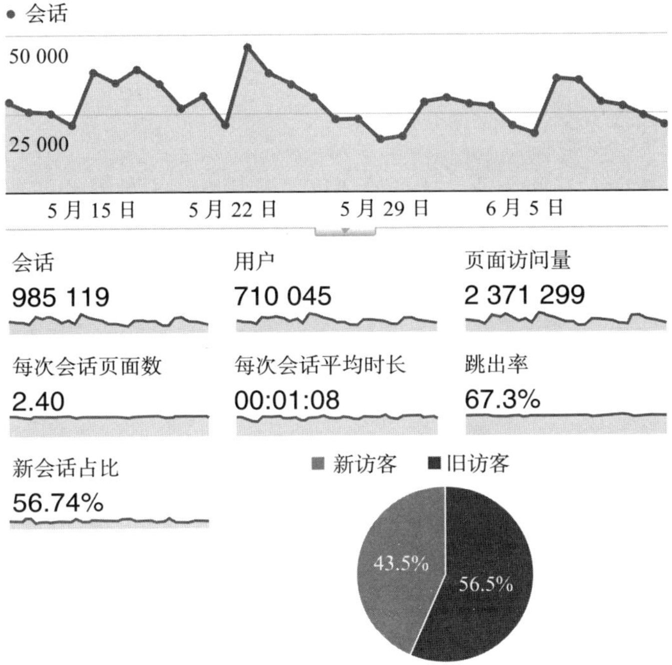

图 3–1　谷歌分析总览图

注：谷歌分析总览图里的指标对你的增长来说并不一定是最重要的。

要创建适合你所在公司的公式也并不容易。你直觉认为十分关键的指标事实上有时候对实际的持续增长的影响微乎其微，这可能包括一些你一度认为最为重要的指标，比如日活跃用户数。乔希·埃尔曼解释道，如果你的公司是一家旅行服务公司，比如Airbnb，那么日活跃用户数虽然在纸面上很好看，但对你来说其实毫无用处。即便是像Yelp这样的评论网站，也很难让用户每天都使用，每周一两次的使用频率已经算不错了。这些产品本身在用户使用频率上就存在局限性。无论你销售的是地毯还是抵押贷款，或是提供高档就餐或商业服务，“经常性使用”这个词都有着不同的含义。

然而对某些企业，比如脸谱网，日活跃用户数就是一个非常重要的指标了。因为首先，一个人在一天中访问脸谱网网站的次数基本上没有上限或者上限极高。其次，脸谱网基于广告的收入模式是以大量用户长时间在网站上停留为前提的。也就是说，对于一家公司来说毫无意义的指标可能恰恰是另一家公司的核心增长杠杆。例如，乔希·埃尔曼曾在领英成立初期在那里工作过，他指出，对于职业社交网站，总注册量是一个关键指标。对于很多公司来说，总注册量可能存在一定的误导性，因为注册的用户如果不够活跃，也就没有什么实际价值，但是对领英来说，即便很多注册用户很少访问网站，他们填写的大量工作履历也是网站价值的根本所在。因为领英的收入来源是那些为寻找合适人选而订购网站高级功能的招聘人员，而吸引更多招聘人员、创造更多收入增长的最佳方式就是确保有足够多的人在网站上创建电子简历。另外，网站上的个人简历越多，领英通过谷歌搜索获得的流量也就越多，因为人们在谷歌搜索工作上的联系人时会搜到他们在领英上的资料，从而也就会有更多人在领英接触到重要的联系人或者找到合适的工作人选，他们也会因此经历“啊哈时刻”。[7]

而对于易贝来说，核心指标并不是日活跃用户数或者新用户数，而是待售物品的数量。这是因为网站上挂出的物品越多，潜在的买家也就越多。这些买家会因为看到他们心仪的物品而经历“啊哈时刻”，而同时更多卖家也会因为成功售出物品而经历“啊哈时刻”。经历“啊哈时刻”的买家和卖家越多，经常访问网站的人就会越多，售出的物品也就越多。因此，虽然增加访问网站的潜在买家人数很重要，但是使很多卖家挂出大量的待售物品很可能同样重要，甚至更为重要，因而这也是他们的增长试验应该特别关注的方面。易贝也的确是这么做的，它十分重视待售物品数的增长，因此设定了“总商品量”（GMV）作为最重要的增长指标。[8] 而这个最重要的增长指标就是增长黑客们常说的“北极星指标”（the North Star metric）。

选定“北极星指标”

为了完善增长等式、缩小关注范围，最好能够选择一个关键的能够决定最终成败的指标，以此指导所有的增长活动。这样的一个指标能够非常有效地使团队成员最大化地利用他们的时间，从而避免将资源浪费在漫无目的的增长试验上。

增长黑客界有些人将这样的一个关键指标称为“唯一重要的指标”（One Metric That Matters），有些人称之为“北极星指标”。我们倾向于后者，因为它意味着这个指标会像北极星一样指引着团队朝着增长黑客过程的终极目标努力，使他们不会被某个短期的增长手段冲昏头脑。这样的短期手段可能会带来一时的增长假象，但是无益于长期的可持续增长。

北极星指标应能够最为精准地抓住企业为客户创造的核心价值。要确定这个指标，你需要问自己：增长公式中的哪一个变量最能反映产品不可或缺体验的实现情况？拿易贝来说，总商品量是衡量易贝客户满意度的有效指标，对买家和卖家都是如此。对于 WhatsApp（一个免费通信应用）来说，“啊哈体验”是能够向亲朋好友发送不限数量的信息，无论他们在世界的哪个角落都完全不必担心成本。所以 WhatsApp 的北极星指标就是用户发送的信息数，而不是日活跃用户数。因为如果一个用户每天都使用它，但只用它发送了一条信息，就说明 WhatsApp 并不是他和亲朋好友联络的主要方式。因此，日活跃用户的多少并不能代表 WhatsApp 的核心价值。对于 Airbnb 来说，北极星指标是客房的预订量。无论团队如何努力，不管是想方设法获取更多邮件订阅用户还是更多注册用户，如果客房预订量没有增加，那么用户体验到的“啊哈时刻”的次数也不会增加。Airbnb 的“啊哈时刻”对于住客来说是获得满意的住宿体验，对于房东来说是利用自己的家赚取收入。

指标因时而变

随着企业的增长，初期目标得以实现，北极星指标也会随之改变。脸谱网在了解到如何激发用户参与度之后，它最初的月活跃用户数指标就过时了，而日活跃用户数成了更为有效的衡量标准。而在 Zillow，“Play”增长计划的关注点就是它的北极星指标，而这一增长计划每年都会根据公司需求的变化选择一个新的关注点。

随着企业的发展，产品团队和增长团队也会越来越多。在公司层面设立一个指导全局的核心指标的同时，每一个团队也会有各自的北极星指标。前文提到，领英现在关注的增长领域包括网络增长、SEO/SEM、用户引导、国际增长和用户参与，每一个领域都由一个团队专门负责。脸谱网最初的策略是将所有精力集中在一件事上——使新用户在 10 天内迅速添加至少 7 个好友。而随着公司的壮大，它的关注点也发生了变化。新的关注点包括扩大广告客户数量以及通过翻译引擎和 Facebook Lite（脸谱网精简版）等手段扩大国际用户群。

不要偏离路线

在电影《美国狼人在伦敦》(*An American Werewolf in London*)中，两个美国青年在英格兰乡下背包旅行，在一家名为“被宰割的羔羊”的当地小酒馆里，一个男人警告他们“一定要沿着公路走，避开荒野，满月的时候尤其要小心”。上路后两人兴致勃勃地聊着天，走着走着就偏离了原定路线，走到了一片荒野上，而当时正是满月之夜。可想而知，没过多久其中一个人就遭到了狼人的袭击。接下来的剧情虽然有些恐怖，但是充满了喜剧色彩。不过，在发布产品时，走错路的后果可就没有这么有趣了。

在追求增长的过程中，你可能经常发现自己置身荒野之中，为了提升某个指标废寝忘食地工作，结果却发现它并没有什么用。如果选择了正确的北极星指标，增长努力就能够朝着更完善的解决方案前进，因为它能够在增长试验偏航时为你指明前行的方向。

放弃一项努力或一项试验有时并不容易，特别是当团队成员已经十分认同当下的努力方向的时候。当你认同某个想法时，压力和情绪都非常可能左右你的判断。脸谱网最早的增长团队负责人卡马斯·帕里哈比提亚就在一次访谈中说道：“如果你对自己负责的产品不能保持绝对的冷静客观，不带一丝情感，你就会犯下大错，增长也就无处可寻，因为你将无法理解哪里出了问题。”[9]

为说明对北极星指标的专注如何能够帮助企业做出时间和资

源分配的艰难抉择，让我们来看一看 Airbnb 的案例，看看它的两位创始人为提高他们的北极星指标，即客房预订量，是如何决定开展一项试验的。

首先，他们通过查阅数据寻找预订量比较低迷的市场。令他们惊讶的是，他们发现纽约市的预订量竟然不达标。纽约可是个十分重要的旅行目的地，于是他们和早期投资人——Y Combinator（美国创业孵化器）的保罗·格雷汉姆一起深入分析预订量低迷的原因。联合创始人乔·杰比亚回忆说，他在浏览纽约的房源时发现“照片拍得太糟糕了，都是手机拍摄的，而且画质像发在 Craigslist 上的照片一样糟糕。没想到，预订量低是因为人们看不清这些房子的情况”。格雷汉姆向两位创始人建议了一个技术含量低且比较耗费精力的方法，不过这个方法可以马上执行而且效果立竿见影。两位创始人结束了和格雷汉姆的会议之后就马上预订了去纽约的航班。杰比亚和联合创始人布莱恩·切斯基租了一台价值 5 000 美元的相机，挨家挨户地去拍摄公寓的照片。之后，他们对比了他们拍摄过的公寓和其他纽约公寓的预订量，发现新的照片带来了高于其他公寓两三倍的预订量，他们在纽约市的收入也立刻翻了一番。[10]

照片质量会影响预订量的假设被证实之后，他们马上将拍摄高质量照片的做法推广到其他预订量低迷的城市：巴黎、伦敦、温哥华和迈阿密。这一做法在每一个城市都取得了出色的效果。于是，为提高整体预订量，Airbnb 决定推出一个摄影计划，使房东可以预约专业摄影师上门拍摄房子的照片。[11] 2010 年夏天，Airbnb 推出了这个计划，招募了 20 位摄影师，之后又有超过两千名自由职业摄影师加入。到 2012 年，他们已经在 6 个大陆拍摄了 13 000 套房子的照片。这么做成本低吗？当然不低，但是这使 Airbnb 在全球范围内的预订量增加了 2.5 倍。

杰比亚和切斯基本来也许会尝试通过大规模搜索纽约市的房源、增加房东数来提高预订量，也可能会发送更多介绍纽约著名景点的推广邮件，或是购买搜索广告——当人们搜索纽约景点时就会看到 Airbnb 的房源信息。或许这么做能够或多或少增加网站流量，但是预订量还是会因为照片质量差而持续低迷。好在他们没有这么做，而是专注于增加预订量这一终极目标，结果不仅提高了预订量，也使网站获得了大量新增流量，从而带来了更高的收入。

我们在前行过程中很容易丢失北极星的方向，走到荒野上追寻肤浅或是毫不相关的增长指标，也同样容易迷失在数据分析的芦苇荡中，失去开展增长试验的紧迫感。亚力克斯·舒尔茨指出，马克·扎克伯格在脸谱网发展早期就明确将月活跃用户数作为公司的核心指标，这帮助增长团队打破了“分析瘫痪”的僵局。做越来越多的数据分析有时可能是一个非常有吸引力的陷阱，因为数据分析是科学的，我们会觉得自己只是为了做得更严谨，不希望在没有充分证据的情况下就开展试验，因此可能将数据分析的时间无限拉长。舒尔茨在谈到增长时最喜欢引用的一句话就是美国“二战”时的一位指挥官乔治·巴顿将军的名言：“今天就全力执行的好计划胜过明天的完美计划。”[12] 清晰明确的北极星指标能够使数据分析具有很强的针对性，使具有高影响力的试验能够尽快落地。

整合数据资源

为确定增长等式并明确北极星指标，前提自然是能够收集客户行为数据并衡量产品表现和试验结果。只有这样才能知道你对于产品表现和试验结果的假设是否符合用户使用产品的真实情况。推特创始人杰克·多尔西将为此所做的数据跟踪设置称为“仪表配置”（instrumentation）。就像飞机如果没有仪表提供的实时高度、气压和风速等信息就无法飞行一样，没有随时可获得的恰当数据，增长团队也会迷失前进的方向。[13]

你需要基于增长等式确定对增长来说最为重要的一组指标，也同样需要花时间收集数据并配备恰当的分析能力，以便进行更精细的客户 / 用户信息及行为分析。当然，只靠谷歌分析等现成的数据应用并不足以做到这一点。虽然这些工具有其可取之处，但是当你开始发起猛烈的增长攻势时，你需要能够跟踪每一个用户从第一次访问到经历“啊哈时刻”或者到弃用产品的整个过程。大多数创业公司和成熟企业都会利用多个程序软件收集、储存并分析客户数据。例如，它们会利用网络分析程序跟踪用户在其网站上或在基于网络的产品中的行为，同时会采用客户关系管理软件监测用户对邮件和手机通知的反应，还会有一个跟踪付款信息的系统。

我们在第二章提到，要了解如何使产品获得不可或缺性，就必然需要整合所有的数据资源，以对客户整个体验过程进行详细的跟踪。如果在这一阶段你还没有整合数据资源，那么你现在就应该立即着手去做。

统一的数据仓库不仅可以为你指明试验方向，还可以帮助你设计更好的试验，以改进关键增长指标。最优秀的增长团队一定会花时间把数据收集和分析做好。脸谱网的增长团队就深刻认识到了这一点。2009 年 1 月，他们甚至暂停了所有试验，花了一整个月的时间改进数据跟踪、收集和整合。据脸谱网增长团队里的第一位产品经理内奥米 · 格雷特回忆，2008 年的时候，他们在优化增长方面走得有些漫无目的，而进行了数据整合之后，他们获得了完整的数据，能够看到每个用户在网站上的活动，这帮助他们更全面地了解到用户使用脸谱网的方式以及在使用过程中出现的问题。这使增长团队提出了更多有针对性的试验，从而有效地推动了增长。[14]

对于像脸谱网和沃尔玛这种大企业，要整合数据绝对是件麻烦事，但是对于小公司或者某个项目来说就容易得多了，况且还有一系列工具和服务可以帮助它们更轻松地收集并整合多个来源的数据。营销专家罗布 · 索伯斯就提出了一个利用现成工具搭建数据跟踪系统的简单方法，只需要每月花费 9 美元（在本书创作时）就可以使用。（我们不会在书中详细介绍这一方法，但是你可以在本书注释部分找到相关链接。[15]）

数据不是唯一

关于数据的重要性我们已经谈了很多，但再详尽的用户数据也有其局限性。毕竟，即便是最为精细的分析也只能确切地告诉你用户在做些什么，而不会告诉你他们为什么这么做。有时你能够很容易地推测出某个行为规律背后的原因。例如，如果你看到大量的用户流失都发生在他们试图使用某个功能（比如视频播放器）的时候，你往往能够很快发现这个功能哪里出了问题，也就是产品设计师所说的可用性问题。以视频播放器为例，如果你深入分析数据，或许会发现当用户在安卓手机上使用播放器时这一问题出现得更频繁，那么你就会发现视频播放器在安卓设备上的运行功能存在问题，导致视频缓冲时间很长。这样的可用性问题很容易发现。但是导致用户对产品丧失兴趣的其他原因可能就没有那么容易发现了，要找出这些原因就需要开展用户调查或采访，或是二者的结合。

虽然在产品原型开发测试初期进行用户调查或采访已经成为被广泛采用的做法，但是在太多的创业公司和成熟企业，一旦产品推出之后，这个做法就被丢到一边。事实上，进入快节奏试验过程之后你仍然应当持续利用这一关键资源，这至关重要，因为用户的反馈能够帮助你发现很多十分有效的试验思路。换句话说，在进行定量分析的同时，这种定性分析同样重要。

简洁明了的报告

在数据方面要说明的最后一点是，要以最简洁明了的方式汇报你的数据分析及试验结果。即使你跟踪了合适的指标，收集并分析了所有有效的数据，如果团队里除了数据分析师之外没有人能够看懂分析结果，一切就都没有意义了。大量的用户数据表、数据库查询资料和各种技术性演示对于数据分析师来说可能如获至宝，但是对于团队其他成员来说可能就像是在看天书了。这就是为什么应该花些工夫在报告中生动地说明你的工作进展，特别是与增长杠杆和北极星指标相关的进展。这时就可以利用所谓的“总览图”了。

我们非常喜欢总览图。首先，它能够帮助团队聚焦关键趋势或指标；其次，它能够帮助你将你的发现分享给公司其他同事，也就会使更多人参与到增长过程当中。当我（肖恩）邀请GrowthHackers公司里的所有人（包括我们信任的顾问和董事会成员）一起为促进网站社区增长提出想法时，我们收到了很多非常棒的建议，其中不少都成功推动了增长。

为整个公司提供更简洁明了的数据演示也能够使整个公司的

人将北极星指标和其他重要指标作为关注的重点，促使增长团队以外的各个团队都能更加以数据为导向。Freelancer.com（一家外包接活网站）的前高级增长副总裁威利克斯·哈利姆曾经做过一个测试，想看看在工作区域展示数据总览图会对团队工作有何影响。他发现，对每个团队所负责的指标数据的固定展示大大提高了团队提升相应指标的能力。[16]

要充分了解简单明了的报告有多大的价值，我们可以先来看看增长团队在跟踪关键指标时所创建的数据表有多么复杂。HubSpot 的高级产品经理丹·沃尔考诺克提供了下面这张表格。这张表可能蕴藏着无比宝贵的信息，但是非专业人士要想看懂这样的报表并利用它开展相应的行动，可能就太困难了。

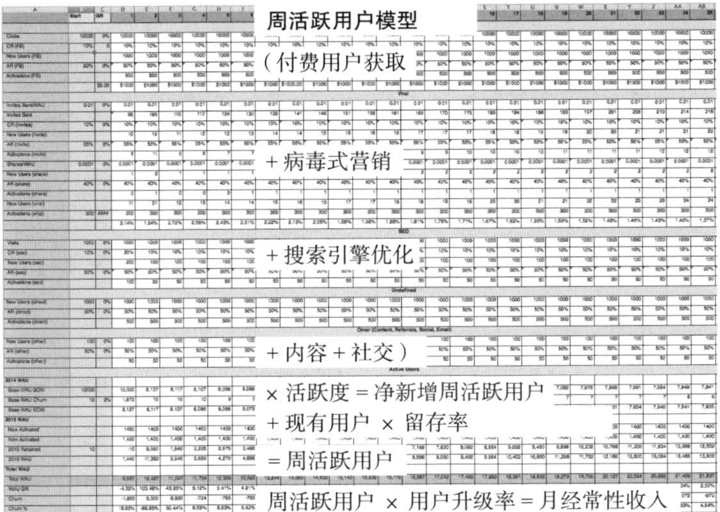

图 3–2　一份典型的增长跟踪报告

再来看一看 Pinterest 增长团队所做的图表，这是 Pinterest 增长工程师约翰·伊根在他十分受欢迎的博客里发布的。这篇博客介绍的是 Pinterest 追踪的 27 个指标。如图 3–3 所示，这样的图能够让人一目了然地看到重要的增长趋势。

显然，这三幅图所体现的每一个趋势都清晰可见。当然，我们无法确切知道图中的具体信息，因为伊根出于保密性考虑在提供给我们的版本中抹去了数据细节。数据分享必须谨慎，和增长团队以外的公司其他人员分享报告需要谨慎，而对于分享到公司以外的信息就更要谨慎了。

创建这样的总览图并不复杂，市面上可用的数据可视化工具数不胜数，既有像 Geckoboard 和 Klipfolio 这样适合小型创业公司的简单工具，也有像 Tableau 和 Glik Sense 这样企业级的解决方案。不论你选择哪个工具，你的报告都应当包含有意义的洞察，而且应可以作为行动的依据。正如谷歌分析专家阿维纳什·考希克所说，太多的报告都像是在“呕吐数据”。[17] 杂乱无章地展示数据只会让人困惑，我们应该做的是清晰明确地呈现最为重要的指标数据。为此，总览图应当只包含与增长杠杆相关的最重要的指标。

在缩小汇报范围之后，下一步就是使呈现的信息能够指导行动。首先，指标应以比例而非静态数据的形式呈现。比如，总用户数是静态的，说明不了很多问题，而每日或每周新增用户数则有用得多，因为它是当前时期和前一时期的对比，能够反映出指

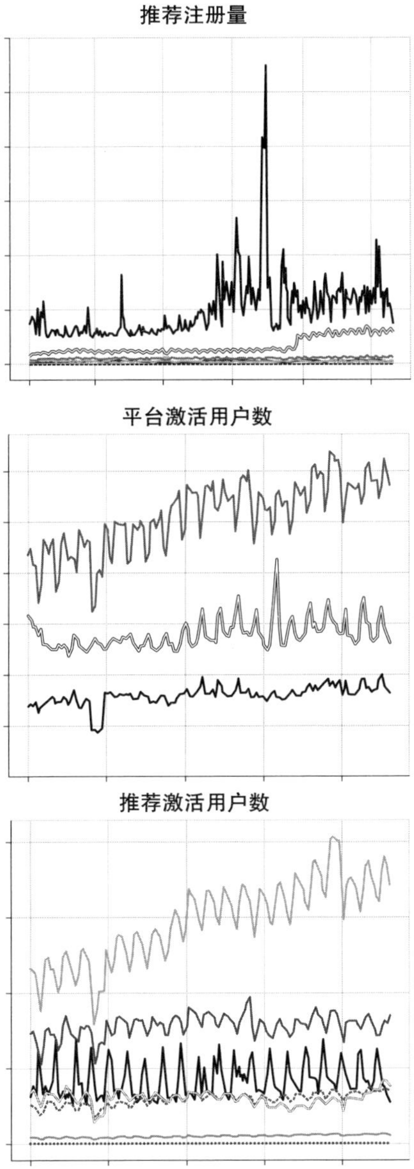

图 3–3　Pinterest 增长总览图 [18]

标的升降。数字的旁边还应当附带显示一个标志，体现与过去相比是上升、下降还是持平。这个标志可以是一个表示变化的百分比，也可以是颜色标识，以便让团队一目了然地知道某个指标的变化情况。

也可以在总览图中将指标数据与既定目标进行比较。例如，在英曼，团队将订阅人数增长与他们的季度目标进行对比来确定他们的目标完成进度。总览图应帮助团队成员掌握业务增长情况并根据总览图提供的信息对相关问题给出快速清晰的回答。虽然数据可视化设计是一项复杂的技能，但一位出色的数据分析师通过与增长负责人合作能够创建一系列极富洞察并可以指导行动的总览图，使团队能够跟踪核心指标的变化。

万事俱备

明确增长杠杆、进行深入分析和汇报并辅之以客户调查，这几项结合起来就可以解锁并优化增长机会。让我们再来看一看乔希·埃尔曼和推特的增长团队是如何发现“30 个关注”这一阈值的，也就是说，关注了至少 30 个人的用户会成为长期活跃用户。埃尔曼首先进行了所谓的“群组分析”，即将客户或用户按照某个共同的特征划分为不同的群组。对推特来说，可以按照用户加入的月份进行基本分组。这样的选择几乎毫不费力，不过如果数据量很大且很详细，就可以创建更加细分的群组，比如每天查看推特 5 次但自己从不发推特的人、只在周末发推特的人、每周新关注至少 10 个用户的人等。

当时，推特面临的问题是用户留存。很多人注册但又离开了，同时，留下来的那少部分人成了比较活跃的用户。于是埃尔曼和团队开始按每月访问推特的天数对用户进行分组，然后他们对同一组用户第二个月访问的天数与第一个月的天数进行比较，他们惊讶地发现，一个月访问至少 7 次的人中有 90%~100% 会留存到下一个月，这个比例非常之高。

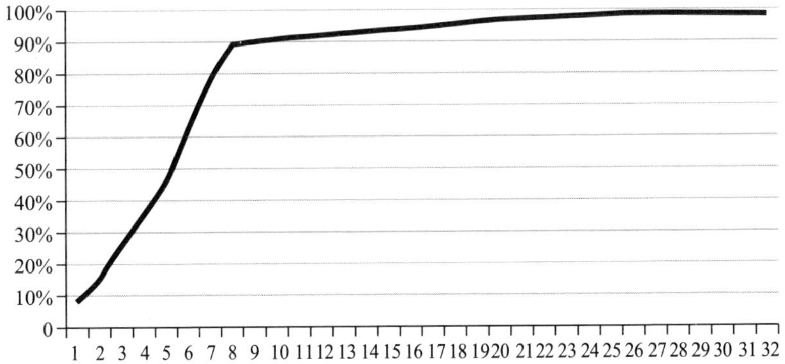

图 3–4　基于第一个月访问次数的留存率

之后他又将用户划分为三个群组：核心用户，即每个月至少访问 7 次的人；一般用户，即访问不是那么频繁的人；冷漠用户，即第一次访问之后便弃用的人。通过这一分组，团队发现 20% 的访客成了核心用户。于是团队进一步挖掘数据，进行了相关性分析，寻找一个群组的用户中存在哪些类似的、有别于其他群组的行为。对于每月访问至少 7 次的用户的分析显示，这些人一般关注的用户数在 30 左右，当然有一些人关注的人更多，但是 30 似乎是一个拐点，达到这个数字的人就会成为固定用户。

埃尔曼和团队并没有止步于此。他们知道，统计试验中有一句箴言：相关性并不意味着因果关系。他们本可以不再深究，在那个时候就开始推动用户关注量的增长，很可能这也会带来不错的结果。但是，如果人们想要关注很多人的简单愿望并不是促使用户产生黏性的深层次原因呢？于是团队继续深挖数据，很快就找到了另一组相关关系：用户活跃程度也与他们关注的 30 个人里有多少人关注他们有关。但出人意料的是，并不是说“回关”的人越多，用户黏性就越大。事实上，仅仅被自己关注的 1/3 的用户“回关”的人最有可能成为忠实用户。为什么？要想找到这个问题的答案，用户采访的重要性就显现出来了。通过给用户致电进行采访，团队得到的反馈是，如果自己关注的人中超过 1/3 的人“回关”，那么推特就跟其他社交网络没有什么区别了，产品的特殊价值就无从体现。如果不到 1/3 的人“回关”，那么推特似乎就更像一个新闻网站，而可供选择的其他新闻网站实在是数不胜数。只有达到 1/3 这个比例的时候，推特所具备的独特价值——让人们及时了解他们的圈子发生的新鲜事——才能清晰地展现在用户面前。

团队也通过采访了解到另外一个特别的用户群组的行为，这个群组就是“休眠用户”，即消失了一段时间之后又突然变得活跃的用户。团队通过给这些用户打电话了解到了真实的情况：这些人刚开始使用推特时，觉得它只是个发布信息的地方，特别是一些推广信息。他们对这些并不感兴趣，所以就弃用了。但是后来他们身边的人告诉他们自己在推特上关注了某个人，比如明星或者在他们的行业或者圈子里广受尊敬的人，这时他们才认识到推特的真正价值——网站提供了与他人建立联系并向他们学习的机会。结论很明确：关注别人的用户数和被关注的用户数是驱动增长的关键杠杆。他们利用这一发现进一步细化了向用户推荐关注账户的过程。[19]

推特的这个案例说明，确定增长等式和关键指标，同恰当的数据跟踪设置、数据采集和包含了客户反馈的报告一道，可以帮助团队明确并监测核心增长杠杆的变化，这是增长黑客过程走向成功的关键而有力的第一步。这时，你已经做好了展开增长攻势的准备。接下来，我们将为你分步骤具体介绍我们所总结的这一套增长过程，它包括：提出最值得测试的一组想法；以最为高效的方式开展试验；召开流程严密的增长会议；持续从试验结果中吸取经验教训并进一步巩固试验成果，以加快增长引擎的运转速度。

第四章
快节奏试验

2007年，美国得克萨斯州贝勒大学橄榄球队又一次在“大十二联盟”[①]南部分区橄榄球联赛中排名垫底。这支球队已经超过10年无缘碗赛[②]了。这时阿特·布莱尔斯接管了教练工作。很快，贝勒大学熊队在联赛中平均每场得分就升至64分，并且每年都入选碗赛，成为全美排名最靠前的球队之一。实现这一转变的关键就是快节奏的“无聚首进攻”[③]，这个战术令对手猝不及防、乱了阵脚。一个体育记者将贝勒队的这一打法称为“势不可当的战术”。贝勒队的进攻速度不仅大大挤压了对手的空间，也使队员

① 大十二联盟，即Big 12，是美国中部12所大学组成的体育联盟。——译者注

② 碗赛指美国全国大学生体育协会举办的五大碗赛，根据常规赛中各个球队的积分排名选拔优秀球队进入五场碗赛。——译者注

③ 无聚首进攻，即球队在比赛中完成一次成功的攻势之后，攻守球员轮换，各自商量战术，再各自列阵开球，这种战术可以增加传球和进攻的速度，因而增加得分机会。——译者注

在每一场球赛中学习到更多取胜的办法。

通过加快每一次进攻的速度并缩短两次进攻的间隔，贝勒队每场比赛的进攻次数比对手多出 13 次，比大学球队平均每场比赛的进攻次数高出 20%。按照每赛季 10 场比赛计算，这 13 次累加起来相当于球队多打了整整两场比赛。[1] 这就为球队创造了更多的学习机会，丰富了球队的实战经验，使他们懂得在不同情况下应如何实现最好的团队协作。

通过快速学习学到更多也是快节奏增长黑客过程的目标和一大优点。

增长最快的公司正是那些学习最快的公司。开展的试验越多，学习到的东西也就越多。道理就是这么简单。团队应该开展大量的试验，因为大多数试验都不会产生你想要的结果。有的试验会产生一些成功的迹象但是无法得出绝对的结论，这样的试验结果不足以证明可以在更大范围实施被测试的方法。有的试验会取得小幅的成功，但并不会带来实质性的变化。只有少之又少的试验会带来巨大的成功。也就是说，寻求试验的成功是一个以量取胜的游戏，每一次成功不论大小都很重要。

请记住，增长黑客的巨大成功往往来自一连串小成功的累加。一点一滴的认知学习都会带来更好的表现，催生出更好的试验想法，进而带来更多成功，最终将一次次小幅的改善转化为压倒性的竞争优势。

转化率优化专家佩普·拉哈在帮助网站或 App 将更多访客转

化为客户方面享有很高的声誉，他在说明小成功的威力时喜欢提到一组数据：每个月 5% 的转化率改进会带来全年 80% 的提升，这就是成果自然累加的特点。如果你是通过搜索广告获取新访客，那么如此高的转化率提升几乎可以使你的广告成本减半。这一原则适用于公司业务的各个领域。事实上，留存率的小幅提升能够带来更大的影响。来自贝恩公司（Bain&Company）和哈佛商学院的一群研究者发现，5% 的留存率提升会带来 25%~95% 的利润增加，因为留存率的小幅提升会因为客户使用时间延长而带来累加的收入增长。[2]

我们将在本章讨论如何开展快节奏试验以获得这种累加的成功。

缓慢起步，逐渐提速

增长团队的试验量和试验节奏因公司规模和可用资源的多少而各不相同。很多领先的增长团队通常每周会做 20~30 次试验，还有一些团队的试验量更大。初创公司可能每周只能启动一到两次试验，然后逐渐累积到更高的试验量，而较成熟的创业公司或者大型企业每周可以启动的试验量则大得多。无论企业或团队规模如何，为使试验量最大化、结果最优化，必须遵循一个非常严格的试验过程，使团队能够形成充足的试验想法储备并高效地排定试验优先顺序。这能够保证团队以最快的速度持续开展试验，避免执行松散、试验结果无效或者在选择下一次的试验想法时陷入耗时的头脑风暴和讨论过程中。

我们的建议是，团队应缓慢起步，在这一新的试验过程站稳脚跟之后再逐渐提速。一开始便试图启动太多试验可能会导致试验执行欠佳，使团队成员感到困惑，或因为试验结果不理想而使士气受挫。开展漫无目的或设计不当的试验可能得不偿失。就像你不应该在没有进行足够的训练和热身的情况下参加铁人三项赛一样，你同样不应该以太快的速度一头扎进增长黑客过程中去，这样做的结果必然是失败。

我们摸索出一个分四步进行的增长循环以及一系列简单易用但又十分有效的工具，以确保增长团队像一台精心设计、精确校准、高速运转的试验机器。我们将在这一章详细介绍这一套方法。

增长黑客循环

之前提到，这一过程分为以下几个阶段：分析数据并收集洞察，形成试验想法，排定试验优先级，运行试验，再回到分析阶段审视试验结果并决定下一步行动。这是一个周而复始的循环。无论你的产品是什么，无论你测试的是产品的哪个方面，这一循环中每一个步骤的完成都应当保持固定的节奏，以每一两周完成一次循环为佳（在 GrowthHackers 我们以每周为一次循环周期）。增长团队每周应召开一次一小时左右的会议，审视试验结果并决定下一周要执行的试验。

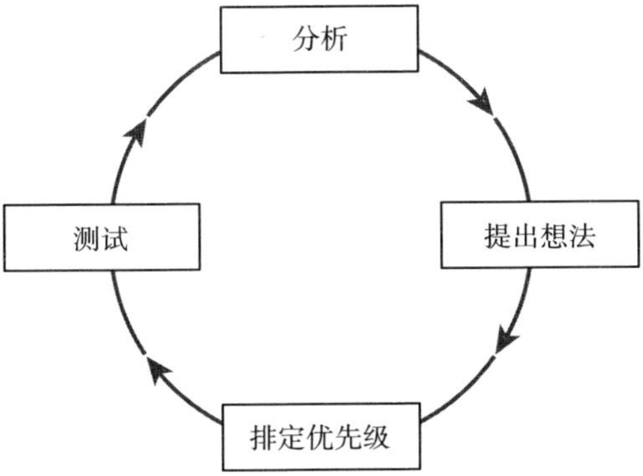

图 4–1　增长黑客循环

为从头到尾说明这一过程如何运作，我们不妨设想一个情景：一家大型实体连锁食品商店刚刚成立了一个增长团队。我们希望首先明确一点，这个过程适用于任何团队或企业，不论规模大小。它也适用于任何产品或项目，不论是一个新的软件工具、一家网络零售商、一个媒体产品、一家硬件公司还是一个博客，或是一次广告或公关行动。我们将描述这个团队的每一个成员在这一过程的每一个阶段应做的工作，我们也会提供一个日程样板，详细说明增长会议应如何进行。

准备工作

在进入增长黑客循环之前，这家连锁食品商店应召开一次团队启动会议，向每一个团队成员说明如何推进这个过程。在会议上，增长负责人应明确说明每一个成员应发挥的作用，以及他们作为个体和团队应如何开展工作。同时应向他们介绍提出测试想法并排定测试优先级的方法，我们将在本章后半部分介绍这一方法。之后，增长负责人应当请数据分析师分享前期分析结果。同时，增长负责人应向团队说明关键增长杠杆、北极星指标以及关注点或目标。然后，团队应设定每周要开展的试验数量和节奏，即每周能够有效地管理并执行多少试验。一般来说，数据分析师和工程师都能够对此进行初步估算，而随着试验过程的开展，团队自然而然地也会做出相应的调整。

假设这一连锁食品商店的增长团队被安排负责公司新的移动App的销量增长任务。这个App于几个月前发布，当时公司开展了大规模的传统营销攻势，吸引了一批早期用户，下载量达到了10万。但是迄今为止，应用内购买创造的收入仍然非常低。于是公司决定不再大规模开展新的获客攻势，而是尝试一下增长黑客法。

产品团队将App打造得十分出色。他们也进行了恰当的数据跟踪设置，以便在用户使用App时获得最有用的用户行为反馈。他们也在开发阶段与潜在用户一起对App进行测试，用户的反馈非常好。App提供了很多十分有吸引力的功能，比如商品搜索、商品推荐、库存情况、健康食谱以及一键购买食材的选项。此外，App里还有一个卡路里计算器，可以让用户迅速了解任何商品和整餐的卡路里含量。产品团队还考虑到用户很可能会喜欢“不含麸质”“犹太洁食”和“有机”等搜索选项，从而对产品进行了相应的设计。总之，整个应用的设计非常巧妙，但结果却销量平平，这十分令人不解。

为解开这一谜题，公司聘请了一位资深增长团队领袖。他做的第一件事就是从市场、工程、产品和数据科学部门招募团队成员。接下来，团队需要寻找 App 用户的“啊哈时刻”，了解体验了“啊哈时刻”的用户有哪些特征以及他们对于 App 的使用与其他用户有何不同。假设团队的初步研究表明，用户的“啊哈体验”是在手机上购买食品并且在家里等着第二天送货上门所带来的便利。在准备第一次增长团队会议之前，增长负责人和市场、数据团队成员一起制定了 App 的增长等式，等式如下：

安装量 × 月活跃用户数 × 消费用户数 × 平均订单金额 × 重复购买率 = 增长量

他们选择的北极星指标是每个消费用户创造的月收入，这是因为他们的最终目标是促进销量。他们不只是需要使更多人使用 App，也要打造一大群高度活跃的消费用户，使这些用户可以经常进行高额消费。确定了“啊哈时刻”，设置了数据追踪，明确了核心指标，搭建了增长团队，在一切都准备就绪之后，就可以启动快节奏增长黑客过程了。

你无须在第一次增长会议上就决定要进行哪些测试。团队成员可以利用接下来一周的时间进行头脑风暴，筛选第一轮周期要测试的想法，然后在下一周的增长会议上对这些想法展开讨论并做出决定。我们将以这个食品商店 App 为例，在本章详细介绍团队会提出哪些想法以及测试流程如何具体开展。

第一阶段：分析

在这一阶段，增长负责人要和数据分析师一起深入分析初期用户数据以发现具有明显特征的用户群体。首先，要将经常性的消费用户和其他几乎不使用或下载后从未使用的用户分离开来。为探索潜在增长机会，他们制定了下列问题来指导分析过程：

我们的最佳客户有哪些行为：

- 他们使用了哪些功能？
- 他们访问了 App 的哪几屏？
- 他们打开 App 的频率如何？
- 他们购买了哪些商品？
- 他们的平均订单金额是多少？
- 他们在一天中的什么时间下单？通常在哪些日子下单？

我们的最佳客户有哪些特征：

- 他们是从什么渠道转化为我们的客户的？是广告、推广邮件还是其他渠道？
- 他们使用什么设备？

- 他们具有哪些人口学特征，如年龄、收入等？
- 他们居住在哪些地区？
- 他们距离最近的本品牌商店或其他商店有多远？
- 他们还使用其他哪些类似的 App ？

导致用户弃用 App 的原因：

- 哪些屏的退出率最高？
- App 存在哪些阻碍用户采取某一行动的程序错误？
- 与其他提供商相比本应用中的商品价格如何？
- 消费用户的行为中有哪些是弃用用户没有的？
- 他们从开始到弃用 App 的过程是怎样的？在弃用之前他们在 App 中花费了多少时间？

在数据分析师研究数据的同时，团队的营销专家则开展了一系列用户调查和采访。其中一项调查的目的是获取用户的人口学和心理学信息，另一项调查询问了用户线上和线下的购物习惯，而最后一项调查则是关于用户最喜爱的 App 以及他们的移动设备的使用情况。

之后，数据分析师和营销专员将所有数据分析结果和用户调查与采访反馈汇总，编写成报告并在第一次增长会议的前一周发送给团队成员。筹备这场会议时，增长负责人撰写了一份总结，说明截至目前的研究结果，其中就包括经常性消费用户区别于从未消费或只进行过一两次购买的用户的几个十分有趣的共同特征。

第一个特征是这些活跃消费用户的平均订单金额高于50美元，刚刚超过免运送费的最低金额。除此之外，很多经常性消费用户都有很多会重复购买的食品，这些食品显然对他们来说是必需的。最后，最为活跃的消费用户中相当大的一部分是从商店的移动网站跳转到App中的。

基于数据分析，团队已经提出了一些增长想法，并为第一次会议做好了准备。他们将在这次会议中讨论了调研发现，评估初步的增长想法以充分利用这些发现，选出第一批旨在提高App用户所创造的收入的想法，并规划初步的试验流程。

第二阶段：提出想法

“点子”是增长的催化剂。你需要一系列的增长点子以形成稳定的增长动力。正如莱纳斯·鲍林所言，“形成一个好想法的最佳办法是提出很多想法”。正因如此，能够不加限制地提出想法对于增长黑客过程尤为关键。这并不意味着要不加限制地测试这些想法。测试应当是经过严格的优先级排定的。但是你需要鼓励增长团队成员充分发挥想象力并且对想法毫无保留。这能够保证团队形成足够多的想法，以便从中筛选最具价值的那些。

在团队会议之后的前四天，所有成员都应当提交尽可能多的可能提高App用户创收的增长想法。提出想法时不应自我质疑，没有什么想法是过于疯狂而不该提的。团队成员应当根据自己的特定领域和专长献计献策。例如，用户体验设计师可能会建议对某个屏的显示进行一些修改，营销人员可能会提议测试鼓励用户首次下单的不同方法，而工程师则可能会提出优化产品性能和速度的一些想法。当然，他们提出的想法也不应仅限于自己的领域。

增长负责人应当建立一个项目管理系统，用于协调想法的提交和管理以及测试结果的跟踪和报告。请记住，跨职能合作和信息共享是增长黑客法的关键原则。正因如此，增长团队里的每一个人都应当有权限使用这一想法储备库，并且随时都可以往其中添加新内容。在 GrowthHackers，我们创建了自己的软件程序，叫作“Projects”，任何有权限使用它的人都可以在软件中提交想法并对试验过程及结果进行跟踪、评论和查阅。对于团队使用的项目管理软件没有数量要求，这些软件都可以用来促进试验管理及成员就试验策略进行沟通。

想法应当按照一个事先制定的模板提交到“储备库”中。团队应规范想法提交的格式，因为只有这样团队才能迅速地对想法进行评估，而不需要问很多问题。提交的想法不应该只是提出像“我们的注册表太复杂了，应该简化一下”这样模糊的建议，而是必须清楚地说明应该做出什么具体的改变，并阐述为什么这一做法可能带来结果的改进，同时也要说明如何衡量测试结果。

为说明想法提出的正确格式，让我们再回到食品连锁商店移动 App 的案例中。在第一次和第二次增长会议之间的那一周，团队成员可以针对促进用户消费的几个方法中的任何一个提出自己的想法。有的想法可能旨在吸引那些下载了 App 但还未购买的人下第一笔订单。有的可能针对已经购买过的用户，要么是吸引他们更频繁地消费，要么是增加他们的单笔订单金额。还有的想法可能是为了吸引更多用户从公司网站转到 App，因为数据显示，从网站跳转过来的用户往往创造的价值更高。

假设 App 团队的产品经理提出了打造"购物清单"功能的想法，这个列表可以保存用户之前购买的商品，从而使用户可以轻松地再次购买。那么这个想法应按照下面这个格式提交：

想法名称： 我们发现，给每个想法起一个简短的名称可以使讨论更容易也更高效。在 GrowthHackers，为保证名称简洁明了，我们设定了不能超过 50 个字的限制。对于这个例子，我们不妨给它起名叫"购物清单"。

想法描述： 想法描述看起来应当像执行大纲那样清晰明了，说明"谁""什么""何处""何时""为什么"和"如何"等问题。这个想法针对"谁"？例如，是所有的访客、新用户、复活用户还是从某个流量源获得的用户？要创造"什么"？是一份新的营销文案还是一个新功能？这个新文案或是新功能将在"何处"执行？是在 App 的主屏还是其他地方？它将在“何时”出现在用户屏幕上？比如访客初次访问网站着陆页的时间。除此之外，描述还必须说明“为什么”，即想法背后的论证过程。也要说明“如何”，即建议开展的测试类型，比如是A/B测试，还是要开发新功能，或是要展开新的广告攻势。

对于这个购物清单，产品经理可能会这样描述：

使用户轻松地查看并再次订购之前购买的商品将增加重复购买的人数，也会提高他们下单的速度。更便捷的再次购买操作应该能够刺激更多用户回购。购物清单功能应当添加到App的导航项中，使所有用户都能够使用，方便用户保存并回购他们喜爱的商品。这一功能应该先在早期用户中进行测试，再提供给所有用户使用。

假设：像任何其他类型的试验一样，“假设”应当简要说明预期的因果关系。同样，对于假设不能只是给出模糊的原因和结果，像“重复购买的用户不够多，我们应该激励用户回购”这样的话只是对问题和努力方向的一句陈述，而假设应该是：“通过给用户提供便捷查询并回购商品的功能，回购用户人数将提高20%。”

有些团队可能会选择在假设中说明预期成果，有些则可能不会。这么做的好处是能够使团队清楚地了解一个想法可能带来的量化结果。如果预期会有40%的收获但结果只有5%，他们就会知道还有很多工作要做。但另一方面，对试验结果的预测不可能精确，所以很多团队不会进行预测。在GrowthHackers，我们根据过去类似的试验、网上可获得的基准数据、试验参与人数和试验对他们当前行为可能产生的影响来估算预期结果。

待测指标：必须具体说明为评估测试结果需要追踪哪些指标。大多数试验都应当统计不止一个指标，因为一个指标的改善有时候是通过牺牲其他指标来实现的。比如你在测试着陆页的一份新的注册表格时，可能会发现因为注册变得更加方便，所以注册人数增加了，但是新注册用户的活跃度却比以前有所降低，因为他们并不十分清楚他们注册的是什么。最终，这可能成为实现增长的严重障碍。

确定要追踪的指标，首先要看一看试验会使哪些“下游”指标发生变化。例如，对于购物清单试验来说，应追踪的指标包括使用购物清单功能的用户数、每个清单保存的商品数、回购数、回购比例以及平均每笔订单的金额。这些指标有助于增长团队评估试验结果及试验对重要指标的影响。统计的范围包括有多少人使用了新功能以及新功能对于他们购买行为的影响，这将帮助团队确定试验是否提升了核心指标，即每位消费用户创造的收入，以及试验假设是否成立，即使用这一功能的App用户回购比例是否提高。

请注意，储备库中的点子越多，找到能够刺激增长的绝

> 佳方法的可能性就越大。在增长黑客循环的下一阶段，你需要对大量的想法进行筛选并排定优先级，即哪些先测试，哪些晚一些测试，哪些直接抛弃。

最后，由于我们的目标是形成尽可能多的想法，因此不仅需要团队成员提出想法，也需要整个公司的同事都参与进来。销售团队可能对客户痛点有宝贵的见解，市场团队则可能了解到一个可以用于开展获客试验的新的推广平台。在开展增长攻势的初期，你应当主要从公司内部收集来自不同部门的想法，而随着时间的推移，你也应考虑在第三方供应商和合作伙伴中集思广益。外部人士往往能够提出非常宝贵的建议，帮助团队打破思维惯性的束缚。比如，有的顾问可能有和同类型公司合作的经验，他们往往了解其他公司有哪些极为成功的做法。邀请客户特别是最为活跃的用户分享他们的观点也可能给你带来很大的启发。他们往往非常乐意提供他们的见解，而且他们对于产品使用的经验可能比你的团队丰富得多。

在 GrowthHackers，我们一开始只在增长团队内部收集想法，但是很快发现团队总在做类似的试验。于是我们去询问其他部门同事的意见。起初，我们犯了个错误，没有告诉他们增长杠杆和核心指标是什么，这导致我们收到了很多模糊的回复，比如“你们需要我帮什么忙？”或者“如果我想到什么好点子就联系你们”。但是后来，我们告诉了他们我们的关注点，一时间各种建议便如潮水般涌来。这带来了非常积极的结果，于是我们进一步将收集想法的范围扩大到投资人和咨询顾问，最后又扩大到增长黑客社区里我们十分信任的会员。

一开始，我们通过邮件接收建议，然后再按照正确的格式进行编辑，添加到储备库中。在开发了“Projects”软件之后，我们就给所有收到我们邀约的人开放了权限，让他们直接登录软件提交想法。

事实上，团队测试过的一些最好的点子都是来自公司以外的人士。例如，我们最为活跃的社区会员之一建议我们在网站上设立与知名增长专家对话的问答栏目，这后来成了我们访问量和用户参与增长的重要引擎。再比如，我们的一位顾问跟我们分享了在他的网站上一些效果十分显著的 SEO 策略，我们采纳了之后发现这些策略极大地提升了我们在谷歌上的排名。而这只是我们从团队外部收集的许多绝佳创意中的两个。

在提交想法之前的最后一个步骤是给想法打分，这可以帮助团队在第三阶段比较不同的试验想法并排定优先顺序。我们将在第三阶段介绍这个评分体系，并说明如何利用它给想法评分并做出选择。

第三阶段：排定优先级

在一个想法提交到团队讨论之前，必须要给它打分。打分能够帮助团队在不同的想法之间进行比较，以确定在什么时间开展哪一项试验。分数应该由提交想法的人给出，在评分之后这一想法才能进入储备库。

在 GrowthHackers，肖恩制定了“ICE 评分体系”以整理第二阶段形成的各种想法，ICE 三个字母分别代表 impact（影响力）、confidence（信心）和 ease（简易性）。

在提交想法时，提交者应以 10 分为满分给想法打分，打分根据以下三个标准：想法的潜在影响力、提交者对于想法取得效果的信心以及相应试验开展的简易程度。三项分别打分之后，再相加平均便得到一个想法的综合得分。对储备库里所有的想法进行评分之后，团队就可以根据得分排序，在核心关注领域选择得分最高的想法开始试验。例如，如果增长团队目前关注的是提高客户留存率，那么即使在获客方面的一个想法分数非常高，团队也会将之搁置一边，选择分数稍低一些的关于客户留存的想法。

下面我们以食品连锁商店 App 为例对其团队提出的想法进行了排序。排序可以在表格或者项目管理软件中进行。如表 4–1 所示，通过评分，可以清楚地看到哪两个想法是应该最先测试的。当然，综合得分并不一定最终决定想法的优先顺序，团队可能会在增长会议上讨论之后出于某些原因选择分数略低的一个想法。但是，评分是一个很好的起点。

表 4–1 食品连锁商店想法评分表

想法	影响力	信心	简易性	平均分
增加购物清单功能，提高回购率	4	8	2	4.67
初次下单 10 美元优惠	7	4	8	6.33
提高 50 美元以上订单免运费规则的可见度	6	7	6	6.33
改进推荐引擎	4	6	3	4.33

给自己的想法打分不是一件容易的事，因为打分涉及一定的主观性和预测性。但是有了经验之后，你很快就会掌握如何利用数据、之前的试验结果以及行业基准来估算自己想法的价值。此外，随着你看到越来越多的想法被测试并看到这些测试的结果，你对于某个想法的潜在回报的把握也会越来越准确。不过还是有必要先了解一下这三个标准的具体含义及如何对它们进行评估。接下来就详细介绍一下这三个标准。

影响力：影响力是指某个想法对于促进团队关注的指标的预期提升程度。在食品商店 App 的案例中，这一指标是每位用户创造的收入。你可能认为只有具有很高影响力的想法才值得提交，但是要记住，团队应同时选择具有潜在高影响力、通常实施起来也更复杂的试验和一些更容易实施但同时也可能产生有意义的结果的试验。团队的目标是筛选尽可能多的高影响力试验，但如果有的试验需要几周甚至更长的时间筹备，那么就应该选择一些相对来说更容易实施的试验填补这段空档，这也是为什么测试的简易性也是ICE评分的标准之一。

信心：这个标准衡量的是想法提出者对于想法产生预期影响的信心。对于这个标准的评分不应基于主观臆测，而是要根据某种实证经验，不管是数据分析、行业基准、可查阅的案例研究，还是之前的试验经验。

如果试验是之前的一次成功试验的迭代，那么信心评分应当更高。这是一个不错的做法，增长黑客界通常称之为“双倍下注”（doubling down）。比如一项试验的内容是通过脸谱网上提供免费样品的广告吸引用户跳转到着陆页填写邮箱资料，这个做法为公司提供了很多新的潜在客户的邮箱地址。下一次你可能会尝试通过谷歌等其他渠道推广同一个着陆页。第一次试验时，因为你以为填写注册表可能会使很多人放弃申领样品，所以对于试验的信心值比较低，只打了4分。但是做下一次试验时，由于第一次试验的成功，你可能将信心值提高到8分。信心值很高也可能是因为了解到公司内或公司外的其他团队做过类似的成功试验。

简易性：简易性衡量的是进行一项试验所需投入的时间和资源。重新进行界面设计或是改进结账环节购物车的样式都是具有潜在高影响力的想法，但是这样的想法往往不容易落实，可能需要几周甚至几个月的准备时间。简易性得分不仅可以帮助增长团队认清一些不太现实的想法，也可以帮助他们在每一轮增长循环中发现一些“唾手可得”的试验。

在召开团队会议之前，增长负责人应查看各个想法的初始得分，他可能会发现想法提交者没有想到的一些问题。增长负责人可以基于他的过往经验以及其他团队成员的意见给出分数调整建议。但是，团队不应过分纠结分数调整。这个分数只是用来进行优先级的比较，不需要尽善尽美。如果团队成员浪费太多时间争论一项试验的影响力得分，那么增长会议很快就会陷入僵局。团队应把这一分数作为一个重要参考，而不是当作优先级排定的唯一依据。如果团队对于某个分数存疑，增长负责人应依据自己的最佳判断果断做出决定，以引导团队推进工作。

这一评分体系并非万无一失，测试结果也经常与预期不符。有些评分最低的试验结果反而产生了最好的效果。在GrowthHackers，我们曾做过一个简单试验，调整了网页上每周“最佳帖子”简报邮箱登记表的位置。这个登记表原本是在网站主页的底部，因为我们原以为需要给用户时间先浏览我们在首页上主推的最受欢迎的帖子，然后再决定是否登记邮箱地址以接收我们的每周简报。后来摩根提出了一个建议，即把登记邀请改到页面顶端，把它放在一个更显眼的位置。事实上，他本来并不认为这个调整能带来多大的变化，所以只打了4分。但是我们还是决定测试一下这个想法，这是因为基于工程师团队的反馈，这个试验比较容易开展，我们在简易性一栏给它打了9分。同时摩根有比较大的把握这个调整将能够使用户更容易看到登记邀请从而会在一定程度上增加登记量，于是在信心一栏打了8分。结果非常令人惊讶——登记量增加了7倍，远远超出了我们原本的预期。

讲述这个例子并不是要说明摩根能提出这个点子有多厉害，其实他也提过不少以失败而告终的点子。提出这个案例是为了说明我们对于自己想法的预期并不总是很准确，同时也说明不要轻易抛弃分数较低的想法。

虽然我们倾向于使用ICE评分，但是其他增长黑客也提出了其他评分体系。比如被誉为"转化率优化之父"的布莱恩·埃森伯格就提出了"TIR体系"，即time（时间）、impact（影响力）和resources（资源）。[3] 另外一个体系是"PIE"，即potential（潜力）、importance（重要性）和ease（简易性）。[4] 虽然不同的体系细节上可能存在差异，但是它们的总目标是一致的，即以量化的方式评估试验想法，帮助团队筛选不同试验选择、决定下一个试验内容。

经过评分缩小了选择范围之后，你手里的试验可能仍然超出了接下来一周所能完成的量。有些想法需要更长时间去准备，比如那些需要大量软件开发或设计工作的试验。对于这样的试验应当在咨询试验筹备直接参与人员之后设定一个具体的测试日期。如果筹备工作涉及软件开发，工程师和产品经理就应当为增长团队估算一个时间框架，而如果要测试一个新的获客渠道，市场团队就要负责为增长团队提供一个时间表做参考。

在当周无法启动的试验想法都应储存在储备库中。你可以从中选择一些用于接下来一周的试验，而保留其他想法日后使用。关键是团队应以时间和资源利用的最优化为目标安排他们的工作，专注于增长负责人选定的关注领域中最紧迫的需求。

让我们再回到食品商店 App 的案例中来看一看如何开展筛选过程。App 团队的目标是增加每个用户创造的收入。在收集了一些点子之后，他们决定选择“初次下单优惠”和“把免运费政策信息放在更明显的位置”这两个影响力和简易性评分较高的想法进行测试（见表 4–1）。

初次下单优惠试验很可能会交由营销人员负责，而免运费试验则交由产品设计师负责。

假设团队同时决定购物清单试验也值得一试，但由于这一功能的开发比较复杂，增长负责人可能会让产品经理询问产品团队的时间安排。获得了这一信息之后，增长团队就可以考虑设定试验启动时间了。

我们建议团队通过协作来进行试验选择。在增长会议召开前一天，增长负责人应通知团队查看想法储备库并从中选择他们认为最有潜力的想法（不一定只是新提交的想法，可能也包括已经在库里的想法）。这些想法将作为候选在增长会议上讨论，届时团队将共同决定在什么时间启动哪些试验。团队成员可以通过邮件对想法进行提名，或者如果系统允许的话，也可以在储备库中设置突出显示。例如，在 GrowthHackers 的“Projects”系统中，团队成员可以给想法加星标，加星之后想法就会进入单独的列表中，增长负责人可以查看并在会议上与成员展开讨论。为保证被提名想法的数量在可管理范围内，我们通常限制每个成员每周最多提出三个想法。

这些被提名的想法将会在增长会议上由成员进行讨论，并选出将于下一周启动的试验。我们将在下一部分作详细介绍。

第四阶段：测试

一旦团队选出下一周的试验项目之后，这些试验就会进入我们所谓的“Up Next”（即将开展）列表，如果你们采用手动追踪，那么这个列表可以是一张新的数据表。而如果你们使用项目管理软件，这些试验则会进入系统中的一个特别工作序列或列表。接下来负责试验的成员就要和增长团队的其他成员（或和其他部门的同事）一起筹备并部署试验了。

真正意义上的跨职能合作正是在这时展开。再回到食品购物 App 的例子中，市场团队成员可能会跟图形设计和邮件营销团队合作设计初次下单优惠信息的图片与营销文案。他们也会和数据分析师一起确定对照组（不参与试验的用户群）和试验组，并保证试验结果可正常追踪。

当一切准备就绪时，增长负责人将向公司所有同事发送试验启动通知，以保证其他负责该产品的团队知晓试验情况。如果在启动某些试验时遭遇障碍，比如工程师忙于其他重要项目，有可能几周内无暇顾及试验所需代码的编写，那么负责试验的团队成员必须立即通知增长负责人，以便负责人筛选“Up Next”列表中的其他想法来替换暂时无法进行的试验。

每一个试验的运行都意味着另一个试验的落选。因此，对于点子的筛选和测试方式的选择都应当十分慎重。一次糟糕的试验就意味着团队失去了一次宝贵的学习机会，这会放慢团队工作的进度，而错误的数据会误导团队走错方向。因此，必须保证每一次试验都能产生统计上有效的结果。应当制定确保结果可靠的完善的指导规则，同时，团队里的数据分析师应负责将这些规则落实到试验中去。本书不会探讨试验设计的细节，但是我们希望提出以下两个我们认为非常有用的经验法则。

采用 99% 的置信水平：很多工具都会自动设定或允许用户自定义试验的置信水平。常用的置信水平为 95% 和 99%。虽然这二者之间 4 个百分点的差别看起来并不大，但是从统计学的角度来看这会产生显著的差异。95% 的置信水平意味着一个“成功”的试验仍然有 5% 的概率出错。这意味着，每 20 次看似成功的试验中就可能有一次其实是失败的。而 99% 的置信水平则意味着 100 次测试里只有一次是“假阳性”。因此，当你不确定时，就选择 99% 的置信水平，从而大大降低因为“假阳性”结果而选错试验的风险。

永远以对照组为依据：当试验明显失败时，团队通常能够在查看数据之后迅速认识到这一点。但当试验结果并不确定时，达成共识就不那么容易了，特别是当需要耗费大量时间和精力确定结果时。没有人希望看到自己辛苦付出的结果却是竹篮打水一场空，所以团队成员可能会让试验运行超出合理时间，寄希望于试验样本的扩大能够改变走势。这样做虽然可以理解，但是当结果不确定时，最好的办法就是坚持试验的最初版本或者对照版本。因为虽然结果不确定，但是增加新的变量可能会导致试验最终的失败，成为一个巨大的潜在风险。可以这么想，把试验当作试验组和对照组之间的比赛，双方打成平手时，胜利就应当属于对照组。[5]

回到第一阶段：分析与学习

对于试验结果的分析应由分析师或具备数据分析能力的增长负责人进行。分析结果应当写进试验总结中，并包括以下内容：

- 试验名称和描述，包括使用的变量和目标客户。例如，试验是针对某个营销渠道还是只针对移动用户，抑或是针对付费用户？
- 试验类型。测试的是产品功能、网页或 App 某屏上的营销文案的修改还是某个创意，抑或是新的营销策略？
- 受影响的特征。这可能包括试验在网站上或是 App 中运行位置的截图，或者某个广告牌、电视或电台广告中某个创意的副本。

- 关键指标。通过试验希望改进的指标是什么？
- 试验时间点，包括起止日期，也要说明当天是一周中的哪一天。
- 试验假设与结果，包括最初的 ICE 得分、样本量、置信水平和统计功效。
- 潜在干扰因素。比如试验运行的季节，或者是否有其他促销活动可能影响了访客行为。
- 结论。

这份总结应通过邮件发送给团队成员，同时附上一份备忘录，简要说明从试验中获得的收获。同时也要将总结保存到储存所有试验总结的数据库中，我们将这个数据库称为“知识库”（knowledge base）。这个知识库可以是共享文件服务器上一个所有成员均可访问的专门文件夹，也可以是公司维客[①]或内网上的一个页面。在 GrowthHackers 的“Projects”系统中，知识库是软件的一个组成部分，里面还会显示某个试验是成功、失败还是没有确定结论。不论试验报告如何存储，关键是要确保团队能够轻松搜索到所有的试验结果，以便日后查阅并考虑调整变量重做试验的可能。这样做也能保证试验不会重复，这在快节奏试验过程

① 维客，即 wiki，是一种开放的网络超文本系统，可供多人协同创作。——译者注

中很容易发生。

除了构建知识库之外，很多团队还会定期在整个公司范围内或给相关部门发送报告，使公司员工及时了解增长进展。根据不同的公司文化和规范，可以采用不同的沟通方式。以下是几个例子。

- 创建“试验成功”邮件发送列表，使接收者定期了解哪些试验取得了成功及试验对公司业务的积极影响。我们在英曼采取了这种做法，列表里有20个人，都是事先表明希望收到通知的同事。有的公司也会发送关于所有试验结果的邮件，其中也包括失败和结果不确定的试验。
- 对于使用Slack等即时通信软件的团队，可以考虑设立一个频道或是群聊，专门用于分享并讨论试验结果。在英曼，我们在公司的Slack账户中设立了一个频道专门用于分享新启动的试验和最近结束的试验结果，不论结果好坏都会在频道里通知。
- 在公司总览图里发布试验结果。如果公司不使用总览图，那么可以直接打印试验结果并张贴在办公室的公共区域，通过这种低技术含量的办法也能够有效地沟通试验进展。

增长会议

鉴于上述过程主要都是围绕着增长会议开展的，有必要说明一下会议流程。我们建议每周召开一次增长会议，但是有些团队可能会选择每两周召开一次，这取决于它们能够在增长过程上付出的时间和精力。会议的目的是聚焦于成员提名的想法并共同决定试验计划，因此时间绝不应浪费在献计献策、集思广益上，想法应该早在会议之前按照我们前面介绍的过程提出。当然，团队也可以每个月召开一次额外的头脑风暴会。

在 GrowthHackers，我们制定了一套召开增长会议的规则，实践证明这套规则十分有效。不同的团队可以根据具体的团队需求调整规则的细节，但是这一套规则总体上适合任何规模、任何类型的团队或企业。

我们每周二召开增长会议，以便将一周中的第一天空出来让团队完成必要的准备工作。每周一，团队成员会检查试验进展，结束能够结束的工作，或者收集数据以备第二天会议使用。增长负责人则会查看前一周的工作，包括以下内容：

- 查看顺利启动的试验数量并将之与团队的目标试验速度进行比较。
- 与数据分析师讨论，了解所有关键指标的最新进展，以便第二天向团队介绍并分发报告。
- 收集所有已完结试验的数据。
- 对前一周的工作与结果进行深入评估，包括总结试验对于增长的积极和消极影响。

- 对这些信息进行汇总，并将会议日程编入文件，在会议之前将这份文件分发给团队成员。有些团队会将这份文件上传到云中，比如Google Docs（谷歌在线办公软件）或Dropbox，还有些团队则使用诸如Google Sites（一个侧重于团队协作的网站编辑工具）、Confluence（一个专业的企业知识管理与协同软件）等软件的内部维客页面或者公司内网。

会议当天，增长团队会抽出一个小时根据以下日程召开会议。增长负责人除应主持会议之外，还应负责保证会议按照日程进行。

15 分钟：回顾指标并更新关注领域

增长负责人会回顾北极星指标和其他关键增长指标的最新数据，比如团队关注领域内的短期增长目标的进展，如之前提到的食品商店 App 团队会在会议上回顾上一周平均每位用户创造的收入、完成购买的用户数等数据。这能够帮助团队了解工作的进展、有哪些行之有效的想法以及有哪些可改进之处。

除此之外，增长负责人也将突出说明以下信息：

主要积极因素：即指标的提升，这可能是试验带来的效果，也可能是受到团队工作以外因素的影响。例如，在食品商店 App 中加入了购物清单功能之后回购率上升，或是市场团队进行的 App 内促销带来了一批新 App 用户。

主要消极因素：即指标的下降，团队需要回顾有哪些因素阻碍了增长，比如App用户数量大幅减少，或是购买率下降，抑或是原定的营销计划没有获得预期效果或是被推迟。

增长关注领域：即团队关注的是用户体验的哪一方面或哪一个增长杠杆、团队是否有短期目标。如果关注领域不变，那么只需要再次确认。而如果关注领域发生变化，比如从获客转向留存或变现，那么会议应就新的关注领域及为何做出这一改变进行讨论。同时也应讨论为实现这一目标需要设定的短期目标，比如使一定比例的App用户将商品保存到购物清单中。

10分钟：回顾前一周的测试工作

对前一周测试工作的回顾应包括以下内容：

节奏：前一周启动的试验数以及与团队目标的对比。

前一周的“Up Next”清单中有多少试验没有启动：对于这一点，会议应就试验推迟的原因进行讨论。

15分钟：从试验分析中获得的主要收获

增长负责人和数据分析师以及具体某一项试验的负责人（比如负责一个新功能开发的产品经理）会回顾已启动试验的初步结果以及已完结试验的完整分析结果。他们会回答成员提出的任何问题、倾听关于进一步分析的建议并汇总团队关于试验的评估及下一步工作的安排。

15 分钟：选择下一周期的增长试验

团队会讨论下一轮提名的想法。增长负责人会邀请每一个成员简要介绍一下他们提名的想法，每提名一个想法之后团队会就这个想法的价值展开讨论。讨论的目的是达成共识，但如果出现分歧，应由增长负责人最后拍板。最后选定的试验将分配给不同成员，他们将作为试验负责人负责安排试验的启动。增长负责人将基于每个成员的专长选择最适合的人选负责不同的试验。例如，一个新的产品功能会分配给产品经理负责，而一个新的视频广告则可能分配给营销人员。任何值得开展但无法在一周之内筹备完成的试验将推迟到合适的日期，这一日期的选定则取决于相关团队或部门对于所需筹备时间的反馈。

5 分钟：检查增长想法储备库

在这 5 分钟的时间里，增长负责人会告知团队成员还有多少想法可供考虑或日后启动。如果备选想法的数量有所减少，那么增长负责人应鼓励团队在接下来一周提出更多想法。

增长只有“几周之遥”

增长黑客过程对于增长的提升速度非常之快。有时候，一个点子从产生到成为重要增长驱动力只需要两周左右的时间，这包括花在试验前的数据分析和第一次增长会议上的时间。

例如，在食品商店 App 的案例中，假设团队选定第一周启动的两个试验都产生了确定性的结果，其中一项试验的结果支持对 App 做出重大改进，而且这一改进能够立刻实现并落地。假设初次下单的 10 美元优惠活动使访客转化为初次消费用户的数量增加了 15%。基于这一显著成果，团队决定将 10 美元优惠提供给每一个 App 新用户，这一决定带来了持续的 15% 的提升，初次下单用户带来的收入也大幅增加了。

根据这一简单试验取得的成功，团队可能会发现另外一个十分值得测试的想法。例如，团队在回顾试验结果时可能会发现新用户的平均订单金额低于整体平均订单金额。于是团队可能会决定尝试一些旨在提高初次下单金额的办法。比如，他们提出了分级折扣的想法，即初次消费的金额越大，折扣就越高。

增长黑客的一个优点是，即便失败的试验也能在极短的时间内给团队带来重要收获。假设另一项试验以失败告终，即突出显示购物满 50 美元免运费政策的做法并没有带来销量的增加。团队推测，可能是因为 50 美元的门槛太高了，于是决定为下一周的日程增加一项新的试验。可能这项新试验仍然没有带来订单量的显著增加，但是如果他们继续试验，他们可能会发现 35 美元的门槛刚好合适。团队可能只是多花了两周时间就收获了能够极大驱动增长的方法。

截至目前，我们已经解决了数据问题，组建了团队，也了解了增长黑客过程，接下来就该进入本书的实战指导环节了。我们将分别介绍增长的几个主要杠杆——用户获取、激活、留存和变现，分享增长团队可以采用的策略和方法，以激发这几个领域的增长。同时，我们也会讲述更多增长团队的成功案例，看一看它们如何在这些领域发现并取得了巨大的成功。我们仍然会用食品商店 App 团队的案例一步一步地讲解如何将增长黑客过程付诸实践。

第二部分

实　　战

第五章

获客：优化成本，扩大规模

确实，对于任何一家公司来说获取新用户都极为重要。但是，如果获取用户的成本超过了用户所能带来的收益，那就有问题了。但即便这样还是有太多公司掉入靠斥巨资吸引潜在新用户的陷阱中，而且，这种现象似乎愈演愈烈：2010 年至今，全美网络广告费翻了一番。[1] 与此同时，至少在美国、加拿大和西欧国家，互联网受众的增速却在减缓，这也就意味着，公司正在（也将继续）花更多的钱去追逐更少的潜在用户。[2]

在肖恩和 Dropbox 的团队开展用户推荐计划之前，公司每获取一位新用户就会花掉将近 400 美元，而其专业版 App 售价仅为 99 美元。德鲁·休斯顿明智地认识到，这样的成本收益率是不可持续的。但遗憾的是，并不是每家公司都能及时醒悟。主打专业设计师产品的限时抢购网站 Fab 就是一个惨痛的例子。这家公司曾一度被誉为“设计类产品的亚马逊”，用户增长势如破竹，被视为硅谷新兴独角兽公司。但它存在一个问题：它在广告和获客方面的花费每年高达 4 000 万美元，占其收入的 35% 以上。[3] 毋庸讳言，高昂的成本很快让 Fab 不堪重负，导致这家创业公司的命运急转直下，最后以极低的价格被收购。

这并不是说投入巨资，甚至高达数百万美元的资金来加快获客总是错的。比如一家 B2B 软件公司也许需要在前期组建一支庞大的销售团队，以便在积累用户方面取得长足进展。又比如在“赢者通吃”的行业，可能出现一家独大的情况（具有网络效应的公司就往往如此，例如领英和 WhatsApp），这时，前期投入大量资金以抢占先机并牢牢占据市场主导地位不失为一条妙计。又或者，一家公司与其强劲的竞争对手实力旗鼓相当，比如汽车服务供应商优步和 Lyft，这时可能除了花巨资抢占用户以外也别无他法。当然，这一切都有一个共同的前提，那就是公司需要有足够的资金来负担先期费用，并且有切实可行的计划来逐渐收回成本。

每家公司应该在获客方面投入多少资金并没有现成的公式可参照，这是由公司的具体商业模式、面临的竞争及其发展阶段等诸多变量构成的函数所决定的。例如，资金雄厚的成熟公司明显能够负担成本更高的获客策略，例如电视广告和印刷广告；而资金紧张的创业公司则必须另辟蹊径，采用可能影响力相对有限但成本几乎为零的零打碎敲式的方法。但是话虽如此，尽可能提高获客的成本效益率永远是王道，而且所有公司都应该始终致力于树立良好的口碑，以降低新用户的获取成本。破解增长的过程正可以帮助我们找到成本收益率最高的获客方式，以优化获客手段、驱动增长。

一旦建立起增长团队、确定了关键的增长杠杆并且经过充分测试后认定你的产品“不可或缺”，你就可以开始破解转化漏斗的第一阶段：获客。前面我们曾建议，在实现产品—市场匹配之前不要火力全开采取大规模的获客行动。也就是说，在确定你不仅拥有好的产品，而且这个产品对目标市场有很大吸引力之前，不要贸然行动。（但是对具有网络效应的公司来说，获取用户的行动通常必须与产品开发同步进行。）

扩大获客规模，首先要实现另外两种匹配：（1）语言—市场匹配，也就是你对产品优势的描述打动目标用户的程度；（2）渠道—产品匹配，即你所选择的营销渠道在向目标用户推广产品时的有效程度。

这一章我们将说明如何利用增长黑客过程来实现这些“匹配”，如何通过快节奏测试发现更有效、成本效益更高的方法以接触和吸引目标市场。首先，我们将讨论如何打磨营销语言，使用最有效的方式向用户传达产品价值及特点。然后，我们将探讨如何找到一两种核心渠道以及如何使用这些渠道来实现最优增长。最后，我们将探索如何寻找巧妙的破解增长的手段，通过诸如把推荐计划嵌入产品中这类病毒营销机制来获取用户。

设计打动人心的广告语

语言—市场匹配这一概念是由詹姆斯·柯里尔提出来的（我们在前言中曾介绍过他），它用来衡量描述和推广产品的语言能在多大程度上打动潜在用户，促使他们试用你的产品。它涵盖营销活动所有环节中使用的语言，包括电子邮件、移动推送以及印刷和网络广告等。对基于网络和移动设备的产品而言，它还包括产品本身包含的语言信息，这不仅指着陆页显示的品牌标语和价值主张，还包括产品的每项功能、每个屏或每个页面的文本信息。这不仅对基于网络的公司很重要，对于所有其他类型的公司同样重要，这是因为如今每个产品都必须在网络上“存在”，而用户接触产品的渠道各不相同，他们打开的第一个页面很有可能并不是你专门为他们设计的欢迎页面。[4]

不管潜在用户通过何种途径发现你的产品——无论是广告、文章、评论或者从他人口中得知——他们看到的第一条文字内容必须迅速传达正确信息。事实上，今天信息传达的速度必须远远超过几年以前。研究表明，人类的平均专注时间（将注意力保持在一条新的网络信息上的时间）现在是 8 秒，而在 2000 年是 12 秒。这也让我们获得了一项“殊荣”：我们的注意力持续时间比金鱼还要短。[5]要在如此短的时间内给潜在用户留下深刻印象，就必须让他们立刻明白为何你的产品能够让他们受益。这就意味着，你所使用的语言必须直接迎合并且进一步点燃他们的需求和欲望，从而抓住他们的注意力——整个过程必须在 8 秒甚至更短的时间内完成！只有这样你才能多赢得几秒钟的时间来向他们解释为何应该购买你的产品。换言之，你设计的语言必须非常简洁地传达出产品的核心价值，也就是那个“啊哈时刻”，并且回答每位消费者最关心的简单问题：“你展示的这个产品将如何改善我的生活？”

设计打动人心的产品描述最成功的案例是乔布斯推出第一代 iPod 时所使用的语言。2001 年 iPod 问世时，市场还是 MP3 的天下。乔布斯完全可以在他传达的内容中解释为何他的播放器与众不同、性能更加优越，但他没有这样做。他明智地决定不使用任何已经被用来形容 MP3 播放器及其功能的表述。他只用了一个简单而迷人的句子——“将 1 000 首歌放在你的口袋里”，就彻底重塑了人们对便携式播放器魅力的认知。他并没有花时间去试图说明他的产品何以在价格和性能方面有别于其他产品。换言之，乔布斯明白 iPod 的核心价值，也就是它神奇的“啊哈体验”在于能够让你将你的整个音乐库随时随地带在身上，享受绝对流畅的音乐体验。当然，我们并非都是乔布斯这样的营销天才，但只要有正确的测试策略，我们就能不断接近极致！

对于像我们这样的凡夫俗子，要设计出打动人心的语言极其困难。人们对语言的反映是高度感性的，而且在很大程度上是下意识的。同样的话一些人听了会心动，而另一些人却无动于衷，有的甚至觉得刺耳。营销者为想出绝妙的品牌理念和广告文案而寝食难安，但即便是这样，他们最后传达出的信息仍然常常平淡无奇。相比之下，一些家喻户晓的广告口号，如“It’s the Real Thing”和“Just Do It”却给我们留下了深刻的印象。这两个句子如此简单，没有舞文弄墨，语言也没有特别之处，但这样的文字表述有力而且易于记忆。它们为何能如此打动人心？毫无疑问，广告专家和商业学者可以写出长篇大论来阐明各自的答案，但是，可能没有两个人的看法是全然相同的。撰写营销文案并非精准科学，这也是为什么增长黑客方法将科学试验的严谨和精准引入创造过程。也就是说，你不必成为像乔布斯那样的营销大师也能实现语言—市场匹配，增长黑客过程可以帮助你实现这个目标。

快节奏的增长黑客过程之所以能够完美解决这个问题，其中另一个原因是，我们可以轻松针对语言进行 A/B 测试。利用 Optimzely（营销工具）和视觉网站优化器这样的工具就能相对比较容易地替换和测试网站内容，只需在你的网站或者 App 上加入一小段代码，就能向访问者随机展示不同版本的网页内容，同时衡量并比较用户反应。包括 Salesforce 营销云和 Mailchimp 在内的大多数邮件营销系统都能帮你轻松测试邮件的具体内容，例如邮件标题或者行为召唤。此外，像脸谱网和谷歌这样的网络广告平台也能让你试验许多不同版本的广告。所有这些服务都不需要任何的专业技术知识，不过，要是你具备这样的知识，就可以自己设计系统，就像病毒新闻媒体公司 Upworthy 所做的那样。

Upworthy 之所以能够以闪电般的速度迅速成长为最大的媒体网站之一，得益于公司员工坚持为他们发布的每一则故事寻求最佳的语言—市场匹配。他们的天才之处在于，他们总能找到吸引眼球的标题来重新包装网络内容，使之迅速蹿红。这并不是由于 Upworthy 的编辑们天生充满才华和创造力，而是由于他们不让创造力成为一种偶然——他们通过试验破解创造。他们挑选标题的第一步是让一名员工为每则故事撰写至少 25 个不同的标题，接下来再由负责人从中挑选出几个他 / 她最喜欢的标题，最后编辑主任再从中决定哪些可以用于试验。他们的试验方法也再简单不过了，所需的工具仅仅是脸谱网、Bitly（一个为网页内容生成可追溯的链接的免费网站）和一个老式计时器。下面是他们的具体做法。

他们为同一篇故事选出两个最具潜力的标题，并为它们创建各自的 Bitly 链接。然后，从脸谱网上选出两组粉丝，要求他们来自的城市具有相似的人口学特征和人口数量，例如一组来自明尼阿波利斯，另一组来自密尔沃基，两组分别使用一个之前创建的 Bitly 链接。接下来工作人员只需要设定好计时器，然后等着统计两个标题各自的点击数和分享数就行了。时间一到，拥有点击数和分享数最多的标题胜出。这样的试验除了能够极大地促进某篇文章的病毒式传播，还能不断丰富他们收集到的最具吸引力的文字和短语，以供日后使用。正是出于这个原因，Upworthy 的创始人埃利 · 帕里泽指出，“标题的好坏能够决定是 1 000 人还是

100 万人阅读”，一切额外的努力都是值得的。[6]

无论你的产品是新闻报道、移动 App 或是零售网站，你都可以使用同样的方法来优化信息传达。如果你还认为自己需要一个经验丰富的营销团队来为你凭空想出几十个具有病毒传播潜质的品牌理念，那你可能就得三思了。你的增长团队在设计试验文本的时候，可以利用一些渠道来寻找很可能打动人心的文字和词组。其中一个渠道是使用用户在社交网站或者网络评论中用来描述你的产品及其优点的语言；你还可以利用前期产品“不可或缺性”调查中用户留下的评论；你甚至可以直接给用户打电话，简单询问他们如何向自己的朋友或者同事介绍你的产品及其价值，这样往往也能找到非常好的用语和表述；和客户服务团队交流有时也能使你豁然开朗。此外，你还可以查看用户来电记录、浏览论坛和在线产品评论来了解目标用户使用的语言。

从小处着手

只是对语言进行细微的调整经常就能极大地改善获客效果，正因如此，最为高效的试验过程应该能够让你迅速测试许多不同的迭代。看一下 Tickle 的例子就能明白这一点。这家由詹姆斯·柯里尔于 1999 年创建的公司通过略微修改其照片分享（社交产品）的语言描述就取得了两大突破。最初，公司网页上将这个服务描述为“在线存储你的照片”的工具。当看到用户反应冷淡时，柯里尔提出了一个假设：用户没有向身边的人推荐这款产品是因为他们不认为一个图片存储库特别值得与人分享。于是，柯里尔和他的团队开始试验稍稍改动描述，将其改为“在线分享你的照片”。实施这个试验几乎没花什么时间，但它的效果不仅立竿见影，而且简直是出人意料。只是改了一个动词，将“存储”改为“分享”，就彻底改变了用户对产品功能及其使用方法的认知。一夜之间人们都开始疯狂地上传和分享照片，仅仅 6 个月，Tickle 就增加了 5 300 万用户。

这次成功让他们信心倍增，很快这个团队又在一款约会 App 上完成了同样的壮举。这个 App 原来的品牌理念是“寻找约会对象”，但增长丝毫不见起色。他们琢磨，也许这次也能通过重新将其定位为社交产品来激发增长——让它不仅可以帮助用户找对象，还能成为一个用户利用自己的社交网络来为单身朋友牵线搭桥的社交平台。于是，他们把品牌理念改为“帮助他人寻找约会对象”。果不其然，用户开始向自己的朋友发出邀请，甚至向已婚朋友发出邀请，因为已婚人士也可以帮助他们的单身朋友找对象。修改品牌理念 8 个月之后，这项服务就新增了 2 900 万用户。[7]

所以，如果你在计划测试第一批增长黑客手段，请先从语言开始，因为这是一切的起点。

广告语不仅可以优化品牌，还可以优化产品

有时，措辞上的改动还会引发其他新的改动，不仅是对文案，还包括对整体品牌理念，甚至是对产品性质的改动。这也是为什么增长黑客团队不仅应该包括营销人员，还应该包括产品开发人员及工程师，并且确保他们之间能够自由共享数据。这是因为在广告或者网页上改动几个词有可能像 Tickle 那样产生出人意料的结果，但也有可能根本起不了任何作用。如果是这样，就需要深挖原因，去试验一些更有实质性的改动。有可能在这个过程中你会发现需要对产品彻底进行重新定位。但不必担心，许多伟大的产品在成功之前都经历过类似推倒重来的经历。比如宝洁的 Febreeze（空气清新剂品牌）。这是一个实实在在具有突破性的良心产品：这种化学混合物能够真正消除异味，而不只是用好闻的气味将异味盖住。所以，当宝洁发布这款产品的时候，它的团队很自然地在产品信息中大肆宣传这一特殊功效，他们使用的一句宣传词是“Febreeze 能永久消除衣物中的异味”，[8] 但销量十分疲软。直到宝洁进行市场调查，对忠实客户使用产品的过程进行录像，才发现应该把它重新定位为常规清洁过程中使用的产品之一，可以使清洁的房间散发沁人心脾的芬芳。[9] 于是宝洁在原来的配方中增加了香味，并且开展了大规模广告宣传，在广告中重新进行定位，展示女性享受它带来的芬芳气味的画面，广告词也改成了“让从未有过的清新环

绕在你左右”。[10]

Nasty Gal 是在美国千禧一代中很火的女性时尚品牌，它的创始人索菲亚·阿莫鲁索曾说过，了解什么样的语言能够引起目标消费者的共鸣不仅为她带来新业务，也帮助她树立品牌形象。她最初创业是在易贝上出售二手服装，那时她会花几个小时浏览网页，寻找用来形容同款衣服的动人描述。为了获得灵感，她会重复搜索热门词条以了解当下的流行趋势，然后用这些词来定位她的品牌。正如《纽约》（*New York*）杂志记者莫莉·杨在一篇关于阿莫鲁索成功故事的文章里所讲的那样，“2007 年，蝙蝠衫、金银丝面料和格子衬衫十分流行，而 2008 年，铆钉、建筑风、折纸风引领潮流”。掌握这些流行元素之后她开始去旧衣店淘衣服，买回一大堆二手衣物在易贝上出售。她从此创立了一个独一无二并且永远时髦的品牌，一个能引起 80 后潮人共鸣的品牌。[11]

阿莫鲁索在她的书《女孩老板》（*Girlboss*）中回忆道：“每一周我都比上一周行动更快、看得更准，也更加意识到女性需要什么。”通过观察顾客反响，让她很好地意识到，她的品牌应该围绕女性赋权，围绕如何帮助女性树立自我形象以及对自我价值的认知。这正是这个品牌如此独特、发展如此迅速的原因。遗憾的是，这家公司没能维持早期的增长势头，在做了一系列糟糕的商业决策后于 2016 年底宣告破产。

寻找最优渠道

股市投资专家有一个共识：最好将资金投资到许多不同的公司和产业。但是，你如果想为自己的产品寻找营销和分销渠道（在互联网领域，这两者是一回事），却不能使用这个策略。营销人员通常错误地认为，通过各种不同的渠道同时展开营销活动最有利于增长。但这样做的结果是，资源被铺得太开，让团队无法专注于优化一两个可能最有效的渠道。正如谷歌创始人和CEO拉里·佩奇所说，“有的放矢”效果往往更好。又如贝宝的联合创始人及脸谱网的第一位外部投资人彼得·蒂尔对创业公司的创始人所讲的那样，“很有可能只有一个渠道是最优的。实际上，很多公司的分销渠道没有一个可以正常运作。糟糕的分销——而非产品——是企业失败的最主要因素。如果你的分销渠道中有一个能够正常运作，你就能获得巨大成功。但如果你什么都想试却一个也没做好，那你注定会失败。”[12]

与此同时，太多的公司随波逐流，别人用什么渠道它们就用什么渠道（如谷歌付费广告或者脸谱网广告），却不愿意去尝试可能对它们的产品而言更有效而且成本更低的途径。这也是可以理解的，因为要找到合适的渠道是一个艰巨的任务，这不仅是因为找到适合某个产品的最优渠道需要进行大量测试，还因为有很多现成的渠道可供选择，而且新的渠道还在源源不断地出现。通过增长黑客过程进行试验可以帮助你相对快速地发现一两个最优渠道，甚至抢先于你的竞争对手找到它们。

缩小渠道范围

你只需两个步骤就可以锁定你的最佳渠道：发现和优化。在发现阶段，增长团队应该广泛试验各种可能的渠道选项，但这并不是说不加选择地乱试一通然后看哪个管用，而是必须对各种渠道进行深入调研，最后选出若干优先项进行试验。我们马上会介绍一种简单却十分有用的方法来帮助你寻找渠道。一旦你找到了一两种高度匹配的渠道，就可以进入第二个阶段：优化。在这一阶段，你应该在扩大规模的同时努力实现渠道成本效益比和影响力的最大化。我们来看一看优化过程是如何进行的。

首先，你必须对所有可以考虑的渠道建立正确的认知。几乎可以肯定的是，一些渠道明显不适合你的产品，可以迅速将它们排除。比如，如果你销售的是企业业务拓展软件，那么在娱乐网站上打广告就毫无意义；相反，你可能需要把精力放在那些直接面向商业人士的渠道上，例如商业新闻杂志。为了避免不断增加的渠道选项变得杂乱无序，贾斯汀·马雷斯、加布里埃尔·温伯格、安德鲁·陈和詹姆斯·柯里尔这些增长专家将主要渠道划分为三个基本类型：病毒/口碑渠道、有机渠道和付费渠道。我们下面编写的一系列选项（它们具有代表性，但并未穷尽所有）正是基于他们的这种分类。

表 5–1 获客渠道的三种类型

病毒 / 口碑渠道	有机渠道	付费渠道
社交媒体（例如脸谱网，Pinterest, Snapchat）	搜索引擎优化	线下广告（电视、印刷品、广告牌）
嵌入式微件	公关和演讲	线上广告（谷歌关键字、脸谱网、YouTube）
朋友推荐计划	内容营销	广告联盟
网络视频	应用商店优化	影响者运动
社区参与	免费工具	电台
比赛和礼品	电子邮件营销	重定向
平台整合	社区建设	广告网络
众筹	战略合作伙伴	赞助（微博、博客）
游戏、测试	投稿	本地内容广告
	网站营销	

当然，其中的每种渠道又包含众多具体的策略。例如，GrowthHackers 成员普什卡尔·盖克瓦德就为内容营销渠道编写了一个有用的清单，当然，清单内容还在不断增加中。

表 5–2 内容营销的主要类型

案例分析	使用指南	新闻发布
信息图形	特别报道	文章
PDF 和电子书	网页论坛	评论
视频	PPT 报告	图片和照片

（续表）

采访	清单	Q/A 网站
Pinterest	Instagram	脸谱网
Snapchat	汤博乐（目前全球最大的轻博客网站）	领英洞察
推特	本地商家排名	播客
有问必答系列	测试	免费工具
Medium（一个轻量级内容发行平台）博文	Buzzfeed	纪念品

因为篇幅有限，所以我们无法一一列举每种渠道包含的所有具体选项并深入细致地讨论每项内容——那需要写很多本书才能说清。不过，前面提到的专家以及其他很多人提供了很多关于所有这些渠道的最佳实践的详细信息，这些信息都可以在网上找到。这里我们只是想强调，深入研究这些选项应该是优先级试验选择过程的第一步。接下来要做的就是从中选出几个可行项来有效地进行试验。具体做法如下。

初步筛选

通常，根据你的商业模式的具体需求就可以轻松地进行初步筛选。例如，如果你向其他公司出售产品（也就是 B2B），你通常需要一个销售团队和销售支持团队来拉动增长。你也需要参加展销会，因为在那里销售人员可以接触到潜在客户。你还需要一个可以帮助公司建立专业知识储备系统的内容营销策略。因此，内容营销、贸易展览会和销售团队可能就是接触目标用户最有效的渠道。而电商模式的核心在于吸引尽可能多的潜在消费者来浏览网站，所以搜索广告和搜索引擎优化显然就是关键渠道。而像优步和易贝这样的平台型企业则需兼顾两头，既要有吸引供应商的渠道又要有吸引消费者的渠道。

但这绝不意味着每种类型的公司要将自己严格限定在这些最显而易见的渠道上，尤其是当公司在扩大规模时更不能如此。例如一家处于发展阶段的电子商务公司可能发现，建立社区这种病毒渠道不失为一个很好的增长杠杆。亚马逊收购爱书人社区（Good Reads）就是这样一个例子。像 Instagram 和 Snapchat（色拉布，一款照片分享应用）这样蓬勃发展的社交网站，不仅涉足新的领域，而且还吸引了巨额的风投资金。这样的公司可能会通过投资电视、广播和印刷广告，而不是仅仅依赖病毒机制，来进一步巩固它们在该领域的统治地位。但无论是哪种情况，你必须首先集中精力优化那些对你而言成本效益比最高的渠道。

缩小选择范围的下一步是考虑用户特征及习惯，这就意味着要去发现用户已经表现出来的行为特征，例如他们使用的谷歌搜索类型、购物的网站以及所使用的社交网络。比如，你可以问这样一个问题：你的产品是否能满足用户的需求或者是否能提供他们一直在网上寻找却未能找到的解决方案？如果回答是肯定的，那么那些人经常用来寻求答案的渠道（例如搜索引擎）就是理想的渠道。如果你无法确定是否有很多人正在寻找（或者搜索）你的产品所提供的功能，那就需要用其他的方式建立产品知名度。Dropbox 就是如此。它刚成立时，线上文件分享和储存服务还是新事物，所以并没有人在谷歌上搜索 Dropbox 提供的解决方案，而这也是付费搜索广告效果有限的一个关键原因。但推荐计划解决了这个问题。如果你的目标客户非常钟爱某个和你的产品互补的产品，那么你也可以选择品牌合作或者交叉推广的方式来开展营销。

领英增长与国际业务部负责人阿蒂夫·阿万曾帮助公司将用户人数从 1 亿提高到 4 亿多。他制作的这个用户行为类型表可以帮助你进行决策。[13]

表 5–3　用户行为类型表

用户行为	可以考虑的渠道
人们是否使用搜索引擎来寻找解决方案？	SEO/SEM
现有用户是否通过口口相传的方式和朋友分享你的产品？	病毒渠道或者推荐计划
用户数量增加是否会改善用户体验？	病毒式
你的目标用户是否已经在使用别的平台？	整合与合作
用户是否具有很高的终身价值？	付费获取

一旦你的增长团队根据我们上面介绍的步骤选出了几个可测试的渠道，接下来就应该针对每种渠道提出一系列可用于试验的具体策略，并确定测试的优先顺序。

通过试验找到渠道—产品匹配

Hubspot 前增长团队负责人布莱恩·鲍尔弗设计出了一个基于 6 个要素的简单渠道排序方法。我们建议使用这个方法来确定优先渠道。

- 成本——你预计进行此项试验将花费多少钱？
- 定向——是否容易接触到目标受众？对于试验所触及的人群，你所掌握的信息可以详细到哪一步？
- 控制——在多大程度上可以控制试验？试验一旦开始，还能否进行修改？如果试验不顺利，是否容易终止或者调整试验？
- 时间投入——团队启动试验需要多长时间？比如，拍电视广告的时间投入就比发布脸谱网广告的时间投入长许多。
- 产出时间——试验开始后需要多久才能拿到试验结果？例如，搜索引擎优化试验或者社交媒体广告的产出时间就比电台广告的产出时间要长。
- 规模——试验覆盖的人群规模有多大？例如，电视广告的覆盖范围比话题博客广告就大得多。[14]

鲍尔弗建议从这 6 个方面给每种渠道按高、中、低三档打分，如表 5–4 所示。他指出，对于不同的产品或业务，不同渠道在这

6 个方面的得分可高可低。例如，如果你的搜索引擎营销使用的关键词是热门词，那么你所支付的费用就会更高。这意味着，相比那些还没有形成竞争的新产品，你的产品使用搜索引擎营销渠道的成本得分会更低。如果你的产品面向的是高度网络化的特定人群，比如大学生年龄段的男性，那么对你而言进行病毒传播在定向方面的得分就会很高，相反，如果你的产品针对的是普通大众，那么定向就会比较困难，在这一项上的得分自然就低。

表 5–4　营销渠道优先化过程

	成本	定向	控制	时间投入	产出时间	规模
搜索引擎营销	高	高	高	低	低	低
搜索引擎优化						
病毒						
销售						

在布莱恩提出的方法的基础上我们为渠道试验建立了一个排序过程。我们按照 1 到 10 分给增长团队建议测试的渠道打分，10 分为最好，1 分为最差（注意：成本越低、投入和产出时间越短得分越高，因为显然低成本和更短的投入和产出时间更理想）。然后我们只需要算出每种渠道的平均分，从高到低进行排序，就可以找出优先渠道。表 5–5 是我们用来排序的网格。

表 5–5 试验评分排序表

	成本	定向	控制	时间投入	产出时间	规模	平均得分
搜索引擎优化	7	2	2	4	2	9	5.33
邮件	5	8	8	6	8	8	7.17
社交							
电视							

为了说明如何使用这个方法，让我们回到在前面提到过的食品商店 App 增长团队的案例，看看他们怎么用这种方法进行排序并确定第一轮试验的渠道。

这家财力雄厚的食品连锁店为了扩大初始用户群开展了猛烈的电台和印刷品广告攻势，结果初始 App 下载量一举突破 10 万次。但是，由于初期用户中许多人并不怎么使用 App 进行购物，所以增长团队将重心从吸引更多潜在消费者转向提高每位用户的消费额。我们假设现在他们已经成功提高了 App 活跃用户的平均消费额，所以现在他们又把注意力转回到吸引更多的用户上，而这次的目标（也应该一直如此）则是寻找收益更高的渠道。

首先，他们对用户数据进行了另一项分析。当然，他们一直都在监测用户数据，尤其是那些最重要的指标。但一旦团队将重心转移至新的增长杠杆，他们就需要用全新的眼光去分析数据，寻找与新任务相关的新洞察。你可能还记得，此前他们已经发现，公司最忠诚的用户中有很大一部分来源于该连锁店的主网站，现在情况依然如此。所以他们决定集中精力大力挖掘网站潜力，将其作为一个关键渠道。同时，他们还测试新渠道，把网撒得更广，以吸引那些不经常登录网站的人群，就像他们一开始所做的那样。脸谱网和谷歌广告明显值得一试，于是他们开展调研，了解既有用户群中有多少人使用这些平台以及通过广告可以接触到多少相同类型的用户。他们发现，大多数用户在这两个平台上都相当活跃。于是他们继续深挖数据，通过浏览行业报告寻找基准数据，比如潜在消费者具体在哪些网站上逗留，其他竞争者在谷歌和脸谱网上的广告花费和广告类型，以及它们获得了哪些成功等等。

了解了用户的上网习惯之后，他们提出了一个假设：谷歌关键字可能并不是最佳选择，因为人们并不会在整个网络范围内搜索食品杂货，而是在零售商的网站上搜索。另一方面，脸谱网则可以让他们根据用户的人口学特征和兴趣进行准确定向，而且他们也获得了大量消费者人口学数据。于是他们决定将脸谱网广告纳入优先化网格。

团队决定再进行一些额外的市场调研，一方面在公司网站主页和 App 上进行问卷调查，收集用户反馈，另一方面采访一些现有顾客。对于访问过网站的顾客，团队想知道他们是否下载了 App，如果没有下载是出于什么原因；对于已经开始使用 App 的顾客，团队想知道怎样可以让他们更愿意向朋友推荐 App。通过调研团队了解到，相当数量的网站访问者并不知道 App 的存在，而那些知道的人更喜欢直接用电脑下单，因此他们认为没有必要使用 App。此外，他们还了解到，App 用户中有相当一部分人会向朋友推荐这个 App，而且如果这可以让他们在下一笔订单享受折扣或者领到购物券的话，他们会更加乐意向朋友推荐。

基于这些调查结果，团队提出了以下增长手段。

有机渠道

• 改善主网站上的 App 营销。

• 给有会员卡但没有下载 App 的常客发送邮件，介绍使用 App 购物的好处。

• 在网站上专门增加一个全幅页面来推广 App，只要用户在手机上访问网站该页面就会自动弹出。

付费渠道

• 在脸谱网上投放应用安装广告。

• 在前期成功的电台广告的基础上，再次投放电台广告。

• 通过广告将网站访客重新定向至 App 下载页，也就是说，只向已经访问过网站的用户投放网络广告。

病毒 / 口碑渠道

• 利用顾客希望获得额外折扣的心理为现有的 App 消费者创建一个朋友推荐计划。

那么，先试哪个呢？团队的用户调查表明，所有这些渠道都非常值得一试，而且其中的每种渠道都为许多公司带来过巨大的成功。除此之外，团队成员会特别偏爱自己的想法，这使得客观的排序变得格外困难。不过，这也正好体现出打分体系的可贵。每位提出建议的团队成员都要对自己的方案打分，然后在增长会议上整个团队再参考各个方案的得分来决定先试哪种渠道。分数上的分歧应该由增长负责人来协调。需要重申的是，团队不应该把分数看得太重，它只是一个参考，一个帮助团队进行决策的数据点。

我们假设最后的得分如表 5–6 所示。

表 5–6　优先渠道得分表

	成本	定向	控制	时间投入	产出时间	规模	平均分
脸谱网广告	6	9	9	9	9	6	8.0
网站营销	10	10	10	9	9	3	8.5
电台广告	4	7	2	6	2	9	5.0
向会员卡持有者发邮件	10	10	10	7	7	3	7.83
网站访客重新定向	6	9	9	9	9	4	7.7
全页面 App 广告	9	10	5	3	7	3	6.2
朋友推荐计划	5	4	2	3	2	6	3.7

显而易见，有几个选项的分数遥遥领先。要立即实现获客增长，最佳选择是两种有机渠道：更好地在网站上进行 App 营销以

及向会员卡用户发送邮件告知他们可以下载 App；还有两种付费渠道：脸谱网广告和再次提示网站访客下载 App 的重定向广告。

其他选项呢？团队在增长周例会上讨论分数的时候就推荐计划是否值得测试展开了讨论。用户调查显示，推荐计划可能会相当成功，但它的总分却很低，部分原因是推荐计划要真正实施起来并取得结果需要相对较长的时间。所以团队决定把它放进路线图，8 周之后再启动。

电台广告也被放入想法储备库中。它的得分很低，这是因为尽管电台广告在针对特定人群方面具备优势，而且初期的电台广告推广效果显著，但是它无法像脸谱网广告和重定向广告那样对结果进行细致的分析。电台广告成本也相对更高，需要大量的时间投入和前期准备工作。另外，对于全页面 App 下载广告，团队担心这可能会引起人们的反感，也可能影响他们的搜索引擎排名。但是这个想法的得分又相对较高，所以它在储备库中排在相对靠前的位置。

优化试验

团队在迅速完成第一轮试验后发现，脸谱网广告针对 6 类受众中的两类特别有效：刚刚成为母亲的女性和两个特定城市中 20 多岁的年轻人。对于后者，数据显示，年薪 75 000 美元以上的 20 多岁年轻人通过广告知道这个 App 后下载安装的比例特别高，而重定向广告的结果却令人失望。于是增长团队得出了一个结论：他们需要重新考虑重定向策略，同时继续优化脸谱网上的广告营销。他们决定尝试更多的广告，其中一类只针对全美范围内初为人母的女性，另一类则面向全美人口最多的20个城市中年薪在75 000美元以上的20多岁的年轻人。

在有机渠道方面，针对会员卡用户的营销大获成功，收到邮件的用户中有将近4%的人安装了App，而网站上App宣传所产生的结果却耐人寻味：点击量很高，但之后的App下载量却令人失望。于是他们决定优先优化和扩大针对会员卡用户的营销活动，同时测试新的优化策略以更好地激励人们点开广告后下载App。

这个过程帮助他们迅速找到两个极具前景的营销手段，同时为接下来的试验指明了方向，他们离找到最佳获客渠道又近了一步。

不断进行新的尝试

随着能够接触到用户的渠道越来越多，利用这些渠道来吸引人们购买你的产品的潜在策略也越来越多。增长黑客过程中的想法提出阶段应该源源不断地为你提供新想法，从而最大限度地利用最具潜力的渠道。现有渠道的优化策略总是在不断变化，提供免费在线工具这个新趋势就充分说明了这一点。比如，用户通过 Hubspot 提供的免费在线工具 Website Grader 就可以进入一个网址，网页上就会自动显示某个网站的优缺点。诸如此类的新工具（还有无数其他例子）使得企业即便是在博客、白皮书、信息图表和视频教程等这些免费内容充斥网络的今天也能够在众声喧哗中抓住用户的注意力。除了能够帮助企业脱颖而出以外，这些工具还有另一个优点——它们可以保持“常青”，也就是说几乎不需要持久维护就能一直有效地吸引新客户，甚至可以持续很多年。除此之外，还可以尝试一些其他的新策略，比如建立社区，就像我们在 GrowthHackers 所做的那样。或者在不断出现的新兴热门平台（比如下一个 Snapchat）上获得先发优势。

重点是，即使你已经找到了一个可靠的渠道或者一系列奏效的策略，新的选择还在不断涌现，你要做的是不断寻求可用于试验的创新策略。事实上，正是因为有如此多新渠道和新获客策略供你选择，增长黑客方法才显得如此有效甚至高效。这种由数据驱动、经过优先排序、专注于试验的做法可以帮助你在多如牛毛的选项中做出明智的判断，将你宝贵的精力和营销资金真正用在刀刃上。

随着增长的加速，采用新渠道将会变得更加重要。其中一个原因是，任何一种渠道都有自身的局限，达到渠道上限之后就无法再带来足够多的新用户，其价值也会随之降低。你在脸谱网上向同一群受众投放广告达到一定数量后，他们就会将广告屏蔽，让你的点击率一落千丈，成本飙升；你向会员卡用户发送的广告邮件到达一定数量后，他们就会把你的邮件扔进垃圾邮箱中。一旦达到渠道能力的上限，你就需要通过新渠道来实现新的增长。

我们在前面提到过，增长团队应该定期将重心转移到客户漏斗的下一阶段，也就是从获取转移到激活再转移到留存，我们将很快在下一章讨论激活问题。但在此之前，我们首先要探讨与增长黑客过程密切相关的病毒式获客手段。有时人们甚至错误地认为，增长黑客方法不外乎就是创造可以带来用户的“病毒循环”，比如像推荐计划这样的病毒机制。正如我们在 Dropbox 的案例中所见，这样的病毒机制可能很强大，但是对于如何创造病毒循环以及它能带来何种增长，还存在许多误解。

所以，在进入下一章讨论如何激活你所建立的用户群之前，我们想先和大家分享有关病毒循环的真相和炒作，介绍不同种类的病毒循环以及如何测试这些循环，以使它们对你而言更加有效。

设计病毒循环

使用病毒循环的增长黑客手段往往能迅速收获成功，比如，Hotmail 利用邮件签名栏鼓励收件人进行注册，Dropbox 为推荐者提供免费的存储空间，等等。这也许会让人觉得，相比通常的做法，设计出强大的激励措施来鼓励用户在自己的社交网络中分享产品要容易很多。关于病毒循环的一个错误认识是：设计出病毒循环之后就万事大吉了，剩下的交给用户，让他们一传十，十传百，口口相传。但事实并非这般美好。并不是所有的病毒循环都“生而平等”，认识到这一点很重要。对于一些产品而言，创建有效的循环十分容易，贝宝的移动支付 App Venmo 就是一个例子。一个能够帮助用户转账汇款的产品显然具有先天优势——有谁不愿意马上注册然后收钱呢？但是对于许多其他产品而言，利用奖励措施来鼓励用户发送和接受邀请则困难得多，而且往往只是接近（还不是真正实现）病毒式增长就需要大量的前期试验和后续优化工作。[15] 很遗憾，我们没有一个魔法公式可以套用，但我们可以通过一些方法来找到对我们有用的战略。

我们在第二章中讨论如何打造不可或缺的产品时提到过，如果你的产品没有价值，不能带来“啊哈时刻”，那么任何病毒循环策略都帮不了你。还记得前面我们介绍过的新闻网站 Upworthy 的例子吗？它非常擅长利用吸引眼球的标题来创造病毒传播，它的成功在很大程度上归功于其团队认识到文章内容与创造病毒性关注同等重要。“我们不介意把人们骗去看他们喜欢的内容，”Upworthy 的创始人伊莱·帕里泽说，“如果他们不喜欢，他们就不会分享。病毒传播是在好的包装和好的内容之间取得平衡。”[16] 我们可以学到的经验是，尽管找到能打动人心的语言非常重要，但是要实现病毒式增长必须提供真正的价值。

关于病毒式增长还存在另一个误解，那就是这个词本身的含义。首先，应区分不同类型的病毒式增长。一种是传统的口碑式病毒（word of mouth），另一种是内置于产品当中用来“捕获”更多用户的病毒机制，这称为原生病毒（instrumented virality）。一个产品可以通过任意一种类型的病毒来实现增长，而且如前面所讲，一些产品看似主要通过原生病毒来增长，但实际上主要是靠口碑病毒，脸谱网就是一个典型的例子。脸谱网的沙马斯·帕利哈普提雅告诉增长团队，不要一上来就思考如何创造原生病毒，首先要做的是开发出卓越的产品。他说到了一个关键点：当你专注于创造原生病毒时必须遵循产品开发的基本原则——要让分享产品这种体验变得不可或缺，或者至少让这种体验尽可能便捷、舒心。Hotmail 的邮件签名就是用户体验的典范：只需要单击鼠标，完成一个非常简单的注册过程就能获得免费邮箱。同样，肖恩与 Dropbox 的团队下了很大的功夫去完善他们的推荐计划，从欢迎页面的设计到发送和接受邀请，他们让每一个环节都简单而且有趣。他们最终设计出的推荐计划让邀请朋友的过程变得既轻松又愉快。这两个例子中的病毒循环都十分有效，用户不仅参与其中，而且乐在其中，让他们迫不及待地向任何愿意倾听的人推荐这个产品。

另一个有关病毒性增长的常见误解源于增长黑客圈对病毒性产品的定义，即一个产品要真正具备病毒性，那么它的病毒系数（又称 K 因子）必须超过 1。这就意味着，每位注册的新用户要成功将产品介绍给一位或者更多的人。但是，如此高的病毒性几乎不可能实现，而且即使实现了通常也只能维持很短的时间。为了让大家更好地明白这个目标有多么不切实际，我们来简单看看病毒系数是如何计算的。不用紧张，这个公式很简单。[17]

病毒系数（K）= 客户发出的邀请数 × 受邀者中接受邀请的人数比例

假设你有 25 000 名用户，并且实施了一个推荐计划，25% 的用户向别人发出了邀请。平均每人发出 5 份邀请，平均 10% 的受邀者接受邀请。这就意味着你获得了 3 125 位新用户，也就是说病毒循环的第一圈用户数量就增长了 12.5%。这种结果对于任何一种营销而言都是巨大的成功。但这个推荐计划的病毒系数是：5 × 10%=0.5，远远低于病毒性定义中的 1.0。

病毒性增长的定义我们就说到这里。我们想要说明的是，增长团队不是不应该尝试病毒性增长，而是需要更切合实际地评估病毒性潜力。我们鼓励团队尝试创造病毒循环，而且我们还鼓励它们针对每个产品创造若干个病毒循环。但与此同时，团队在内部成员之间以及与管理层进行交流时应该设定并且传达切合实际的期望。

与其担心你的病毒系数（我们已经说过，它并不可靠，而且也不能反映决定病毒式增长的关键因素），不如使用脸谱网前总裁肖恩·帕克设计的简单公式来评估你更可能实现哪种程度的病毒性。肖恩告诉脸谱网的早期员工，**任何产品的病毒性都是由三个因素决定的：有效载荷（payload）、转化率（conversion** rate）和频率（frequency）。它们之间的关系可以通过下面这个简单公式来表示：

病毒性 = 有效载荷 × 转化率 × 频率

有效载荷是指每位用户每次向多少人发送广告（或者链接、微件等）。拿 Hotmail 来说，大部分用户每次只向一位联系人发送邮件，有少数用户发送小规模的群邮件，只有极少数的人一次性向许多人发送个人邮件。所以 Hotmail 的邮箱签名注册链接的有效载荷很低。第二个因素是邀请转化率。Hotmail 的转化率很高，这是因为当时人们从未听说过免费邮箱，所以对它很感兴趣。最后一个因素是人们收到邀请的频率。对 Hotmail 来说，它指的是人们发送邮件的频率，这一频率很高，因为大多数邮箱用户非常频繁地给朋友、家人和同事发邮件。所以，即使 Hotmail 的有效载荷低，但是高转化率和高频率使 Hotmail 的链接极具病毒性。在创建病毒循环时你的目标就是要优化这三个变量，以创造增长。

当你开始考虑测试哪种病毒循环时，你需要做出几个关键决定。首先，你需要选择发送邀请的方式。对于最好的病毒循环而言，邀请应当是用户使用产品的自然结果。Hotmail 便是如此，用户只管发送自己的邮件，无须多做什么，而邀请内置于邮件当中，所以这样的推荐是完全被动的。然而，不给用户添任何麻烦并不总是行得通，通常你需要给用户提供奖励。最佳做法是提供双向奖励，也就是同时给发件人和收件人提供奖励。如果你的有效载荷本来就高，可能就无须使用非常有吸引力的激励措施来达到目的，因为即使发出邀请的比例很小，叠加效果也会非常显著。但是，如果你的有效载荷低，可能你就需要一个更具吸引力的双向奖励来提高你的转化率和频率。[18]

公司在试图优化病毒循环时往往会掉入一个陷阱：想方设法增加收到推荐的人数，以致用户和收件人对此产生强烈的反感。那些无意间给自己所有的邮箱联系人发送下载 App 邀请的人就能体会到这会让人多么恼怒。用户体验专家将那些用来骗用户做他们通常不会做的行为的伎俩称作黑暗模式。虽然一些黑暗模式在短期可能奏效，但是从长远来看，用户之后产生的抵制情绪将会最终拖垮增长。这些伎俩带来的负面评价和负面情绪足以摧毁最好的产品——这样的事情并非没有发生过。

挖掘产品的网络效应

最好的循环能够激励用户主动帮助公司吸引更多新用户，因为这样做可以改善他们自己的产品体验，脸谱网或者领英就是这样。因此，具有网络效应的产品在获得病毒式增长方面具有得天独厚的优势：使用产品的人数越多产品体验就越好，所以人们是愿意鼓励其他人加入的。社交网络和即时通信 App 是最明显的例子，像易贝和 Etsy 这样将卖家和买家直接联系起来的平台型企业也属于这类，因为使用这些平台的人越多就意味着卖家能够获得更多的潜在顾客，而买家则可以有更大的选择空间。

一些产品本身不具备这样的特质，就比如食品连锁店 App。如果你向邻居推荐这个 App，这对你自己的用户体验不会产生任何影响。但是，很多公司都拥有一定程度的网络效应潜力，即使这一潜力并不是显而易见，公司也能够并且应该去发掘这方面的潜力。比如 Dropbox，用户存储的文件越多就越有可能邀请别人加入 Dropbox，以实现合作办公。而用户身边使用 Dropbox 的人越多，分享文件也会变得更加容易。

这就是为什么下功夫去了解用户如何使用产品、了解如何创造并优化潜在循环对于挖掘由网络效应驱动的病毒式增长至关重要。

Eventbrite 正是通过发掘它的网络效应潜力创造了强大的病毒循环。这家公司是一个活动推广平台，它通过对网站售出的活动门票收取提成来盈利，同时它还非常聪明地通过鼓励购票者和朋友分享他们将要参加的活动来创建一个内置的由社交网络驱动的循环。显然，这样做既可以吸引更多用户又可以增加门票销量，同时购票者也能从中获益，因为更多朋友去参加活动通常会让他们自己的体验更棒（当然这取决于是什么样的朋友）。这个循环也帮助 Eventbrite 吸引更多的活动主办方，因为这些分享循环可以帮助主办方售出更多门票。实际上，Eventbrite 发现，每发送一个分享链接就会为活动主办方带来 3.23 美元的额外收入。[19]

创造与产品核心价值契合的激励机制

如果用户体验本身并不对用户分享产生激励，那么你可能就需要创造这样的激励措施，通常的做法是提供某种奖励。但关键是，用户完成推荐后得到的奖励不管是什么都必须与产品的核心价值相关。比如，客户向至少三个人推荐食品商店 App 就会获得商店赠送的花瓶。一些顾客可能会觉得这个奖励很诱人，但也有很多人觉得送花瓶很奇怪，因为这并不符合人们对食品商店的预期。但是，如果这家连锁店当时正在推出鲜花服务，那么显然送花瓶就与它的产品推广是一致的。前面我们讨论过语言—市场匹配和产品—渠道匹配，我们可以把这个称为产品—奖励匹配。

这正是 Dropbox 推荐计划的天才之处。Dropbox 产品的核心是存储并轻松分享文件，所以，更多人使用 Dropbox 的服务完全符合用户自身的利益，而且获得更多的免费存储空间这种奖励也完全契合产品的核心价值。在这里可以学到的一个经验是：无论你出售的是服务、实物商品或是某种类型的信息或内容，你的激励措施应该尽可能与之紧密契合。

现金奖励也可能有效，但是如果想要获得最佳效果，现金奖励同样应该符合产品的核心价值。Airbnb 向邀请者和受邀者各提供 25 美元的现金奖励，供他们下次在 Airbnb 上预订房间时使用。这种情况下，使用与产品或者品牌有关的信息传达十分重要。就拿 Airbnb 来说，它建议用户将 Airbnb 带给他们的当地生活的独特体验分享给朋友，而不仅仅是直白地提供现金奖励。

同样，食品商店 App 团队设计的推荐计划为每位使用 App 的顾客提供 10 美元的优惠券，供他们下次购物时使用。这似乎是个不错的做法，因为它其实就是一次性的购物折扣。但是，提供现金奖励甚至包括折扣奖励的缺点是，人们很容易比较奖励的价值和获取奖励需要付出的努力。所以，如果现金奖励力度不够大就很难激励人们采取行动。比较一下给用户 10 美元的现金奖励与给他们 16G 的 Dropbox 免费空间这两种做法。16G 的存储空间值多少钱呢？用户很难弄清它的价值，但是感觉上它很值钱。但实际上对于 Dropbox 来说，提供 16G 免费空间的额外成本非常低。

让分享邀请成为用户体验的有机组成部分

向用户发出分享邀请必须拿捏好分寸：提示语不能太强势，否则会被看成是过度营销而惹怒顾客，但同时又要确保用户能够看见提示语。把握这个分寸，最好的办法是尽可能地将提示无缝嵌入用户体验中。太多的公司事后才考虑将推荐计划融入产品（这也是为什么产品经理、设计师和工程师都应该加入增长团队，因为这样他们就可以在产品开发初期将这些因素考虑进来），而且将其放到几乎无人问津的网页或视屏上。遗憾的是，能见度低注定了产品永远不会获得足够多的关注以启动病毒循环。更好的做法是将提示嵌入访问频率更高的地方，例如新用户体验或者主屏上。在摩根曾就职的现场演出票务平台 ScoreBig，增长团队把推荐计划融入新用户体验之后，用户向朋友发出的邀请数量激增。相比之下，以前用户要在网站主页顶部的一个角落里才能找到一个小小的推荐链接。

你在浏览网站和 App 时如果稍加留意就能很快发现哪些做法有效而哪些无效。领英用户一加入就能看到自己与哪些人可以建立联系，用户的邮箱联系人也会自动导入，以帮助用户建立关系网。优步在显示你当前乘车信息的屏幕上醒目地宣传鼓励用户邀请朋友加入的奖励措施。仔细观察你会发现，大多数获得口碑式病毒增长的公司都曾费尽周折努力使它们的原生病毒循环既显而易见又充满吸引力，使用户愿意自发地发出邀请。

确保受邀者获得满意的体验

另一个常见的错误是，受邀者回应了邀请而你却没有优化他们获得的体验。例如，还没有告诉受邀者这个网站是做什么的或者他们为什么应该加入就冒失地要求他们创建账户。

对比 Airbnb 为受邀者打造的绝佳体验就能明白。首先，邀请的内容包含了邀请者的姓名和照片，还有专门写给受邀者说明奖励措施的一段话（根据本书写就时的情况）：“你的朋友摩根为你在 Airbnb 上的第一次旅行省去了 25 美元，Airbnb 是最好的旅行方式，一定要感谢你的朋友！”它的行为召唤也很简洁醒目：一个写着“领取奖励”的大按钮。这样做的好处是双重的：受邀者将不仅更乐意回应邀请，他们自己也更愿意发送这样的推荐邀请，因为现在他们知道他们向朋友发送的不是垃圾信息，也不是过于强势的邀请。

试验，试验，试验

记住，大多数“一举成功”的案例都需要大量试验做铺垫，成功的病毒循环也不例外。你在本章读到的那些绝佳策略并非凭空产生，而是大量测试和优化的结果，而且在这个过程中增长团队也会有许多意外发现。在 Dropbox，肖恩和他的团队惊讶地发现，如果在分享文件的邀请中突出在线存储空间这项奖励，转化率反而会受到影响！但是如果欢迎页面强调的是这项服务如何促进协作和文件共享，转化率就会飙升。为什么呢？这是因为那些受邀者还没有产生想要获得在线存储空间的欲望，但是能够与邀请者或者任何其他人轻松分享文件这一点却能立刻使他们动心。事后看来这是有道理的，但是，如果 Dropbox 的增长团队没有进行试验，他们很有可能永远也意识不到这一点。

领英也同样惊讶地发现，相比原来的用户提示语，如果建议用户发送更多邀请——但也不能太多——那么邀请计划的效果会更好。一开始提示语建议用户邀请两个人。但增长团队并没有就此罢休，他们增加了邀请数量并进行测试，结果用户照做了。但当团队将邀请数量增加到 6 份的时候，用户反应开始变得冷淡。增长团队最终发现，建议用户发出的最优邀请数量是 4 份。[20]

重点是，很多最出色的增长手段都是无意间发现的。你在本章读到的方法可以帮助你找到这些手段，并且是通过有策略、高效且低成本的方式找到它们。

好了，我们已经探索了如何获取大量新用户，现在让我们详细谈一谈如何确保他们成为活跃用户。

第六章

激活：让潜在用户真正使用你的产品

好不容易吸引来潜在用户之后，接下来又该如何让他们真正使用你的产品，或者，拿增长黑客法中的行话来说，如何激活他们呢？遗憾的是，很多企业在这点上的做法都不对。实际上，98% 的网站访问量都未能引发激活，而大部分移动 App 都在三天之内损失近八成的用户。[1]

提高激活率的核心在于让新用户更快地体验到“啊哈时刻”。感受到产品不可或缺的人越多，忠于产品的用户就越多。增长黑客过程提供了一系列严格的步骤来帮助你寻找阻碍人们获得“啊哈体验”的因素，然后通过测试增长手段来提高激活率。要提高激活率并没有一个现成的公式可以套用，产品不同具体的做法也不同，而且试验想法应该来源于对具体数据的分析。幸运的是，增长黑客过程提供了一套实战指南来帮助你做到这一点。

本章我们将首先介绍每个增长团队在寻找具有最大影响力

的激活试验时必须采取的三个关键步骤，然后介绍实现快速增长的公司提高激活的最佳做法。本章最后一节将专门讨论效果最好但又常常被误用的策略：使用触发物，也就是能促使用户重新接触产品的刺激物。我们将详细介绍怎样正确使用触发物这把双刃剑。

绘制通往“啊哈时刻”的路线图

破解激活的第一步是找出通往“啊哈时刻”的所有节点。假设在打造产品不可或缺性的过程中你已经知道是什么让产品获得这个魔力瞬间，下面我们就用食品商店 App 的例子来为大家演示如何绘制全程节点图。可能你还记得，第三章中团队已经发现 App 的“啊哈时刻”是当顾客意识到他们可以随时随地轻松快捷地购买食物的那一刻：只要有一点闲暇时间，或者当他们在外奔波、忙于生活时突然想起需要买什么，就可以见缝插针地使用 App 来进行购买。

下一步，团队需要列出新用户在体验到“啊哈时刻”之前必须完成的所有步骤：他们需要下载 App，找到所需商品，将其放入购物车，创建账户并输入自己的姓名、信用卡和配送信息，然后点击购买。要使这种体验真正变得不可或缺，还需要确保他们在家里准时收到购买的所有商品。

读到这里你可能会想，可能导致用户最终放弃购买的因素太多了，比如，他们对 App 失去了兴趣、因为购买不顺利而退出 App、App 速度太慢让人失去耐性、用户可能觉得搜索商品太麻烦以及账户创建过程太复杂等等。但是，有一点要记住，在增长黑客法中永远不要想当然地揣测用户行为背后的原因。你应该仔细研究用户行为数据，基于你的观察对用户展开调查，这样才能把精力最高效地集中在测试那些可能具有最大潜在影响力的改变上。即使你觉得自己知道激活的障碍在哪里，真实的情况也有可能令你大吃一惊。

一旦确定了通往"啊哈时刻"的所有步骤，接下来寻找障碍，找到用户逃离原因的第二步就是计算每个步骤的转化率，换言之，要计算整个用户旅程中完成每个步骤的用户比例。

创建转化和流失漏斗报告

测量转化率的最佳途径之一是创建漏斗报告（funnel report），也就是显示抵达用户旅程中每个关键步骤的用户比例（同理，它也显示每个环节的流失率）。下图是 Kissmetrics 假想的一个最基本的漏斗报告，从中我们可以看出初次访问和注册这两步之间存在着非常普遍的流失现象。

当然，选择哪些步骤来计算用户比例要视具体产品而定。对于这个假想的产品而言，这些步骤包括：初访、注册、激活和付费。如果是其他公司，比如优步，漏斗报告可能会显示下载

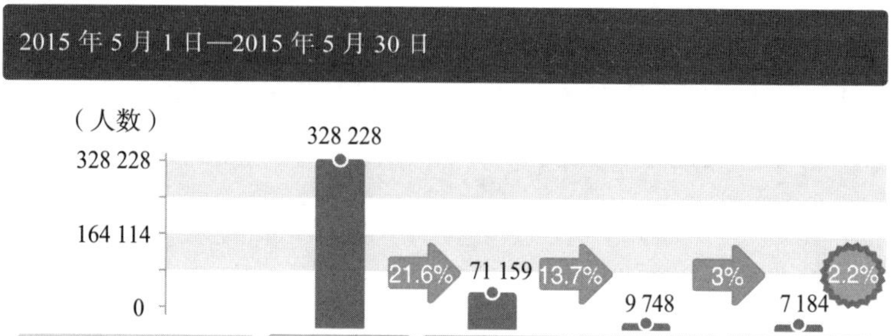

渠道总览	访问网站	注册	激活	付费
渠道：初始值	328 228 (100%)	71 159 (21.6%)	9 748 (3%)	7 184(2.2%)
有机：谷歌	130 636 (100%)	25 898 (20%)	3 427 (3%)	3 136 (2.4%)
直接	95 344 (100%)	18 256 (19.1%)	2 534 (3%)	2 177 (2.3%)
社交：推特	83 581 (100%)	11 630 (14%)	2 113 (3%)	755 (0.9%)
付费：脸谱网	10 542 (100%)	8 527 (81%)	936 (9%)	585 (5.5%)
付费：谷歌关键字	8 125 (100%)	6 848 (84.2%)	738 (9%)	531 (6.5%)

图 6–1　一个简单的漏斗报告

资料来源：Kissmetrics

App、打开 App 的用户比例，创建新账户的人数，预约车辆以及给司机评分的用户比例等。对于其他公司，这些步骤可能包括邀请朋友、下载白皮书、观看视频或者参观实体店等不同的内容。无论针对什么样的产品，最关键的一点是你应该全程跟踪抵达激活时刻之前用户旅程中的所有关键步骤。

除了跟踪关键行为的转化率以外，报告还应该跟踪访客接触产品的途径或渠道，不论这一渠道是谷歌搜索还是关键字，是脸谱网还是推特，是在线横幅广告还是用户推荐等。不同渠道在激活率上的惊人差异能够给你带来重大发现，让你回过头去对按上一章介绍的步骤选出的获客渠道重新进行测试。一旦获得了数据，你就可以找到活跃用户、一开始活跃但逐渐失去兴趣的用户以及从来就没有被激活过的或者“跳出”的用户之间存在的差异。从根本上讲，这份报告详细总结了每种渠道中阻碍用户迈向下一步的因素，因此它可以帮助你提升新用户转化为活跃用户的比例。

我们来看一看食品商店 App 团队在这个阶段是怎么做的。增长团队中的数据分析师将创建一个漏斗报告，并且分别计算下载和打开 App、搜索欲购商品、将商品放入购物车以及创建账户完成购买这几步的用户比例。除此以外，他们还要跟踪另外一些关键步骤，例如商品特价或促销所激活的用户比例，比如之前我们介绍过团队曾试验用户初次下单即可享受 10 美元优惠这一增长手段。我们假设团队推出了之前被放入开发计划的购物清单功能，而且这个功能已经投入使用两个月。他们还将计算将商品加入购物清单的用户比例以及之后购买清单中商品的用户比例。

通常，只要团队按照第三章列出的步骤确定了指标并且建立了跟踪路径，那么激活漏斗报告就会一目了然。诸如 Kissmetrics、MixPanel、谷歌分析和 Adobe Omniture SiteCatalyst 这样的网站分析工具都能基于具体事件创建漏斗，并且提供各种各样富有创意并且实用的渠道可视化和跟踪工具。有时情况会稍微复杂一些，尤其是当创建激活漏斗牵涉多个数据源的时候。但是，即使要在其他地方寻找数据，数据专家也能找到真正具有挖掘价值的数据源，创建出漏斗报告。（再一次说明了为什么每个增长团队都需要一位数据分析师！）

团队成员分析数据时惊讶地发现，大量 App 用户将商品放入购物车后没有添加信用卡信息就离开了页面。而且许多用户搜索的商品数量并不多，相比之下，那些下载 App 后的第一周最活跃的用户第一次访问 App 就浏览了许多商品。他们还发现，那些使用购物清单功能的用户完成购买的比例很高，而且其中许多人后来都成了回头客。

有了这个数据就能清楚地看出，最大的障碍在于结算体验。所以接下来团队需要试验如何让用户更轻松地结算，或许可以尝试一种新的更加便捷的支付方式。同时，考虑到新增用户的搜索量不高，团队还应该试验怎样鼓励初访者浏览更多商品，例如可以让用户更轻松地在 App 主屏上搜索商品，或者通过突出显示各种特价商品来让搜索更具吸引力，或者在醒目的位置向用户推荐 App 上值得探索的内容（比如设置一个“最受欢迎产品”界面）。

所以，有很多改进方法可供团队选择。但是，在他们开始试验之前，还有一个数据挖掘的工作要做：他们必须走到用户当中去开展用户调查和访问，进一步找出数据所揭示的用户行为背后的原因。这将极大帮助团队缩小关注范围，找出最具潜力的增长手段。

肖恩创建的在线问卷调查公司 Qualaroo 的增长团队通过这种方法找到了提高转化率的增长手段。通过深度分析用户数据，找出免费试用 Qualaroo 后购买产品的用户和试用后最终没有购买的用户之间存在的差异，我们发现那些最终购买产品的人当中大多数在试用调查问卷时收到了至少 50 条反馈。因为产品的“啊哈时刻”是从调查问卷中获得对行动有指导意义的用户反馈，所以我们断定 50 条问卷反馈是一个拐点，超过这个数字，调查问卷的价值就显现出来了。

为了让更多用户体验到“啊哈时刻”，我们做了许多试验来提高新的试用者从每份调查问卷中获得至少 50 条反馈的概率。我们针对如何选择问卷调查类型从多个方面加强了用户教育，比如编写了新的邮件营销文案，推出视频教程，指导用户针对不同类型的问题选择不同类型的问卷，以及在哪里开展问卷调查等。我们还把向新用户推荐的问卷调查改为那些应用范围更广、回复率更高的问卷，比如净推荐值[①]调查。最后我们交给了负责用户成功购买的团队一个任务，要他们主动联系访客，向他们提供关于问卷发布的建议。所有这些试验使我们在产品成本翻了三倍的情况下仍然大幅提高了用户激活率。

---

① 净推荐值（net promoter score），又称净促进者得分，是一种计量某个客户将会向其他人推荐某个企业或服务可能性的指数。——译者注

用户调查中的注意事项

你可能有过这种经历：当你在 App 或者网站上浏览页面或者准备买什么的时候眼前突然跳出一个问卷调查。对增长黑客专家而言这可能是非常有效的发掘工具，但对于用户来说却很令人厌烦。为了得到最有用的反馈并且确保它不会令人反感，问卷调查必须非常简短且发出时必须满足两个主要条件：（1）用户活动反映出用户的困惑，例如他们在某个页面上停留时间过长，或是离开了 App 某个屏或者网站某个页面；（2）用户刚刚完成很多人没有完成的步骤，例如创建账户或者点击购买。这两种情况下开展问卷调查可以让我们获得宝贵的洞察，弄清楚用户为何决定完成下一个步骤，或者为何没有这样做。

我们建议最多提一两个问题，既可以是开放式问题也可以是选择题。我们更倾向于开放式提问，因为这样可以避免引导用户按照你的先入之见来回答问卷。让用户畅所欲言往往能带来意想不到的结果。比如，也许食品商店 App 团队认为顾客没有结算明显是因为支付方式过于复杂。但是，问卷调查结果可能显示更主要的原因是用户不确定自己是否需要承担运费，或者可能是他们忘了可以让他们享受首次购物折扣的优惠码。这样的定性信息是无法单靠硬数据获得的，这也是为什么开展用户问卷调查是整个过程中的重要一环。

如果你有用户的联系方式，就可以通过邮件或者电话这种直接的交流方式询问他们这些问题。

对于那些浏览后就“跳出”、没有留下任何联系方式的用户，你可以设计出只有当用户的浏览行为暗示他们即将离开页面或界面时才跳出的调查问卷（诸如 BounceExchange、Qualaroo、Qualtrics 这样的网上调查公司都可以提供此类工具）。你一定会惊讶地发现，很多人都愿意在离开前停下来回答你的问题（问卷越简洁回应率也会越高）。这种情况下，你需要询问用户为何不迈入下一步。提问可以包括：

- 在这个环节有没有什么因素阻碍你注册？
- 你是出于什么顾虑而没有完成订单？
- 你今天没有购买任何商品是什么原因？
- 你需要知道什么样的信息才会放心地注册？

要想知道用户为何会在某个节点放弃购买，最有用的回答往往来自那些没有放弃购买的用户。这看似有违直觉，却是事实。例如，要弄清为何这么多人在访问商店 App 之后没有下单，增长团队应该调查那些刚刚完成购买的用户。毕竟，这些成功下单的用户同样遇到了令其他顾客却步的障碍，而且他们还可能道出当别人离开时他们为何仍然选择继续购买。因此，App 团队可以在订单确认页面显示一个简短的问卷调查，询问顾客“哪个因素让你差点放弃购买？”我们发现，用户对于“哪个因素”这个问题的反应率极高，有一些回答甚至让人瞠目结舌。当然，你所提的问题需要根据你询问的流失节点而定。还可以提一些其他的问题：

- 你希望在这个页面找到什么？
- 此页面是否包含你想找的信息？
- 今天你访问我们的网站/App是出于什么原因？
- 今天是什么促使你下单？
- 我似乎应该能够在这个页面上……（做什么）
- 我们的结算流程还有哪些地方有待提高？

一旦团队完成这些工作，他们手中就既有数据又有用户反馈，此时就可以开始评估第一轮试验想法了。我们假设他们决定优先进行两个试验。因为问卷调查结果显示，用户没有购买就离开通常是因为他们记不住优惠码，所以团队应该尝试将用户首次购物的优惠码自动添加到结算页面。这个改变不仅可能优化结果，而且还比完全重新设计App购物车更快更省钱。

此外，数据显示，那些将商品加入新购物清单的用户中有许多人最后都完成了购买。这让团队决定测试在用户安装App后在App主屏醒目的位置推广购物清单功能。

完成这些改变后激活率开始上升。但是团队可能还需要针对每个想法进行多个试验才能优化激活。一定要记住，增长黑客法中永远没有一劳永逸的灵丹妙药，看起来绝妙的想法也有可能失败。

坚持到底终将获得回报

为了说明这个过程中你会有怎样出人意料的发现，我们来仔细看一看 Hubspot 的增长团队为提高新产品 Sidekick 的使用率而进行的一系列试验。Sidekick 可以帮助销售人员跟踪监测邮件推广的效果，当时这个产品正在经历所有刚上市的新产品都面临的问题：口碑营销实现了很高的有机获客，但激活率却依然低迷。为了弄清楚原因，Sidekick 团队首先深入分析数据，寻找试用后一直使用产品的用户与安装 Sidekick 后一次也没用过的用户之间存在的差异。

首先，他们将用户按照相同特征进行分类。他们首先考虑的是普遍存在的差异，比如按照谷歌、脸谱网这些不同流量源[①]来分类。然后按照用户的职业、发送邮件的类型、使用 Sidekick 的目的，比如是进行销售勘探[②]、公关宣传还是出于其他目的，以及用户使用的邮件服务商（例如是 Gmail 还是 Outlook）等因素来进一步分类。他们发现，那些用工作邮箱注册的用户相比使用个人邮箱注册的用户激活率更高。因此，他们做的第一步就是测试让人们使用工作邮箱而非个人邮箱注册。（我们在 Qualaroo 也有

---

① 在网站分析中，流量源（traffic sources）指的是网站访问的发起者。通常是搜索引擎、来源网站或电子邮件链接。也称为“获取源”（acquisition source）。——译者注

② 销售勘探（sales prospecting）指为产品或服务寻找新客户的行为，通常由销售人员完成。——译者注

同样的发现，所以我们在注册表中通过语言引导用户使用工作邮箱，如果他们的邮件是以 @gmail.com 或者 @hotmail.com 结尾的话就无法完成注册。）

他们还有另一个发现：那些没有成为活跃用户的人当中大部分在安装完应用后发出的邮件数不超过一封。为了探明原因，团队开始从弃用产品的用户那里收集反馈意见。他们拿到结果时着实吃了一惊，因为用户之所以弃用是因为他们不知道如何使用产品。过去团队一直确信他们的 App 简单易懂、操作方便，一旦安装，Sidekick 马上就能在后台运行。但数据显示完全不是那么一回事儿。因此团队得出结论，应该就教育用户的方法进行试验，帮助他们学会使用这个邮件跟踪功能。

团队尝试在访客完成安装后进入的着陆页上增加不同类型的使用说明，并且就通过视频向用户展示如何使用产品的做法进行测试，还向访客展示了一份在使用这个产品时会收到的显示已发送邮件状态的报告样本。但结果令他们很失望，没有一种试验最终提高了激活率。团队一共进行了 11 项试验，但问题依然没有得到解决。这时，备感困惑的团队决定退回去重新分析数据。也许用户教育不是症结所在，问题的关键可能在于如何让用户更快地体验到“啊哈时刻”。如果安装完成后不跳转到着陆页，而是出现一条信息告诉用户已经完成安装可以开始发送邮件，效果又会怎样呢？这一次试验成功了。这条信息似乎就是用户最需要的触发物，促使他们开始使用 App，这个 App 的实用性很快就会令他们着迷。所以增长团队就增加了这条信息，激活率随之大幅提高。

但团队并没有就此罢休。他们接着又进行了 68 个不同的试验，其中一些有成效，一些没有，但许多试验给他们带来不少意外的发现。所有这些都给了他们灵感和启发，最终激活率大幅上升。这就是一个正确运用增长黑客法的完美例子。[2]

我们可以从这里学到的关键一点是：你无法预知哪些试验最有效。你所能做的只是保持灵敏并且靠数据说话：根据你的发现不断调整试验，而且如果试验不像之前假设的那样有效，那就得随时准备做出调整并尝试其他方法。

尽管肯定存在一套提高激活率的最佳做法，而且我们接下来也会介绍，但是不能把它们当作必须遵守的操作规则，只能把它们看作范例和试验的灵感源泉。记住，每个产品都不一样。如果仅仅关注具有共性的问题而没有找到你的特定用户群面临的激活障碍，那么你将永远不会成功。

最根本的一点是：没有捷径。但是，如果按照前面介绍过的三个步骤来操作，那么你就能迅速发现可以显著提高产品激活率的思路和洞察。我们再来回顾一下这些步骤：明确让用户体验到"啊哈时刻"所需的所有步骤；创建一个显示每个步骤转化率的漏斗报告并按照访问渠道对用户进行分类；对那些在流失率很高的环节依然继续使用产品的用户以及弃用产品的用户进行问卷调查和采访，找出流失原因。你可以基于这些信息设计出新的、具有很强针对性并且效果显著的试验，以改善激活。

下面我们来看一看最常见的激活障碍，以及如何设计增长试验来避免这些障碍。

消除用户体验中的摩擦

在用户体验设计中，摩擦（friction）是指阻碍人们完成他们想完成的行动的令人心烦的障碍。比如，你正在读文章的时候眼前突然跳出一则广告，或者验证码中的字母过度扭曲，迫使你反复输入好几遍才成功提交表格。对于实物产品而言，比如咖啡机，摩擦可能是设置自动冲煮时间的程序复杂到令顾客抓狂。摩擦让人厌烦，这一点我们都深有体会。但需要小心的是，我们很容易注意到自己使用的产品的摩擦，但往往看不到自己参与开发或者参与营销的产品的摩擦。这可能是因为我们太了解产品的工作原理，所以我们的大脑根本想不到那些阻碍。当设计师看到用户磕磕绊绊地使用自己设计的产品时，才惊讶地发现用户使用产品时竟然遇到那么大的困难。我们将大量注意力放在如何消除在线产品的用户体验中的摩擦，但其实摩擦无处不在。它可能是电商平台上要求用户先创建账户再购买商品的结算页面，也可能是要你对从未用过的 App 进行打分或评价的弹出式广告，还有可能是无法识别加拿大字母加数字邮编[①]的美国邮编输入框。

① 加拿大邮编采用 6 位数字和字母混合组成的方式，而美国基本的邮政编码是由 5 位数字组成。——译者注

每遇到一个令人心烦的障碍用户都会想："这值得吗？"如果产品价值不是足够清晰、吸引力足够大，那么哪怕很小的麻烦也会赶走用户，而且常常是永远将他们赶走。

肖恩设计了一个简单的公式来帮助人们时刻记住不断减少摩擦的重要性：

欲望 – 摩擦 = 转化

如公式所示，访者越想得到产品，他们就越愿意克服更多的摩擦。这就是为何产品的早期用户对于新产品或者羽翼未丰的产品而言简直就是天使，因为当产品还存在严重瑕疵时，这些用户愿意使用产品，甚至不惜为此付费。摩根有一个令人羡慕的 Gmail 邮箱地址，这是因为当 Gmail 还处在试用阶段时，他为了得到想要的 Gmail 邮箱地址竟然到易贝上去购买 Gmail 可遇而不可求的邀请码。欲望如此强烈的用户（这也可被当成一种疯狂）愿意忍受各种问题和麻烦带来的不便，但其他人却不会。

为了优化激活，你既可以增强用户欲望也可以降低他们遇到的摩擦。不过，让产品更加完美通常比发现和消除摩擦更困难。换句话说，消除摩擦是垂得更低的果实，这也是为何许多最成功的增长团队在这个方面下了很大功夫。

你可以把漏斗转化报告看作寻找用户旅程中摩擦源的路线图。有时只需要找到流失严重的节点就能发现应该首先消除或者重新设计哪些障碍点，并设计出相应试验，常见的例子包括下载缓慢以及购物车故障等等。但是，也许最大的摩擦点就是整个用户旅程的起点——新用户体验。

优化新用户体验

设计并优化新用户体验，首要原则是将其视为用户与产品的一次独一无二的邂逅。新用户体验应该被当成一个独立的产品。也就是说，你需要设计一种独特的体验来吸引用户一直使用产品并看到产品带来的价值。创造独立的体验意味着在网络产品本身或者非网络产品的公司或品牌网站上创建一系列独立的页面。这样做的一大好处是可以使增长团队更容易地试验新用户体验，因为这样他们就不用担心试验干扰到现有用户的使用体验。

第二个原则，新用户体验的第一个着陆页必须完成三个根本任务：传达相关性，展示产品价值和提供明确的行为召唤。布莱恩·埃森伯格（Bryan Eisenberg）被誉为转化率优化教父，他将这三个要素称为“转化三位一体”（conversion trinity）。相关性是指网页与访客目的和欲望之间的匹配度：“这是他们想要的吗？”展示产品价值是指迅速并且简洁地回答访客的疑惑：“我可以从中得到什么？”最后，行为召唤为访客提供一个极富吸引力的下一步行动。所有这些都是企业应该自然而然就能想到的，但遗憾的是，大多数着陆页要么没有这些要素，要么要素不完整。

优化页面通常需要进行许多语言方面的试验。和前面一样，这不仅包括试验品牌标语和行为召唤，还包括为图片所配的文字信息以及出现在网页分区或者某些角落的文字表述。和文字表述同样重要的还有页面的美感。所以你需要测试文字和图片大小、位置以及比例。测试页面简化、文字和（或）图片的删减也同样重要，有时则需要增加一些解释性的文字和（或）图片。

简而言之，应该对新用户体验的所有要素仔细进行问题排查。在这一方面，有两大策略经实践证明可以十分有效地消除摩擦并且广泛适用于各种业务和产品。

单点登录

简化注册过程是试验的关键内容之一，因为通常情况下减少人们必须提供的个人信息可以大幅提高注册量。现在脸谱网、推特、领英、谷歌等公司已经为网络和移动开发商提供了简单的登录应用，用户可以通过已有账号进行注册，这个功能被称为单点登录（single sign-on）或者社交账号登录 (social sign-on)。它在降低注册过程中的摩擦方面堪称规则颠覆者：只需点击鼠标就能创建新账户。这可以极大改善转化，对移动设备更是如此，毕竟在移动设备上录入数据更麻烦。

尽管使用单点登录的通常是消费品公司，但它同样适用于 B2B 企业，数据分析公司 Kissmetrics 对此就深有体会。这家公司的增长团队曾试验将“用你的谷歌账号登录”作为公司主页上唯一一个行为召唤，没有输入邮箱账号和密码的选项，只能与谷歌账号绑定，除此之外别无他法。按 Kissmetrics 联合创始人尼尔·帕特尔的说法，他们的注册量几乎在一夜之间飙升了 59.4%。[3] 但我们在前面也提醒过大家，对产品 A 有效的方法并不一定适合产品 B。所以，虽然这样的改变很诱人，但首先必须对它进行测试。在英曼，摩根的团队测试取消单点登录后转化率提高了 24.8%。所以并不存在一招鲜的增长手段。

翻转漏斗

要减少阻碍用户迅速体验“啊哈时刻”的摩擦，最大胆的做法是翻转漏斗（flip the funnel）。也就是说，在邀请访客注册之前先让他们体验产品带来的乐趣。HelloBar（免费网站置顶通知工具）就利用这个策略极大地提升了激活率。利用 HelloBar，网络营销团队可以轻松向网站访问者展示重要的即时信息。他们先让用户编写好 HelloBar 信息，等到一切就绪，也就是用户已经花时间创建好第一条个性化信息之后，公司才邀请用户注册。这将激活率提升了 52.11%。[4]

同样，在线支付公司 Stripe 先给用户提供一小段代码，使他们可以马上使用产品，等到发生真正的资金交易时才要求用户提供账户细节。这使更多潜在用户在决定创建账户之前能够试用产品并体验到“啊哈时刻”。这个方法对于非网络产品同样奏效。时尚眼镜品牌 Warby Parker 会在顾客购买前给他们寄去五副镜框，让他们选出自己喜欢的款式，最后才让顾客决定买哪一副。这些公司都翻转了典型漏斗中的一些关键节点，从而成功地消除了摩擦。

优化与阻力的角力

通常，在提升新用户激活率时你可能需要靠增加阻力来引导用户进入后续环节。一方面要引导用户完成整个过程并最终实现激活，另一方面又不能给用户带来过多负担，令他们望而却步。Airbnb 就通过一系列试验实现了这二者间的微妙平衡。通过分析数据 Airbnb 发现，绝大多数注册用户都是在最后一刻也就是马上就要预订房间时才完成注册。Airbnb 团队希望将激活时间提前到用户浏览房间时，这样他们就可以了解用户最感兴趣的地点和房间类型，之后用户想要预订房间时团队就可以更好地根据用户需求和喜好有针对性地向他们展示房屋特征，从而提高预订率以及用户对 Airbnb 的整体满意度。

团队首先尝试了一个轻量级甚至是有些粗糙的试验（记住，在对试验进行优先排序时，从小处着手一定不会错！），他们在网站底部增加了一个醒目的长条说明注册的好处。如果访客对这个行为召唤无动于衷，他会在下一个页面乃至下下个页面看到新的注册提示。

第一个试验的结果非常耐人寻味：注册率明显上升，但预订率却下降了。提示似乎阻碍了一些人继续搜索和预订。团队深入分析数据后发现，增加的注册量带来了许多有价值的回报，比如用户向潜在新用户发出了更多邀请以及新用户将更多房间放进心愿单，这让团队更加了解用户的偏好。接下来团队决定试验减小提示信息造成的摩擦，以同时获得更多的注册和更多的预订。

他们专注于优化提示语的显示方式，包括提示的设计和出现的频率。在其中的一次试验中，团队将注册提示出现的频率从每个页面出现一次降低到每 5 个页面出现一次。改变提示频率后，之前上升的注册率降低了 4 个百分点，但提示对预订产生的负面影响完全消失了。团队还尝试给行为召唤配上更多文字信息以鼓励用户注册，包括插入对入住很满意的用户的评论以及一些说明注册价值的文字。结果十分出人意料，他们发现，增加文字说明竟然损害了注册率。他们分析这是因为文字干扰了用户，使他们分心。[5] 这是一种更为微妙的阻力类型。这类阻力并不会使用户感到反感，却阻止用户或访客完成你希望他们完成的行为。你只能通过试验来发现是否存在这种摩擦以及它会对激活产生怎样的影响。

Airbnb 团队进行了更多优化注册体验方面的试验。他们对注册提示的所有元素设计都进行了试验，比如主页上注册条的颜色和注册表格中的按钮风格，最终他们找到了既能提高公司整体注册率又可以改善其他重要指标的理想增长手段。

积极的摩擦

优化激活中最看似矛盾的一点是，并非所有的摩擦都带来负面影响。不给任何背景或线索，直接以最快的速度将人们扔向产品并不总是最佳做法。有时，你需要设置一些积极的摩擦（positive fiction）。创造积极摩擦是一种微妙的艺术，你要把可控的，最好是令人着迷的环节放到访客面前，帮助他们明白产品价值，让他们带着更大的可预测性去体验“啊哈时刻”。电脑游戏开发者将这种方法发挥到了极致。让用户迷上新游戏特别困难，因为首先必须向他们介绍游戏规则（毕竟如果用户不知道怎样在游戏中获胜就永远体验不到“啊哈时刻”，也就体验不到游戏带来的乐趣）。很多游戏的玩法和战术都相当复杂。为了解决这个问题，游戏开发者从心理学研究中寻找灵感，设计出十分吸引人的游戏说明。

游戏开发者利用的关键研究之一来自心理学家罗伯特·西奥迪尼的商业经典著作《影响力：说服心理学》（*Influence: The Psychology of Persuasion*）。书中提到，许多研究都表明，一旦人们采取行动，无论是多小的行动，只要不是太难，人们就会更倾向于未来继续采取行动。他对此的解释是，最初采取行动时人们在心理上做出了承诺，而且不管承诺的难度发生怎样的变化，人们倾向于在做出承诺之后通过后续行动来恪守承诺。游戏设计者精明地意识到，与其给用户提供游戏说明，不如先让他们做出承诺。他们需要通过一些简单的小步骤让用户开始游戏，让他们明白怎么玩并玩起来。

游戏开发者还借鉴了心理学上许多其他强大的发现。一个是心理学上确立已久的原则：通过提供奖励可以训练人们条件反射式地做出某种行为；另一个是利用人们处在心流（flow）状态时感到的巨大满足感，这是心理学家米哈里·齐克森米哈里提出的理论。他指出，当人们面临的挑战难度刚刚好——没有困难到令人感到沮丧，但又没有简单到令人觉得无聊——这时人们就处在心流的状态。处在心流状态的人十分专注，他们可以忘掉时间的存在。比如，他们会一连三个小时作画、写文章或者进行 App 编程而感觉不到时间的流逝。当他们无意间抬头才吃惊地发现时间已经过去了那么久。如果你身边有爱玩游戏的人对你说过“再让我玩十分钟！”然后过去了无数个十分钟，你就会知道游戏玩家是多么容易进入心流状态。

游戏设计者在创造新用户体验时借鉴了这个智慧的洞见：先让玩家挑战一些能够被迅速攻克的简单任务，每过一关就给他们奖励，以此来让他们熟悉游戏规则和环境，慢慢使他们沉迷其中。设计者通过精心设计不断提高游戏难度和奖励力度（他们在两个方面都做了大量试验），让用户对游戏着迷，从而进入心流状态。这种方法不仅适用于电脑游戏，许多其他类型的在线产品的设计者在设计新用户体验时也采用了相同的策略，从而大幅提升了激活率。他们通过为用户量身打造一系列行动向用户展示如何使用产品并向采取行动的用户提供奖励。比如当脸谱网提示新用户填写个人档案、上传照片并填写个人信息时，他们不仅是在收集对分析和广告销售很有价值的用户数据，而且他们也在让用户做出承诺。（既然我已经花了这么多的时间挑选照片编辑自己的信息，那我还是继续用下去吧。）任何曾经花几个小时完善自己的脸谱网个人资料的人都知道，这个过程能够让你完全沉浸在令你感到心满意足的心流状态。这个过程中，脸谱网让人们更加接近"啊哈时刻"，因为这个网站的核心价值在于帮助人们寻找朋友——这只能在每个人都完善自己的资料的前提下才能实现。

人们放入产品的个人信息越多，他们对产品的忠诚度就会越高，这被称为储值（stored value）。就像把钱放进保险箱一样，将个人信息放进服务中会立刻让用户感到一种"所有权"，这让他们愿意继续增加并保有那个价值。所以尽管填写信息的提示可能是一个摩擦源，但如果操作得当——用奖励的方式通过行动逐渐提高用户承诺——摩擦也可以成为激活与增长的催化剂。

创造学习流

尽管新用户体验会有很多摩擦，但同时它也带来了很多机遇，这是因为人们初次接触产品时也是他们最想弄明白如何使用产品的时候。我们前面提到过的推特前增长负责人乔西·埃尔曼是这样描述新用户体验的："这是属于你的时刻。现在用户对产品的关注比任何时候都要多，把握这个时机告诉用户产品真正的价值，真正帮助他们通过一种有意义的方式了解产品。”埃尔曼的团队设计出了他称为“学习流”（the learn flow）的方法来帮助推特把握这一时刻。根据埃尔曼的定义，学习流不仅可以促使人们注册，还能有效教育新用户，使他们了解产品优势、价值及使用方法。

这种新用户体验设计利用了新用户在初次使用产品时给予你的大量关注和耐心，它能确保用户在体验结束时就可以被激活。对于推特来说，这不仅关系到创建新账户，而且还关系到从一开始就向用户展示推特的价值。它的团队设计出一个学习流来向用户展示推特时间线，向他们推荐可关注的话题类别（例如时尚、体育和新闻），鼓励他们关注名人，最后完善他们的个人资料。学习流结束时，用户不仅完成了注册并创建了自己的个性化档案，而且他们的首页显示都是他们感兴趣的新闻。如此一来，推特成功让用户第一次访问就决定使用这个服务、体验到它的“啊哈时刻”并且建立储存价值，真是一石数鸟！[6]

当然，因为推特的服务非常新颖，所以它需要用户养成新习惯。因此，教育用户，让他们认识到关注其他人的价值以及如何使用推特显得非常有必要。其他产品可能就不需要做这样的说明。例如，对于电商网站来说，人们通常希望尽可能快地开始浏览商品，而且大多数人往往十分清楚自己要买什么，所以，任何试图让用户按照你设计的流程去使用网站的做法都会引起用户反感。但对于另外一些产品来说，判断是否需要占用用户时间，让他们完成一系列规定的步骤就没那么容易了。这是因为尽管用户大概了解产品的使用方法，但是，从用户那里获取更多信息并向他们展示对用户个人有意义的产品功能可以让用户更深刻地体会到产品价值。当然，做出正确的判断离不开试验。Pinterest 就是一个很好的例子。

正如推特必须教育用户什么是“推文”（tweet）以及如何“发推文”（tweeting），Pinterest 则需要向用户介绍“钉”（Pin）这个全新的概念并向他们展示如何创建钉。Pinterest 的增长团队在教育新用户方面下足了功夫：他们通过三个移动学习流界面向用户展示如何发现“钉住”的内容，如何增加自己的钉，以及如何创建钉板（用户创建的用来存储和分享钉的收藏夹）。浏览完这三个界面后，Pinterest 会向新用户发送最受欢迎的内容，之后用户就可以开始独立使用这个服务。

不管以什么标准来看这都是十分不错的新用户体验。但他们接下来的做法堪称增长黑客法中的典范，团队决定继续开展试验，进一步优化激活。他们意识到，最受欢迎的内容对某位具体的用户来说并不总是特别有意义，于是他们决定在移动 App 上测试一种更加个性化的新用户体验。现在，用户最开始只会看到一个页面，要求他们在上面选出自己感兴趣并且愿意关注的五个话题，例如露营、婚礼、驾驶运动和家装等。用户做出选择后，App 将跳转到仅由用户所选话题内容构成的信息源，在那儿用户可以练习钉图和保存图片。这个改变将激活率提高了 20%，这无疑是一个巨大的成功。[7]

如果你决定引入一些积极摩擦，还有两种实践证明十分有效的策略：问卷调查和新用户体验游戏化。

问卷调查是一门艺术

杰出的增长黑客专家尼尔·帕特尔指出，在欢迎用户的同时向他们提一些问题是一种十分有效的做法。所提的问题应该明确围绕如何更好地服务用户，这就像是一份迷你问卷。帕特尔举了一个极为成功的案例：在线高尔夫零售商 Revolution Golf 要求用户在注册时填写一份问卷调查，事实证明，这对改善激活非常关键，从而帮助公司年收入突破了 2000 万美元。问卷涉及的问题包括访客性别、年龄、平均开球距离、18 洞的平均得分以及挥杆动作存在的最大问题。帕特尔又在自己的 HelloBar 上测试类似的问卷调查，最终将销售线索数量提高了 281%。[8]

询问用户有哪些兴趣或者他们希望解决哪些问题可以立即创造一种承诺，因为用户需要花时间回答这些问题。同时，用户与你和你的产品之间也建立起了更深层次的关系。这让用户知道，你对他们个人很感兴趣，你愿意尽你所能为他们提供最好的服务。就像 Pinterest 通过展示让用户感兴趣的钉来引导用户一样，Revolution Golf 的问卷调查也让用户在初次使用产品时就获得个性化体验。

如果能让用户清楚认识到产品满足他们的个性化需求和愿望

符合他们的自身利益，那么这个策略的效果会更好。在一个人们越来越惧怕大数据的时代（有人说它是“老大哥”），个性化并非总是优势。例如，谷歌从用户搜索历史中收集大量的用户个人信息，然后通过一个复杂的算法实现个性化搜索结果。这种做法被曝光后许多人不再使用谷歌，公司也遭到媒体的口诛笔伐。

还要提醒的一点是，不要提太多问题。帕特尔建议提问不超过 5 个，不能用开放式问题，而要使用选择题，并且每题的答案选项不能超过 4 个。加入图片和视觉效果可能有助于改善用户参与。和所有其他增长手段一样，这些微型问卷应该经过严格的试验。

游戏化机制的利与弊

从本质上讲，游戏化（gamification）是一种奖励机制，例如给那些采取了某个行动的用户提供其他人无法获得的奖励和好处。比如，Adobe（世界领先的数字媒体和在线营销方案的供应商）在破解激活的过程中就利用游戏化策略增加了免费试用并购买 Adobe 图像处理软件的人数。公司推出“图像处理软件闯关”新用户体验，成功将乏味的使用教程变为试用者需要完成的“任务”。这些任务帮助试用者学习软件最强大的功能，并向他们展示如何最大化地利用软件。用户一旦完成任务就会得到奖励，而且只有通过完成其他任务才能实现升级。这一举措使 Adobe 的使用后购买量增加了 4 倍。[9]

如果游戏化能够带来挑战和乐趣并提供有意义的奖励，那么它可能成为一个强大的激活手段。但它也可能起反作用。如果奖励没有任何价值，或者奖励与用户体验的核心价值毫不相关（也就是没有实现“产品—奖励匹配”），就会让人觉得这是在捉弄用户或是让人觉得莫名其妙。在线鞋店 ZAppos 针对贵宾客户提供的游戏化设计就是一个反例。这家公司希望通过购物体验游戏化将高频率消费客户的数量提高到一个新的水平。他们的做法是：如果客户做出诸如给一款鞋型点赞或者购买了几双鞋子等举动就给他们颁发勋章，但这些勋章毫无价值——既不能兑换成折扣也不能够带来其他任何好处。这让消费者感到困惑，最后 ZAppos 放弃了这种做法。[10]

Kiip 是一家帮助移动 App 给用户提供奖励的公司。它的创始人黄铁锋认为游戏化应该被看作一个能提供诸多选择的工具箱，而不是对所有公司都适用的一套预先设定的策略。你既可以选择比较含蓄的做法也可以选择更明显的做法。和任何事情一样，你需要通过试验来决定什么最有利于产品和用户。他建议专注于游戏化的三个主要方面：有意义的奖励，通过改变赢取和展示奖励的方法来创造惊喜和乐趣，以及提供能带来即刻满足感的要素。

除了确保奖励的相关性和价值一目了然之外，在提供何种奖励方面还有一些严格规定。领英采用的是一种温和的游戏化做法，比如在用户个人主页上增加一个进度条来显示资料的完整度，以此敦促用户完善个人信息。当用户完整地填入个人资料时就能获得即刻满足感，还能得到浏览者对他们的默默肯定。在线教学平台可汗学院（Khan Academ）采用更明显的做法。用户学习的课程越多，得分和奖励就越多，而且如果用户创造了新的纪录还能获得一份惊喜。但可汗学院很谨慎，它知道这些奖励并非用户体验的核心内容，同时它还明白这些外在奖励会削弱学习过程中掌握新技能本身所带来的成就感，而这才是真正的内在奖励。

最明显的游戏化做法是星巴克、信用卡公司以及很多餐馆实施的忠诚计划（loyalty programs）。游戏化专家盖布·兹彻曼发现游戏化做法中最有效的奖励包括地位（status）、权限（access）、权力（power）和实物（stuff）（指金钱奖励或者礼品）。[11] 像美国运通信用卡的会员积分计划就运用了所有这些元素，包括通过消费来提升地位、权利以及参加特别活动的权限和旅游机会，当然还可以使用积分兑换免费礼品。同样，星巴克奖励计划鼓励 1200 万会员，他们每使用星巴克礼品卡或者移动 App 买一杯咖啡就会赢得一颗“星”。会员可以拿星换取免费咖啡和其他星巴克商品，累积的星越多，用户可以兑换的礼品价值就越大，而且还能获得更高的会员级别，成为地位更高的星巴克忠诚客户。星巴克的这一奖励计划十分成功，现在顾客在星巴克礼品卡和 App 上充值的金额已经超过了 10 亿美元。[12]

触发物的力量

游戏化做法并非对所有情况都适用，但触发物却无处不在。

不过相比游戏化机制，使用触发物来改善激活需要更加谨慎。触发物是指任何刺激人们采取行动的提示。常见的触发物包括邮件通知、移动推送，还有更隐蔽一点的触发物，比如着陆页上的行为召唤。不可否认，触发物是提高产品使用率最强大的策略之一。但它的优点背后可能隐藏着大量陷阱。现在我们每天都会收到大量触发物，比如脸谱网推送的朋友给照片点赞的消息，领英发来的新联系人请求邮件，以及亚马逊关于包裹最新配送状态的通知。如果不能掌握好分寸，触发物很容易就从有用信息变成令人讨厌的垃圾信息。可能大家都被“回来吧！”“你确定真的不想回来？”“我们真的很希望你回来！”这样没完没了的邮件彻底激怒过吧。很多时候我们早就不再使用发邮件的公司的产品了，这让这些狂轰滥炸式的邮件更令人反感——同时也让这家公司看起来已经是穷途末路。所以使用触发物一定要非常小心，而且还要精心试验。

触发物的力量来源于两个关键因素：它们能在多大程度上激发用户采取你希望他们采取的行动，以及用户收到触发物后付诸行动的难度。斯坦福大学的心理学研究员 B. J. 福格设计了下面这个有用的模型来帮助我们思考如何提高触发物的有效性。曲线代表的是用户是否愿意采取某个行动的阈值，它主要取决于两个因素：用户动机的强弱以及采取行动的能力，本质上也就是指完成这个行动的难易程度。[13]

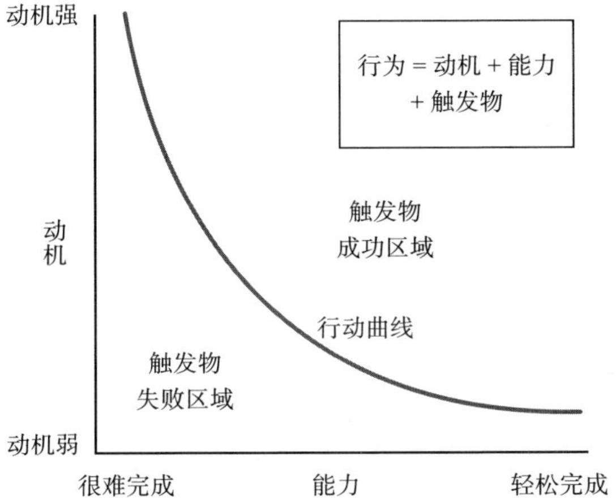

图 6–2　福格的行为模型

《上瘾：让用户养成使用习惯的四大产品逻辑》（*Hooked: How to Build Habit-Forming Products*）一书的作者尼尔·埃亚尔用接电话的例子清楚地说明了这两个因素之间的相互作用。电话铃响，你接还是不接取决于电话是否在你手边及你是否有空这两个因素，也取决于你是否认识对方、是否想和他 / 她说话、是否需要从他 / 她那里获得信息等这类动机因素。显然，这个例子中触发物是电话铃声。如果电话铃响时你既有动机又有时间，那么你就会接听电话。

因为触发物的侵入性很强，所以在使用时需要十分谨慎而且要按照严格的步骤进行试验。更为复杂的是，还得遵守发布触发物的平台所制定的规则。例如，苹果手机的移动推送规则就与安卓手机不同。苹果用户需要自己设置是否接受推送，而安卓系统会自动设置为默认同意。消费者保护法中也确立了邮件发送方面的规则，例如美国的《2003 年反垃圾邮件法》。

最后，对于需要用户选择是否同意接收的推送，触发物的影响力会根据同意人数的不同而大不相同。对不同的产品和产品类别而言，同意率有很大的差异。例如，根据移动端营销平台 Kahuna 的统计，对于移动推送来说，同意率最高的是像拼车这样的服务 App，高达 80%，而最低的是新闻和媒体 App，低至 39%。[14]

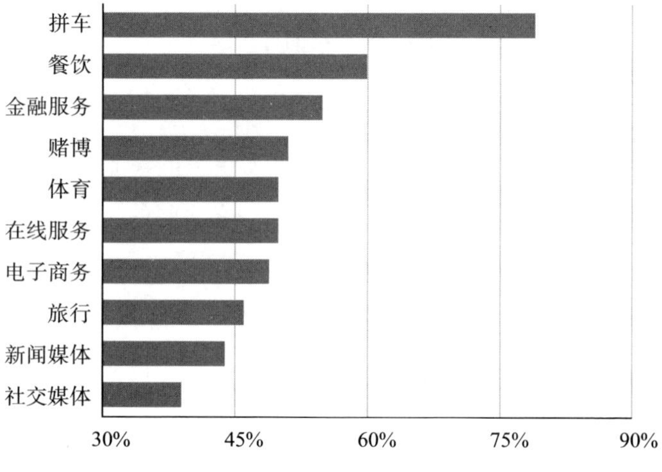

图 6–3　iOS 上同意接收推送的用户比例（按 App 行业划分）

资料来源：Kahuna

公司常犯的一个最大错误是迫不及待地要求用户选择同意接收诸如推送和邮件这样的触发物，它们通常会把它作为安装或者使用产品的一个必要的步骤。这样做只会吓跑用户，因为他们不清楚或者只是模糊地知道自己为何需要这些信息。许多公司还为了提高产品使用方面的指标而滥用触发物，这样做可能会让激活数据在短期内看起来很漂亮，但这对于推动用户长期使用 App 毫无用处（实际上，人们会停止使用 App，关闭推送甚至删掉 App，从而产生负面作用）。

使用触发物有一个很重要的经验：接触用户的动机应该是提醒用户存在一个对他们明显有价值的机会。例如，商店 App 团队可以通过推送告知用户他们在购物清单中收藏的商品正在降价，或者现在有免运费的优惠活动，或者超市正在开展感恩节促销，这几类触发物对用户来说就是有价值的，因为它们契合了 App 的核心价值。但是，如果每周都向用户发送对他们来说不是特别有用的新产品或者产品功能介绍，就会很快惹怒用户，甚至令许多人停止接收推送或者直接把 App 从手机上删除。

试验不同的触发推送时留一部分用户作为对照组十分重要。对照组不参与任何试验，这既可以确保你能比较新触发物的成效，还能与未使用任何触发物的情形进行比较。[15]

一些可用于试验的常见推送触发物类型如下。

- 创建账户——鼓励下载 App 或者访问零售网站的用户创建账户。
- 购买通知——鼓励用户利用短期折扣购买商品。

• 重新激活行动——鼓励那些有一段时间没有访问网站或 App 的用户再次回来。

• 新功能通知——分享产品升级的消息。

• 顶级用户奖励——让那些大量使用产品的用户知道他们很特别，鼓励他们更多地使用产品，和产品建立更加紧密的联系。

• 行动或者状态改变——如朋友采取了一个行动或者购物车中某件商品的价格发生了变化。[16]

当然，你还可以设计自己的触发物类型。了解福格的触发物类型分类可以帮助你想出新点子。福格根据用户动机和能力水平将触发物分为三个基本类型：协助型触发物（facilitator trigger），用于帮助那些动机很强但能力很低的用户采取行动；信号型触发物（signal trigger），用于帮助那些动机和能力都很强的用户沿着正确方向前进并鼓励他们重复行动；刺激型触发物（spark trigger），用于刺激那些能力很强但动机不足的用户采取行动。许多邮件和移动推送都属于刺激型触发物，但它们不应该是你唯一考虑的刺激型触发物。[17]

例如，如果用户在结算页徘徊很久却始终没有下单，那么商店 App 团队就可以设计一个协助型触发物，询问用户是否愿意使用之前用过的信用卡来进行支付；也可以试验信号型触发物，比如在 App 屏上发信息告知用户这次购买帮他们节约了多少钱；还可以尝试刺激型触发物，比如有些用户登录 App 后购物车一直是空的，这时就可以给他们最喜爱的商品打一个很大的折扣，以刺激用户完成关键的首次购买。

在设计触发物试验时，罗伯特·西奥迪尼在他写的《影响力》里提到的 6 个说服原则同样具有很大的参考价值。我们前面已经提到过其中一个原则，即一旦人们采取了某个行动，都会使他们更倾向于再次采取那个行动。以下是完整的 6 个原则：

- 互惠——人们更有可能因为礼尚往来而去做一些事情，无论之前别人给你提供了何种帮助，而你现在需要给予别人某种帮助。
- 承诺和一致性——已经采取过行动的人更可能再次采取行动，无论行动的大小或者内容发生了什么变化。
- 社会认同——当感到不确定时，人们会先看别人怎么做，然后自己才做决定。
- 权威——人们会参考权威人士的做法来决定自己采取什么行动。
- 好感——相比自己不喜欢或者无感的公司或人，人们更愿意和自己喜欢的公司或人做生意。
- 稀缺——当人们担心自己会错失良机时就会采取行动。

触发物可以基于互惠原则，比如给用户提供可下载的白皮书或者免费配送这样的免费资源，HubSport 的网站分析工具就是一个范例。奥巴马的总统竞选团队将竞选网站上的赞助请求从原来全部放置在一个页面改为一系列小的步骤，这就利用了一致性和承诺原则。完成了第一个小步骤之后，用户更愿意继续完成剩下的步骤。这一做法使用户捐款比例上升了 5%，增加了数百万美元的竞选资金。[18]

触发物也可以利用权威原则。比如展示有影响力的人物或者企业已经采取了他们鼓励用户采取的行动，当然这也是名人广告背后的原理。使用过服务的知名企业的标志或者有名望的人士所做的证言也可以成为触发物，因为它们可以使用户相信他们知道并且尊重的人或者公司做出了同样的决定。

许多触发物都使用了好感原则，比如 Airbnb 用你的朋友的名义给你发送推荐信息，或者像 Nasty Gal 的创始人索菲亚 · 阿莫鲁索跟踪了解哪些模特最受用户喜爱（也就是说，谁卖出的商品最多），然后让这些模特去推销销量不高的商品。

我们肯定都收到过基于稀缺原则的推送，比如提醒我们降价活动马上就要结束、我们正在考虑要不要去的演出或者演唱会门票所剩不多，或者我们正在考虑预订的航班只剩下几个空位。缤客网（Booking.com）就充分利用了这个策略。它向所有的网站访客显示在同一个搜索区域内正在积极寻找酒店房间的人数以及该地区的剩余房间数。同样，当库存很少的时候亚马逊就会向浏览者显示所剩商品数量，刺激用户立刻购买。

最后一个（也是最强大的）触发物类型是内驱型触发物，也就是用户不自觉产生的内在触发物。这些触发物是人们的核心习惯，而且能够激发长期使用。基本上没有人需要外部触发就会自发浏览脸谱网或者 Instagram，这是人们自觉自愿的行为。同样，我们会定期到自己喜欢的服装网站去查看是否有新品或者存货、每天早晨浏览新闻或者在上班路上总会在一家便利店停下买一杯咖啡，无论你的产品是什么，这些习惯是你与用户之间强大纽带的基石。后面几章我们还会讨论到这点以及与之相关的更加微妙的问题。

结论：一定要试验触发物。因为它们可以产生很棒的效果，但试验时一定要用心思考它们将如何服务客户，否则它们不仅不能激活用户，帮助你建立良好的客户关系，反而会赶跑客户。

说到建立客户关系，我们接着进入用户体验的下一步，来讨论增长团队如何利用增长黑客过程在用户留存方面取得成功。

第七章

留存：唤醒并留住用户

彼得·德鲁克这位富有传奇色彩的管理学家在许多年前曾说过一句名言：商业的目的在于创造和留住顾客。[1] 虽然没有人质疑这个著名的商业信条，但实际上大多数公司的顾客流失率——新用户流失的比例——都高得可怕。

这很可悲，因为无论对于哪种类型的公司来说，高留存率一般都是实现高利润的决定性因素。我们曾在第四章简单提过，就职于贝恩公司的弗雷德里克·瑞克赫尔德有一项研究受到广泛引用。这个研究表明，用户留存率每提高 5 个百分点，利润就会提高 25~95 个百分点。[2] 反过来说，这意味着用户流失将会带来巨大的损失。原因之一是获取新用户的成本太高，这一点我们已经在第五章中讲过了。而且现在争夺优质在线平台的竞争越来越激烈，这导致广告成本不断飙升。在吸引新用户上的先期投入越多，每流失一位用户造成的损失就越大。所以不管是从收回昂贵的广告成本这个角度还是从防止用户倒向竞争对手这个角度来看，留住用户都显得至关重要。

Homejoy 是一家提供家庭清洁服务的创业公司，曾经拥有光明的前景，还从硅谷最一流的投资人那里募集到 6 400 多万美元的资金，但低留存率却令它陷入危机。尽管 Homejoy 通过强势的促销折扣战略吸引了数量庞大的初始客户，但由于它没能兑现承诺，导致用户将它的服务评价为“不靠谱”。此外，许多用户无法接受服务收费从第一次的促销价陡增到正常价。结果，只有 15%~20% 的用户预订了后续服务。其间，Homejoy 竞争对手的留存率是它的两倍。雪上加霜的是，公司在用户获取上耗资不菲，最后，高额的获取成本和低留存率将它迅速拖垮了。[3]

相比之下，亚马逊则树立了强劲留存的黄金标杆。它的订购计划 Amazon Prime 在留存面大获成功，这主要归功于它的覆盖数千种商品的两日免费配送服务和许多其他的附加优惠，比如亚马逊影音和音乐流服务。73% 的免费试用用户成为付费用户，而且，第一年订购 Prime 的用户中第二年续订的比例高达 91%。更令人惊叹的是，用户加入 Amazon Prime 的时间越长，留存率就越高，那些进入第三个年头的用户续订率达到了前所未有的 96%。[4]

留存的复合价值

留住用户的时间越长，从他们身上获得更多收益的机会就越大，这一点无须赘言。因为你既可以通过出售更多商品或服务来盈利，也可以通过持续的用户续订来盈利，还可以靠增加广告收入来盈利，因为你的庞大的忠诚用户群对广告主有很高的价值。Amazon Prime 会员的消费额是非 Prime 用户的两倍还多，了解了这一点就不难想象高留存率为何能带来复合式的盈收增长。事实上，一些分析人士认为，如果没有 Amazon Prime 的话，亚马逊将无法实现盈利。

每位用户带来的平均收益增加后，你便可以将更多资金用于增长投资，从而创造一个良性循环。这是因为强劲的留存不仅可以创造更高的当期盈利，还可以让你对未来的盈利能力更有信心。每位亚马逊用户带来的收入很稳定，这让公司可以投入大量资金来扩大 Prime 计划，比如，在他们的影音流服务中加入原创节目。留住用户的时间越长，你就越了解他们的需求和欲望，也就能为他们提供个性化的服务和广告，最后自然能从他们身上赚更多钱。亚马逊推出 Prime 时，一些分析人士认为它在两日免费配送以及 Prime 涵盖的商品折扣方面花费太高，所以这个计划不具有可持续性。但亚马逊看到有如此多的 Prime 会员续订，而且他们的消费额远远超过非会员用户的平均消费水平，所以公司认为这个计划的盈利能力将会非常强大。

高留存率的另外一个好处是可以让你的口碑营销和病毒营销收到更好的效果，因为用户使用产品的时间越长，他们谈论它，甚至向朋友和其他人推荐它的可能性就越大。

迅速锁定最佳做法

随着用户获取成本不断增加，竞争日益激烈，公司尽早意识到自己在用户留存方面存在的问题并采取措施防止用户流失就显得尤其重要。增长黑客就是实现这一目标的完美途径。现在我们以食品商店 App 团队为例迅速看一下如何进行操作。假设 App 团队密切跟踪用户数据后发现，大量用户使用 App 大概一个月后便出现使用下滑的情况（对于移动 App 来说这种情况再熟悉不过了），那么团队应该从哪里着手让更多用户继续活跃地使用 App 呢？是否应该向他们发送更多移动推送把他们吸引回来？是否应该向他们提供畅销商品 App 专享价和优惠信息？也许团队应该设计一些像购物清单这样大获成功的新功能来提高 App 的使用率。这三种方法可能都行得通，但是它们的成本都很高，而且，团队必须十分小心，不能让过多的促销信息或者触发物惹烦用户。在前一章我们讲过，增加移动推送可以刺激短期使用，但是，一旦人们厌烦这种干扰，触发物的魅力便会迅速消失。应用内促销可能会提高 App 忠诚用户的消费额，却不能覆盖到团队希望重新激活的其他用户，因为这些人并不怎么使用 App。设计新功能成本很高，而且这样做也不能保证用户就会更频繁或者更持久地使用 App。

增长黑客法可以让团队从这些想法中迅速选出一个来优先进行测试并快速得出结论，以明确下一步行动。食品商店 App 团队可以简单快速地测试上面的三种方法。邮件通知和应用内促销很容易就能办到。至于增加新功能，则可以通过开展用户调研来了解新功能对用户是否有吸引力，或者可以快速设计出产品原型并在一批用户中进行测试。团队可能决定首先测试增加邮件推送。几周后他们可能发现，每周增加一条移动推送只能唤醒 10% 的沉睡用户。但如果每周增加两条推送的话，这个比例就会增加到 35%。于是，他们可能从下周开始向所有沉睡用户多发两条推送。与此同时，用户对新功能反响热烈，于是团队说服产品研发部门加快开发进度，这样一来，新功能上市后就能很快改善留存。

当然，这只是一个开始，因为要提高留存必须不断设计和测试增长手段。这也是我们本章要讨论的话题。

靠什么留住用户

在我们深入讨论如何利用增长黑客过程来改善留存之前，有必要先回过头去简单温习一下如何建立用户的忠诚，让用户成为“回头客”。

我们曾在第二章中讲到，留住用户最根本的一点是提供可以持续满足用户需求或者令他们感到愉悦的优质产品或服务，让产品或服务对他们而言不可或缺。我们还提到，留存曲线是否平稳是衡量产品—市场匹配的最好标准。

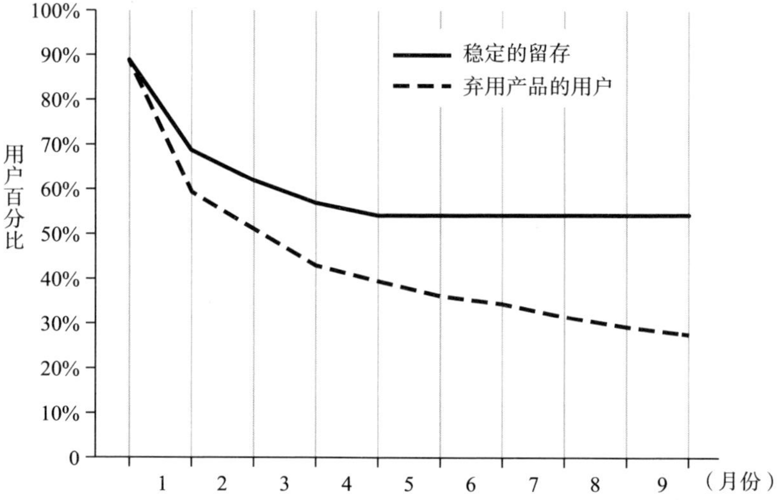

图 7–1 稳定的留存率 Vs. 下滑的留存率

现在让我们重新回到破解留存这个问题上。我们将仔细探讨增长团队如何首先确保留存曲线是平稳的，或者更理想的情况是，如何使留存曲线在基准线的基础上逐渐上扬。首先要强调的一点是，尽管公司的留存曲线一开始很平稳，但是出于各种原因，曲线可能下滑，这可能是因为市场上出现了竞争产品，或者竞争对手推出了新功能、启动新宣传从而抢走了用户。用户流失还有一个关键的原因，公司没有采用最佳的沟通方式与用户沟通，比如，没有传达正确信息，没有把握好传达频率，导致用户不能马上想到使用 App 并最终被竞争对手抢走。公司失败还有可能是因为没有把握好建立用户忠诚的机会，没能让用户养成有规律的使用习惯或者让他们强烈感到自己受到重视并得到理解。又或者，公司提供的产品或服务已经不能满足用户新的迫切需求，或者用户找到了一种更方便也更令他们满意的方式来满足这种需求。

增长团队完全有能力发现留存率下滑的早期迹象，但决不能满足于此。团队应该利用快节奏试验过程不断提高留存率，就像亚马逊提高 Prime 会员的留存率那样。平稳的留存曲线绝非是留存的终极目标。印象笔记将下面这幅图称为微笑图。从图 7–2 中可以看出，用户使用印象笔记的时间越长，他们继续使用它的可能性就越大。[5]

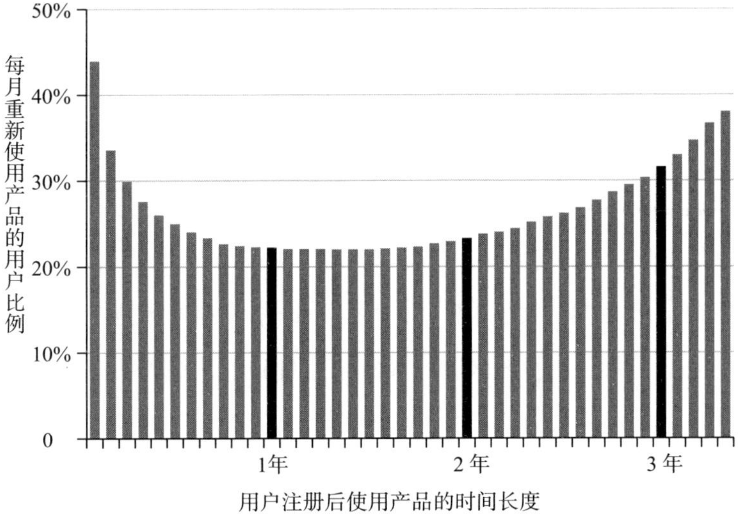

图 7–2　印象笔记的“微笑图”

印象笔记的留存图之所以看起来像微笑，本质上是因为这个服务的实用性会随着时间的推移而逐渐增强。用户使用印象笔记的时间越长，产品的核心价值就越大，因为对这个笔记软件而言，用户在里面存储的信息越多，他们回来查看想法和笔记、添加新内容的可能性就越大。许多成功的数字产品的留存率都会随着时间的推移而提高。比如 Instagram，用户发的图片越多，关注的对象越多，Instagram 的价值就越大。又比如 QuickBooks 这样的财务管理软件，公司在上面存储的财务数据越多，它的价值也就越大。可能你还记得，这种价值叫作“储存价值”。

产品具有储存价值的公司在逐步提高留存率方面具有优势，但是，没有任何公司可以天真地以为用户会一直活跃地使用自己的产品，即使是那些具有先天优势的公司也不能这样。公司必须脚踏实地地努力改进产品或服务。想想脸谱网从诞生到现在推出了多少新功能和服务，又设计出了多少不同的推送和提示来让你一直使用这个服务。为了留住更多用户、让他们更积极地使用产品，脸谱网做了一系列努力，比如增加直播和上传视频，提醒用户分享他们最喜欢的球队新闻，告知用户他们与朋友在脸谱网上的周年纪念日到了，等等。任何公司都可以而且应该努力增加产品给用户带来的价值并逐渐提高用户参与度。

留存的三个阶段

不同的留存阶段需要采用不同的留存方法。前面提到过的布莱恩·鲍尔弗强调，留存可分为三个阶段：初期、中期和长期。[6] 留存初期非常关键，因为这个阶段将决定用户是继续使用或者购买产品或服务还是使用一两次之后就“沉睡”。因此，初期留存率可以作为衡量产品黏性的一个指标。留存初期并没有一个统一的时间长度。对移动 App 来说留存初期可能是一天，对于社交网络来说可能是一周或者两周，对 SaaS 产品来说可能长达一个月甚至一个季度，对于电子商务公司来说留存初期通常是 90 天。[7] 你应该根据产品的行业标准以及你对用户行为的分析来决定产品的留存初期应该多长。

留存初期有一个优势。研究表明，这一阶段用户从产品中获得的价值越大，他们长期使用产品的可能性就越大。而且通常这一阶段有许多改善用户体验的机会，这也是 HubSpot 创建增长团队的主要动机。HubSpot 的联合创始人和技术总监达米什·沙阿（Dharmesh Shah）解释说：“当初我们决定启动增长团队是因为我们觉得在试用 / 用户引导过程中还有很多唾手可得的改进空间。”[8] 我们在第六章介绍过 HubSpot 团队为改善用户引导所做的努力，而且留存初期本质上是激活阶段的延伸。你可以将它想成是为了确保用户真的活跃，而不是看一眼之后就对产品失去兴趣。

把这一阶段看成是激活过程的一部分可能更合理，但是，这样区分还是有意义的。对于许多产品来说，新用户需要在特定时间段内重复使用产品并从中获得新体验达到一定的次数才能强化他们对产品价值的认识。例如，Pinterest 通过分析用户数据发现，如果新用户在注册后的两周内访问网站不足三次，那么他们很可能弃用产品。这就意味着，增长团队需要努力使用户在这一时间段内至少访问网站三次。任何在 Pinterest 上注册过的人都知道，Pinterest 在用户完成注册后是如何大张旗鼓地鼓励他们再次访问的。

一旦跨过留存初期，用户就进入留存中期阶段。这时产品带来的新鲜感开始退去，要留住中期用户，增长团队的核心任务是让使用产品成为一种习惯，让用户逐渐从产品或服务中获得满足感，这样无须鼓动用户也会继续使用你的产品或服务，因为这已经成为他们日常生活的一个组成部分。Snapchat 的用户在吃早饭或者吃完晚饭时常常翻阅朋友的动态，亚马逊用户想买东西的时候总会第一个想到去亚马逊上搜索，而根本无须鼓动。后面几节我们会介绍一些习惯养成方面的心理学知识，还会介绍一些策略来帮助增长团队提高初期留存用户转为习惯用户的比例。

最后我们将讨论长期留存的策略。在这一阶段，增长团队的作用是确保产品继续为用户带来更大价值。团队必须试验各种方法不断完善产品，帮助产品开发团队决定升级现有功能或者推出全新功能的时机。这个阶段最关键的地方在于让用户不断重新认识到产品的不可或缺性。[9]

什么是好的留存

在深入讲解如何提高各阶段留存之前，我们先要讨论增长团队需要跟踪哪些数据以及如何通过分析数据来寻找可尝试的增长手段。首先，不同的公司衡量留存的方法可能不同。这是因为用户购买产品或者使用服务的频率在很大程度上取决于产品或服务本身的性质。用户购买一些东西频率很高，但购买另一些东西频率却很低。脸谱网希望用户每天都使用它的服务，但苹果却明白，已经购买过 iPhone 的客户接下来几年内可能都不会再买（那些新款一上市马上就去买的“果粉”除外）。所以苹果只能等三年之后甚至更长的时间才能知道是否留住了某个 iPhone 客户。正因为如此，苹果逐渐发展为不仅向客户提供设备，还提供服务。这是一个了不起的增长策略，它使苹果公司得以在新产品发布的间歇更大地挖掘留存用户的价值。购房者在 Zillow 上搜索房源信息的频率也与食客在 Yelp 上搜索餐馆推荐的频率不同。同理，买床垫的用户与买鞋子的用户购买频率也不同。

电子商务领域最基本的留存指标是用户的重复购买率，比如用户每月购买产品的次数。许多电商企业计算 90 天内的重复购买率。产品不同计算重复购买率的时间单位也不同。因为大多数人每周至少去一趟超市，所以对于食品商店 App 团队来说可能需要关注短期内的购买频率，比如，大概 10 天购买一次才是健康留存的标志。

在设计留存指标时需要将你的计算结果与市场调研得出的同类产品或服务的最高留存率进行比较，或者与成功的竞争对手的留存率进行比较。这些基准可以告诉你用户留存是正常还是比预期更好或者更差。像 Airbnb 这样的公司永远不能指望用户使用率和留存率达到社交网站的水平，所以选择恰当的基准对于准确判断留存情况至关重要。行业出版物、贸易协会以及诸如弗雷斯特（Forrester）和高德纳（Gartner）这样的研究公司都能够提供不同行业的具体数据。

到目前为止，我们讨论的都是用户留存的情况，它的反面，也就是每周或每月流失的用户数量也同样关键。流失率本质上是留存率的对立面。比如，好市多（Costco）会员的留存率是 91%，那么它每年的流失率就是 9%。[10] 一定程度的流失是不可避免的，即使最受用户喜爱的产品也是如此。但是，对于所有公司来说，流失率当然越低越好。

确定并跟踪群组

确定了留存的衡量指标后，下一步就是更细致地筛查留存数据。可以利用群组分析方法来确定不同用户群的留存率，这可以让你更加深入地解读数据，找出用户留下或者离开的原因。

你可以将用户细分为不同类型的群组。最基本的做法是按照获客时间进行划分，也就是按用户完成注册或者第一次购买的日期来分类。通常是按月份分组，但正如前面所讲，对于某些类型的公司而言，按周甚至按天分组可能更有意义。这听上去十分烦琐，但它可以让团队发现留存方面存在的问题，所以一切辛苦都是值得的。按照获客时间来跟踪用户可以让团队掌握用户群的整体状况。随着营销力度的加大，现在获取的用户留存率是否与之前的用户一样高？如果公司成功地吸引大量新用户，这表明销售或者注册进展很顺利。这种情况下，如果不按获客时间来跟踪留存就不容易发现隐藏的流失。

利用群组分析还可以察觉问题的苗头。比如，增长团队可能发现，某次营销活动或者一年中某个时间段内获取的用户流失情况尤其严重。也许他们发现，前两个月新用户很活跃，但从第三个月开始每个群组都有很多人开始流失。

为了说明如何发现问题以及如何利用群组分析获得宝贵信息，找出流失原因，我们来看一个视频流服务的例子。这个视频流服务的用户按月付费，并且可以在任意月份取消订购。公司决定按照新用户注册的月份来对用户进行分类。如表 7–1 列出了这些数据。还要提醒一句，按照群组显示留存数据的电子表格读起来非常困难，所以将各个群组的数据绘制成留存曲线十分有帮助，这样很容易就能发现值得深入调查的数据规律。

表 7–1 群组跟踪工作表（2015.01—10）

转化月份	新增用户	每月留住的用户									A1
		01	02	03	04	05	06	07	08	09	10
01	150	140	130	125	118	105	102	97	95	95	95
02	180		172	160	150	140	130	121	118	118	118
03	200			190	178	169	155	142	135	132	128
04	270				188	175	170	153	144	137	131
05	350					247	228	216	202	189	178
06	450						307	288	269	258	244
07	225							210	195	180	166
08	235								218	207	197
09	240									224	211
10	250										233
		140	302	475	634	836	1 092	1 227	1 376	1 540	1 701

转化月份	新增用户	每月留住的用户占比（%）									B1
		0	1	2	3	4	5	6	7	8	9
01	150	93.33%	86.67%	83.33%	78.67%	70.00%	68.00%	64.67%	63.33%	63.33%	63.33%
02	180	95.56%	88.89%	83.33%	77.78%	72.22%	67.22%	65.56%	65.56%	65.56%	
03	200	95.00%	89.00%	64.50%	77.50%	71.00%	67.50%	66.00%	64.00%		
04	270	69.63%	64.81%	62.96%	56.67%	53.33%	50.74%	48.52%			
05	350	70.57%	65.14%	61.71%	57.71%	54.00%	50.86%				
06	450	66.22%	64.00%	59.78%	57.33%	54.22%					
07	225	93.33%	86.67%	80.00%	73.78%						
08	235	92.77%	88.09%	83.83%							
09	240	93.33%	87.92%								
10	250	93.20%									
		83.49%	77.04%	71.65%	65.32%	59.63%	58.52%	59.75%	64.34%	64.55%	63.33%

资料来源：克里斯托弗·詹兹（Christopher Janz）[11]

表格的左侧是每月注册的用户数，也就是我们要一直跟踪的群组。表格上半部分记录的是各个群组每月留存下来的用户绝对数。可以看出，1 月注册的 150 名新用户中，留存到 2 月的有 140 人，3 月 130 人，这之后每月的留存人数以相对稳定的速度递减，7—10 月该群组继续使用服务的人数维持在 95 人左右。再往后你会发现，2 月和 3 月注册的用户也显示出相似的留存比例。

但是，4、5、6 这三个月发生了急剧变化。最明显的是每月新增用户的人数从之前的 100 多人陡增到 6 月的 450 人。如果公司的增长团队只是以获取新用户为目标，那么他们就该欢喜了，因为他们成功地提高了每月的注册量。但是，仔细观察你会发现，4、5、6 月这三个群组的留存情况没有前面几个月好。数据显示，注册当月一过这三个群组的用户数量就开始急剧下滑，而且留存数量也没有像 1—3 月那样表现出任何稳定的迹象。

为了让这些数据在“总览图”中更加一目了然，团队可以利用群组图表中的数据绘制留存曲线图。为了简化问题我们只绘制两个群组——1 月群组和 5 月群组，但其实增长团队通常会同时

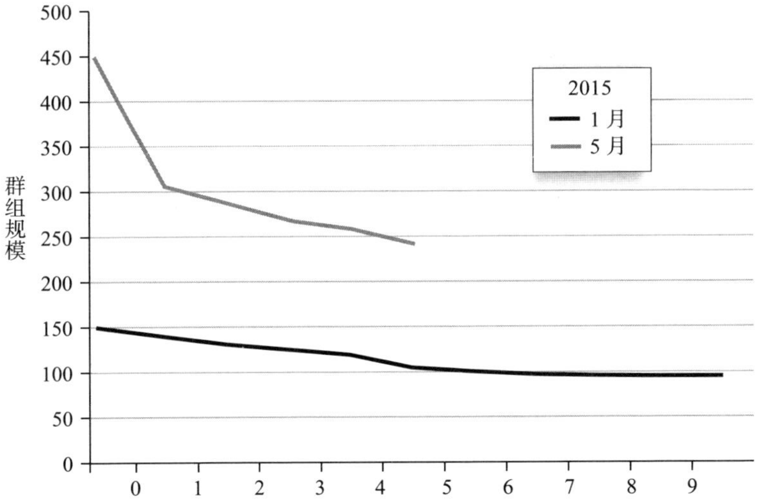

图 7–3 群组比较反映出巨大差异

绘制所有月份的留存曲线。从图 7–3 可以看出这两条曲线差别很大，当 1 月的曲线开始趋于平稳时，5 月的曲线还在继续下行。

很明显，增长团队可以从这些数据中解读出一些重要信息，弄清楚这三个月里究竟发生了什么。要调查清楚用户流失的原因，团队需要更加深入地分析这几个问题群组的数据。

出现这种情况可能是因为公司新一轮的广告宣传吸引了大量新用户，但公司提供的产品却并不适合这些用户。也有可能是因为公司提供了很大的广告促销折扣，但价格恢复正常后大量新用户很快就弃用产品。还有可能是因为公司决定使用新渠道来进行广告宣传，以便更好地针对特定人群投放广告，比如针对在家带孩子的女性。可能广告的效果很好，一下子就赢得了妈妈们的喜欢，但是，当她们和自己的孩子一起看了几部电影后发现里面可选的电影并不是十分丰富，于是她们取消了订阅。意识到广告宣传和留存率下降之间存在某种关联之后，增长团队就可以利用这个宝贵信息来决定尝试哪种试验。显然，这些妈妈成为潜在新用户的可能性很大，但是在向她们展开第二轮广告攻势之前公司应该在电影库中增加她们爱看的电影，或者用更好的方式突出显示已有的电影资源，让用户一注册就能看到有哪些电影可以选择。或者，团队一时还无法看清用户流失的真正原因，这时他们就应该基于这些观察针对流失用户开展问卷调查，询问她们为何取消订购。团队可以通过一些问题来验证假设：可选择的电影有限的确是用户取消订购的原因。

按获客月份对用户进行分类只是群组分析的第一步。你还需要创建其他类型的群组，例如按照获客渠道来划分群组，如用户推荐计划群组和付费广告群组等。还可以根据用户访问网站的次数或者购买次数来分类。对于视频流服务增长团队而言，还可以按照用户在第一个月内观看节目的数量或者电视剧的集数，或用户在第一个月内观看视频的天数来分类。用这种方式分析数据可以让增长团队找到使用频率与留存率之间的关联，同时还能帮助他们找到可以带来更高留存率的电影或者视频节目。

不同的商业模式，比如电子商务，可能有不同的群组划分方式。假设我们的食品商店 App 团队根据用户注册后第一个月内购买商品的次数来划分群组，如第一个月内使用 App 下单一次、下单两次、下单三次的群组。通过连续 6 个月跟踪不同群组的留存情况，团队可能发现，每月下单三次及三次以上的群组留存率远远高于其他群组，所以，完成注册后第一个月内购买三次就是一个拐点。这个发现让团队将试验重心放在增加用户注册后第一个月内的购物次数上。

值得注意的是，使用群组或者上面介绍的其他方式来跟踪留存需要强大的分析能力，这是像谷歌分析这样的基础网络分析工具无法做到的。如果你已经建好用户数据库，能够根据适当的变量对用户进行分类，那么数据分析师就可以相对容易地整合这些报告。你如果缺少一位专职的数据分析师，那你就可以考虑使用像 Mixpanel，Kissmetrics 或者 Amplitude 这样能分析庞大数据的分析工具。尽管谷歌分析新近增加了群组分析功能，但是这些工具更强大，能够让你完成像上面那样更精细的分析，而且它们使用起来也很简单。

破解初期留存

分析完群组数据，找到初期留存中的流失节点并且通过调研确定了流失的原因，增长团队就可以开始试验破解的方法。用于改善初期留存的增长手段与改善激活的增长手段本质上是一样的，因为前者其实是后者的一种延伸。不断优化新用户体验，让用户尽可能快地体验到产品核心价值是这一阶段最重要的两大策略。使用移动推送和邮件这样的触发物也能够有效强化用户对产品实用性和价值的认识。但是，正如我们在上一章中所讲，留存初期增长团队不应该只想着靠触发物来唤回用户，团队还应该关注产品的用户体验以及进一步改进产品这两个方面（可以回到第六章复习一下这些策略）。

让用户养成使用习惯

前面讲过，留存中期的核心目标是让用户养成使用产品的习惯，从而巩固用户对产品的忠诚度。对于一些产品而言，这意味着让用户习惯每天或者每周使用产品，但对另一些产品而言，用户使用产品的频率可能低到不足以称之为“习惯性”。这里，“习惯性”这个词与使用频率无关，只是单纯地用它来表达当用户想买或者想使用某一类产品或服务时，他们会第一个想到你而不是你的竞争对手，换句话说，他们是忠诚于你的。

让用户形成习惯关键在于让他们确信继续使用你的产品或服务能带给他们持久的回报。在《上瘾》这本书中，消费者行为专家尼尔·埃亚尔介绍了最富吸引力的产品是如何做到这一点的。尼尔在他的上瘾模型（见图 7–4）中描述了这个过程，这在增长黑客中被称为参与回环（engagement loop）。我们在激活阶段讨论过外部触发物，如移动推送、邮件以及 App 内提示等，这里它们又派上了用场。这些提示可以促使用户采取行动，从而触发强大的参与回环，让用户形成习惯。增长团队应该找出触发物的最佳使用数量、方法和频率，以创造并强化用户习惯。

图 7–4 尼尔·埃亚尔的上瘾模型[12]

要明白习惯是如何形成的，可以想一想人们去健身房健身的心理。人们一开始决定要保持身材时往往需要外部刺激来帮助他们完成健身的心理建设，比如在日历上勾画日期或者坚持完成与教练或朋友定下的锻炼计划。但一旦人们从健身中获得足够多的回报——感觉身体更健康、发现自己肌肉更紧实、体重下降等——许多人就不再需要这种外部提示了。人们吃早饭的时候不时地刷脸谱网，下班回家的途中在 Instagram 上发照片或者到 Yelp 上找和朋友见面吃饭的地方，这些都涉及同一个基本的过程。吃早餐、开车回家或者选餐馆这些行动成为内在的、下意识的触发物：其他的提醒都是多余的。

亚马逊的 Prime 计划就是培养用户习惯的典范。你也许还记得，许多分析人士料定这个计划会失败，因为免费配送成本太高，他们认为亚马逊将难以为继。了解了上瘾模型后你再去看 Prime 计划的本质就不难理解为什么这些人错了。首先，Prime 会员每次购买 Prime 计划内的商品就能获得两个重要并且诱人的回报——免费配送省下的钱以及两日内配送带来的即刻满足感。此外，每次用户在亚马逊上购物都是在证明他们当初花 99 美元注册 Prime 是明智的，对用户而言这也是一种回报。会员每次看到购物省下的配送费（而且通常 Prime 商品在价格上也有优惠），他们就会对自己说，看吧，花 99 美元很值，帮我省了这么多钱。亚马逊订单系统负责人维贾伊·拉文德兰告诉《一网打尽》（*The Everything Store*）的作者布拉德·斯通，事实上，订购费的意义

“绝不仅仅是 99 美元。它真正的意义在于改变人们的心理，让他们不去别的地方购物。”[13] 确实，Prime 计划在创造习惯方面如此成功，一篇刊登在美国《商业周刊》(*Businessweek*)上的文章指出，亚马逊预计需要两年时间才能实现这个计划的收支平衡，但事实上它只用了不到三个月就做到了。[14]

Amazon Prime 的参与回环很明确，而且重复使用还能不断强化循环，这也是 Prime 如此成功的原因。当然，这个模式并非对所有人都适合。增长团队应该根据产品的核心价值绘制自己的参与回环，然后不断衡量、监测和优化循环。通过分析数据并且试验能给用户带来最大回报的触发物，团队就可以为自己的产品找到创造习惯的方法。比如，视频流服务的增长团队可以衡量并比较促进用户发现新节目和促进用户看完正在看的节目这两类触发物哪个更有效。

一个对大多数类型的产品都适用的原则是：提升回报在用户眼中的价值可以带来更大的留存。要让产品或者服务更易于形成习惯，增长团队应该试验向用户提供各种各样的回报，并鼓励他们通过行动来获取回报。用户采取的行动越多，回报越大，他们眼中看到的回报价值也就越大。团队应该进行群组分析，找出哪些用户最热衷于使用产品，他们使用最多的是哪些功能，哪些功能带来最大价值的回报，创造最高的留存。团队还应该找出那些还不够活跃的用户，通过给他们提供更有吸引力的回报来激励他们更多使用产品。

例如，视频流服务团队可以根据用户的观看时间将他们分为不同群组。分析显示，最活跃的一群用户一次会连续看几集节目，换句话说，他们会“刷剧”。网飞就充分利用了这种新的观看习惯。这一发现可能让团队开始考虑如何通过鼓励用户刷剧来创造一种新回报。比如，网飞一次性推出整季原创内容，而不是每次只播一集。团队还可以分析哪些类型的电视剧最容易被刷剧，并且开展试验在网站上主推此类电视剧。

提供实际的、体验式的回报

许多流行的回报策略都强调让顾客去“赚”节约的钱，或者给他们发购物券、代金券或者礼物。特别是零售业，长期以来这个行业已经积累了许多这样的回报策略。这些回报很强大，团队也确实应该在这方面大量开展试验。但很重要的一点是，团队不应把目光局限在金钱或者省钱这样的回报上，而是应该试验产品体验这种回报。实际上，一些最易于习惯形成的回报是无形的回报。这类回报中有不少值得试验。比如社交回报，脸谱网的“点赞”功能就在很大程度上促使发照片和评论成为用户的一种习惯。同理，飞行常客奖励计划很早就开始使用诸如会员升级、贵宾休息室和优先值机这样的社交回报，而且它们相比折扣机票更能让用户保持忠诚。团队应该创造性地思考可以提供什么样的无形回报，而且还应该试验将实际回报和体验式的社交回报结合起来。

按照激励—市场匹配原则，回报应该契合产品价值。近年来，在促进习惯形成、提高留存（当然还有其他增长杠杆）方面，除了给用户提供特价优惠和折扣以外，还有三个值得注意的回报策略。虽然这里无法完全列举所有策略，但至少这三个例子代表了现有的很多可以大规模实施的策略。

品牌大使计划

这类计划通常结合了社会回报和实际回报，通过授予用户高级用户的称号来给用户提供社会认可以及其他的实际好处。

Yelp 精英队计划是利用这种方法提高留存最成功的案例。通过给予第一个给商家留言的用户特殊认可并且让用户给那些有用、有趣或者只是单纯“很酷”的评论点赞，Yelp 就成功给用户提供了强大的社会回报，激励他们写更多的评论。

Yelp 团队向最活跃的用户颁发“精英”奖章，他们解释说：“（这是）我们认可和奖励那些在线上和线下都很活跃的口碑传播用户和模范用户的方式……精英队成员的个人档案中有一枚闪亮的精英徽章，而且精英用户还能享受参加 Yelp 活动和提前入场这样的特殊优待。”[15] 这个计划大获成功。美国东北大学的经济学教授王忠民对 Yelp 进行研究后发现，Yelp 主要的竞争对手，比如 Citysearch 和雅虎区域搜索，其用户在网站上留下超过 6 条评论的比例在 5%~10%。相比之下，Yelp 用户中有超过 65% 的人在网站上写 6 条甚至更多的评论。而且，Yelp 网站总评论量的 44%

都是由精英用户贡献的。[16]

利用品牌大使计划来提升用户忠诚度和留存率的不只是网络公司。餐馆、酒店、信用卡公司以及许多零售商很早就成功使用这类计划，巧妙地将诸如归属感、社区和地位这样的社会回报与更实际的回报结合在一起。美国运通百夫长卡，也就是广为人知的黑卡，就是一个经典例子。许多人都觊觎黑卡，把它视为终极地位的象征。黑卡持有者人数有限（需要每年在运通账户上消费并还款至少 35 万美元），它具体能带来哪些好处一直笼罩在神秘当中，而且它提供的实际回报甚至能令最富有的美国运通用户感到与众不同（例如专享的优惠、旅行和柜台服务）。[17]

近年来最令人瞩目的品牌大使计划出自发展迅速的媒体公司 theSkimm 之手。这家公司向职业女性提供员工亲手编辑的每日新闻，目前它的日读者量已经发展到 350 万。[18] 要想成为“Skimmer 大使”，读者需要向 10 个朋友推荐这个服务，这样做的回报不仅包括获得网站公开认可，还包括名牌 T 恤、手提包、手机壳、社交机会以及在新闻电子报中刊登生日祝福等等。[19]

认可用户成就

所有用户都看重来自公司的认可，哪怕只是很小的认可。对用户表达认可的最佳方式是肯定他们的某种成就或行为，或者使用营销圈中称为“行为邮件”（behavioral email）的方式，也就是当用户完成了一个里程碑事件时就给他们发去祝贺邮件。比如当你走到当日第一万步时，Fitbit（一家研发和推广健康乐活产品的新兴公司）就会给你发一条祝贺推送。又如，当你跑完 10 英里或者完成距离最长或速度最快的一次跑步时，Runkeeper（一款私人运动记录应用）就会给你发送祝贺邮件。同样，推特的联合创始人埃文·威廉姆斯创办的博客发布平台 Medium 会在用户文章被推荐 50 次或 100 次时向用户发送邮件。大多数推荐计划都内设了这样的成就推送，一旦朋友加入时就会向用户发送邮件，鼓励他们邀请更多人加入。[20]

这些推送也可能是告知你其他用户采取了一些可作为你的个人成就的行为，比如领英会给用户发送邮件告诉他们有人认可了他们的技能，推特会提醒用户有人为他们点赞或者转发他们的推文。脸谱网和 Instagram 的做法尤其聪明。它们会给用户发移动推送，告知用户他们的脸谱网好友加入了 Instagram，或者鼓励他们给其他用户在 Instagram 上发的照片点赞，尤其是给那些有一段时间没有发新照片的用户点赞。这两类推送可以从两个方面提高留存率：让用户重回 Instagram 查看朋友最新状况，以及通过增加新用户在 Instagram 上的粉丝数量、获赞和留言数量来回报新用户。

客户关系个性化

随着储存用户信息的海量数据库和强大的数据分析工具的出现，公司更精准，甚至一对一地满足用户需求和欲望的能力大幅提升。沃尔玛实验室（WalmartLabs）产品和工程部副主席舒维克·慕克吉指出，公司在增长领域最重要的一个转变是从传统的“一对多”营销思维模式转变为提供完全个性化的“一对一”的用户体验。比如，现在公司可以根据每位用户的喜好发送个性化邮件和产品推荐，即使用户数量达到几百万也能做到这一点。他指出，这种大规模的个性化做法核心在于“理解用户，理解你所处的行业，并确保在二者之间建立完美的匹配”。[21]

亚马逊是个性化技术的先驱。这个技术之所以成功得益于大规模的客户数据以及更先进的编程技术让公司可以高效地挖掘有关用户个人喜好的海量信息。要实现个性化不仅可以利用用户提供的个人信息或者他们在公司网站或者 App 上的行动，还可以利用他们在整个互联网中的行为数据。现在通过诸如 Demandbase 这样的数据供应商就能够轻松获取这些数据。也有许多公司提供个性化技术，比如 Salesforce（一家客户关系管理软件提供商）、Optimizely 和 HubSpot。

Optimizely 的前内容经理卡拉·哈什曼曾分享过公司如何通过向最重要的用户提供个性化主页体验来改善包括激活率和留存率在内的诸多指标。以前公司网站只有一个主页，后来则根据关键账号、用户访问时间以及垂直市场等不同因素设计出 26 个不同版本的主页。比如，如果用户从《纽约时报》的办公室登录公司主页，他们看到的页面就会显示针对出版商的 Optimizely 产品和服务。而如果是微软员工，他们看到的则是 Optimizely 可以如何帮助技术和软件公司。[22]

机器学习算法正在引发新一轮个性化浪潮。如它的字面意思所指，机器学习是指软件根据用户反应来优化和改善个性化措施，而非由人来做这个决定。这项技术很复杂，但它正在变得越来越容易操作。比如在英曼，摩根和他的团队在电子新闻周报中向用户发送为他们量身挑选的新闻故事，做到为每一位订阅者提供独一无二且与用户高度匹配的内容。这一个性化服务获得了Boomtrain（一家基于机器学习的个性化数据公司）的数据支持后简直如虎添翼。Boomtrain 通过将机器学习与个性化相结合成功做到持续优化新闻内容的相关性，而无须摩根的团队做任何额外的工作。这还只是提供此类服务的众多公司之一。团队还可以利用诸如 Apache Spark（大数据处理引擎）提供的开源软件“机器学习图书馆”来建立自己的软件，这样也能取得同样的结果。

我们在第一章中曾简单提过，Pinterest 的增长团队在机器学习个性化和优化方面进行了大量试验，他们建立的 Copytune 程序可以帮助团队迅速测试 30 多种不同语言、数十个版本的推送文案。Copytune 最后会选出最优版本并自动完成后续测试。这个程序对每种信息组合方式进行测试，结果令人难以置信：每月重返网站的用户数量（月活跃用户）大幅增长。虽然增速是个位数，但考虑到 Pinterest 的用户规模超过一亿，这样的增长速度意味着公司每月增加的活跃用户达到数百万。虽然公司没有透露新增访客带来的广告收入，但可想而知，这个数字一定十分可观。[23]

如果团队想进行个性化测试可以先从触发物入手。大多数邮件营销软件都能提供各种各样的个性化选项，既可以简单到在邮件中插入收件人姓名，也可以基于用户历史行为向他们发送为他们量身定制的邮件内容和产品推荐。我们的食品商店 App 团队可以向那些在 App 下单一次、从未下单以及 App 订单平均金额超过 100 美元的用户发送不同的邮件。完成了这个第一步，增长团队就能获得用户体验有效性方面的早期数据，并根据结果决定是否做进一步投资。

控制节奏

如果你购买过任何初始版本的电子产品，或者参与过挑选诸如 Salesforce 或者 Oracle 这样的企业软件，那么你肯定知道向用户承诺新功能即将上市是一个多么强大的留存诱饵。告诉用户马上会有新功能或者新产品以及这能给他们带来什么好处，可以有效地诱导用户一直使用产品。这一招对 SaaS 产品、电脑游戏以及像 Hulu 和 HBO[①] 这样的内容供应商特别管用。网飞就有效地利用了这种策略。诸如《纸牌屋》和《女子监狱》（*Orange Is the New Black*）这样的网飞原创剧在新的一季播出之前都会有一段间隔时间，这样能让用户一直保持活跃的订阅状态，因为他们会等

① HBO 是一个美国的付费有线和卫星联播网，为时代华纳公司所有。——译者注

新的一季出来刷剧。同样，Salesforce也不急于发布重大产品更新，而是留到新的年度活动中来宣布，通常是夏天一次、冬天一次。这样做可以让用户一直期待这些不可或缺的新功能从而保持活跃的订购状态。苹果公司也巧妙地使用了这个策略，它让用户迫不及待地等着公司推出最惊艳的新产品，然后升级自己的设备。

凯鹏华盈（Kleiner Perkins Caufield & Byers）的风险投资人宾·戈登在分享他与HBO的CEO克里斯·阿尔布雷克特的一次对话时说到了“马上就来”这一招威力有多大。阿尔布雷克特批准了制作《罗马》（*Rome*）这部以史上最烧钱而闻名的原创剧，它每集的制作成本高达900万美元。戈登问阿尔布雷克特，斥巨资制作一部最终并没有吸引太多观众的电视剧是否太不划算？阿尔布雷克特跟戈登分享了“马上就来”的威力。他说，从宣布这部剧即将上映到播出第一集的这段时间内HBO几乎没有流失任何用户。订购用户都拭目以待，想要看看这部剧究竟为何值得如此大肆宣传。虽然最后并没有多少人观看，但在之前两个月的时间里公司的用户流失率几乎为零，其间公司的盈利远远超过了这部剧的制作成本。[24]

但是，如果你对用户承诺很快就会有很棒的产品更新，却让他们一等再等，就可能惹怒用户。这也是为何试验如此重要：它可以帮助团队确定公布消息的最佳时机。比如，为视频流服务改善留存的增长团队可能了解到，公司刚刚敲定了一部以前没有播过但可能会极受欢迎的电视剧，计划三个月后才上映。团队决定尝试向用户发送新剧即将播出的推送，看看这样做能否在播出前的这几个月刺激更多用户续订。团队可以通过给那些以前看过同类剧的用户发送邮件并进行简单的 A/B 测试。对照组是常规体验，而实验组将收到一两轮关于新剧“即将播出”的邮件信息。通过比较这两组的留存率就可以量化推送的效果。如果“即将播出”的消息引起用户兴趣并留住了更多看过类似电视剧的订阅者，那么增长团队就可以大胆地将“即将播出”策略作为用户沟通的一个永久组成部分。

保持长期活跃

一旦你在一定规模的用户群中实现了强劲的留存，下一步就是专注于如何让用户乐于使用你的产品并长期保持高度活跃。我们建议使用一种双管齐下的做法：（1）优化现有的产品功能、推送以及对重复使用的奖励；（2）在一个较长的时间周期里定期推出新功能。把握好这二者之间的平衡极其重要。许多公司都急于在短期内推出大量新功能，用产品团队的话来说，这叫功能膨胀（feature bloat）。这样做往往会导致产品过于复杂而掩盖产品的核心价值。在一份 2005 年的研究报告中，营销科学学会的研究员德博拉·维亚纳·汤普森、丽贝卡·汉密尔顿和罗兰·拉斯特指出，将太多功能塞进产品中往往会损害长期留存，因为“为了实现用户选择范围的最大化而在产品中加入许多功能最终可能降低用户终身价值。”他们得出的结论是，“公司应该考虑拥有更多功能有限但更加专业化的产品，而不是将所有可能的功能都集中在一个产品上”。[25]

技术专栏作家大卫·波格在他 2006 年的 TED 演讲中通过下面这张让人看得抓狂的截图把功能膨胀给用户带来的痛苦展示得淋漓尽致。把微软 Word 工具栏中的所有选项都打开最后得到的就是这个效果。[26]

图 7–5　微软 Word 功能膨胀

判断何时推出在线产品的新功能尤其困难，因为相比实体产品，推出在线产品的新功能要容易很多。当人们习惯了产品的外观和功能后，过快或者突然改变产品可能得不偿失。这里就有两个现成的例子：Instagram 推出新的算法时间线以及推特将推文收藏符从星形变为心形并将它的名称从“收藏”改为“赞”，这两个做法就引起许多用户的不满。

增长团队可以通过试验给用户提供产品原型或试用版来评估拟推出的新功能是否具有吸引力。团队首先应该在少量用户中对新功能进行实际测试，试验产生的数据可以帮助公司在大范围推广前进一步完善新功能。尽管在大多数机构中设计新功能是产品团队的职责，但毫无疑问，增长团队可以根据他们定期进行的调研和数据分析为产品团队提供一些新功能方面的想法。同样，增长团队整合数据后可能会发现新的产品优化机会，这可能是市场调研或者战略规划无法发现的。换句话说，增长团队中的所有成员都应该不断寻找机会来优化现有产品功能，实现留存最大化，同时开发新功能。

为了说明具体怎么操作，让我们回到食品商店 App 团队，看看他们如何与这家食品连锁店的产品团队合作推出一个重要的新功能。产品团队一直在为 App 的一个新功能研发产品原型：用餐计划。这项功能可以结合用户的购买历史以及 App 上最受欢迎的商品来向用户推荐全谷物食谱，让用户轻松购买所需要的食材。顾客需要做的只是输入用餐人数然后点击提交，所需商品就按适当数量自动加入购物车。增长团队和产品及营销团队共同确定了一个测试战略：先向一定数量的用户提供用餐计划功能，同时试验如何提高这批用户使用这个功能的频率。比如，增长团队掌握的数据显示，免费配送可以有效改善留存。他们可以基于此向产品团队建议，通过用餐计划向用户推荐可以使他们的订单金额达到免运费标准的食谱。他们也可以尝试利用触发物提醒用户 App 上更新了全谷物食谱推荐。团队也应该测试何时以及如何向用户推荐这个用餐计划，如何向那些使用试用版本的用户介绍功能上的改变。

持续的用户引导

增加新功能并且越来越了解最活跃最满意的用户如何使用产品后，你需要继续引导用户，让他们了解可以从产品中获得怎样的价值。因此，长期留存的另一个关键要素就是弄清如何让用户沿着学习曲线前行。这个过程便是持续的用户引导，它与学习任何一门学科、一种乐器、一门语言或是一项技能的方法是一样的：首先完成容易实现的小目标，然后逐渐提高熟练程度。应该将这种学习进程嵌入任何需要用户掌握的新功能中，让他们从产品中获得最大价值。用户体验设计师哈里·布努将这个过程称为“爬坡”。

用户使用产品越来越熟练后，就应该引导他们开始关注以前从未用过的功能和刚推出的新功能。这是一个循序渐进的过程，而且用户开始学习新功能之前必须首先掌握旧功能。布努强调，谷歌分析使用一系列渐进式的通知推送来引导用户更加深入地体验产品，这就是一个爬坡的好例子。布努说：“他们监测用户行为，通过一个决策引擎来决定推送的内容，然后跟踪用户完成了哪些行为，适时引导用户开始新行为。”

增长团队应该测试持续的用户引导中所有的信息传达，比如向试验组发送有关新功能使用的不同版本的文字和图片说明。如果结果显示邮件信息在增加这些功能的使用率方面很有效，那么团队就可以试验在产品自身加入凸显这些功能的信息，例如在其他功能的登录页面增加新功能的宣传视频。

复活“僵尸用户”

重新赢回已经弃用产品的用户，这在增长圈子里称为“复活”。增长黑客过程可以帮助你找到赢回从你的雷达上消失的“僵尸用户”的试验。当然，第一步是调查用户当初消失的原因。最简单的做法是采访那些取消或者不再使用产品的用户，直接询问他们离开的原因。例如，当印象笔记为改善留存绞尽脑汁的时候，他们的增长团队发现用户不再使用服务的一个很大原因是他们换了新电脑或新手机后没在新设备上立刻重新安装 App。

HubSpot 的产品经理丹·沃赫诺克指出，增长团队在根据僵尸用户的反馈考虑应该尝试何种试验之前，第一步是弄清楚人们离开的原因是否是可控的或者是可以解决的。[27] 比如和印象笔记一样，商店 App 团队了解到，人们不再使用 App 是因为用户没有在新手机上重新安装 App。如果团队发现用户很长一段时间处于休眠状态，那么他们就可以通过设计新邮件和重定向广告来鼓励用户重新安装 App。但是，如果人们离开的原因是因为这家食品连锁店没有用户想要的品牌的商品，这时增长团队可能就无能为力了。这种情况下，团队最好是提醒采购部用户对那个品牌的商品有很大的需求（他们当然应该这样做，因为这个品牌商品的缺乏不仅影响 App 的留存，而且还影响连锁店的整体发展）。

复活流失用户的大部分工作是靠邮件和广告来完成的。如果团队注意到在一个预先设定的时间段内（长短可通过试验来确定）用户的购买活动或者其他活动降为零，那么就应该把他们纳入复活流（resurrection flow）。这时，团队应该给他们发送电子邮件或者定向广告，提醒他们产品的"啊哈时刻"或者当初吸引他们的产品核心价值，以此来挽回用户。有时公司可以通过为"冷淡"或休眠用户制作专门的自定义邮件和推送通知来激活他们。因为这些用户已经很熟悉产品并且已经体验过产品的"啊哈时刻"，所以激活他们所需要的成本和努力相比获取全新的用户都更少。

比如，在英曼，摩根找出那些曾经在网站上看过文章但已经三周没有访问网站的用户。鉴于许多用户都是按月订阅，所以他推测那些每月访问次数不足一次的用户更有可能注销账号。团队因此进行了一项测试，他们向这些用户发送邮件告知他们过去几周发生的重大新闻，并且通过行为召唤鼓励他们回来重新使用网站。收到邮件通知的用户中重回网站的比例比没有收到邮件的对照组高出了 29.4%。

当然，和任何定向邮件通知或者广告战略一样，这种方法很容易做过头。最重要的一点是，你需要试验信息传达的措辞、频率以及持续时间来确保你请求他们“回来”的信息不会惹烦或者进一步疏远用户，否则你只会让他们对你的评价更差，从而彻底击碎挽回他们的一切希望。有时候，公司应该接受事实，承认用户不会再回来了，然后停止向他们发送信息。有时，用户会出于一些完全不受你控制的原因自愿回来，可能是因为一个朋友聊起他多么喜欢这个产品（推特发现，大量休眠用户重新回来使用服务就是因为这个原因）；或者因为用户换了一份新工作，而你的产品对他的工作有帮助；或者因为他之前选择了你的竞争对手，而这个竞争对手破产了或者没有持续改进产品；又或者是因为某个名人或用户的老板开始使用这个产品，等等。

复活这类“冷淡”用户似乎是次要问题。毫无疑问，如果留存不乐观，你首先关注的应该是新用户的初始留存。但记住，每一位最终留住的用户都代表了可以持续为公司创收的机会，所以复活的努力是有价值的。现在，为了仔细研究如何在改善留存之后最大化地利用机会赚取更多收入，我们需要探讨增长黑客怎样帮助公司从每一位用户身上获得更大的收益。

第八章

变现：提高每位用户带来的收益

获取、激活和留存客户的终极目标当然是从他们身上获取收益，并且逐渐提高每位用户带来的收益，也就是提高用户的终身价值。这一章我们将专门讨论在用户身上实现更大收益这一使命，增长黑客法为我们提供了很多优化变现的实验设计方法。前面我们讲过许多增长团队都没有使用这些策略，而是把精力主要放在用户获取和激活方面，这使他们浪费了大量增长潜力。我们希望这一章能够改变这种情况。

公司的商业模式不同，提高用户终身价值的基本做法也不同。对于零售公司而言，提高用户变现能力的根本途径是说服他们购买更多产品，而对 SaaS 公司而言，是让更多订购者续订、延长订购年限和升级到价格更贵的服务（如果是免费 + 增值服务则是让更多用户升级到付费计划）。如果你的收入来源是销售广告版面，那么增加创收本质上是要创造更多广告位并且说服更多广告主出更高价钱来购买你的广告位。每种商业模式会使用不同的策略，但是无论哪种情况，增长团队都应该首先通过一个最基本的诊断过程来提出增收的试验想法。

绘制变现漏斗

和其他所有增长黑客手段一样，破解变现的第一步是分析数据，找出最具潜力的试验。首先，增长团队要回到根据整个用户旅程绘制的基本路线图。在第六章中我们讲过，团队应该在启动增长黑客过程之初就绘制好路线图。变现阶段团队要做的是在路线图上标出从获客到留存的整个过程中所有可能从用户身上盈利的机会。同时，还要找出用户旅程中阻碍创收的所有环节，比如支付过程中的摩擦。

零售公司的用户路线图常常被称为购买漏斗，它们最重要的增收环节包括商品的展示屏、购物车以及结算页。对于 SaaS 公司而言，重要的增收环节包括说明各种服务的功能、价格以及计划档位的页面、推广附加功能和功能升级的页面。对于靠广告盈利的公司，最重要的环节是所有可以用来展示广告的页面，无论这些页面是否已经被公司利用起来。

确定了基本路线图中的重要环节之后，下一步是分析哪些环节带来的收益最高，哪些环节是夹点（pinch points），也就是损失潜在收益的地方。商业模式不同，夹点出现的地方也会不同。增长团队在找出产品、网站或者 App 上有很高创收价值的页面和功能后就可以开始试验增收手段。同时团队还要找出转化率低、摩擦阻力大的夹点，进而找出填补收益漏洞的方法。

不同的商业模式在用户旅程中的典型夹点是不一样的。对于电子商务公司来说，用户从挑选商品到完成购买之间是一个危险区，因为许多用户往往中途就放弃购买。Monetate（一家为电商企业提供个性化定制服务的公司）在2016年初的一项调查发现，虽然将近9.6%的网站访客将商品加入购物车，但最终下单的人数不到3%。[1]对SaaS公司来说，显示计划档位和价格的页面不够优化常常损害购买率。对靠广告盈利的公司来说，广告侵入性太强令用户反感，或者广告内容或设计不够醒目、不够有吸引力，这些都是常见的变现沉洞（sinkhole）。

增长团队可以首先评估这些常见夹点，但是他们还需要更细致地分析具体的变现漏斗，这样才能找出产品特有的弱点并且有针对性地设计实验。比如，一家在线零售商可能发现，它的一些产品页面激发的购买量少于行业调研中同类商品的正常购买量。这时，增长团队可能决定专注于试验可以增加这类产品销量的增长手段。或者一家靠广告盈利的内容供应商或媒体公司通过分析发现，某个特定广告版面上的视频广告效果不如同一版面上的文字广告，增长团队可能决定将精力主要放在提高视频广告的有效性上。比如，试验改变视频广告的尺寸、位置或者视频的其他本质特征，如视频长度、行为召唤或者是否包含文字说明等。

对SaaS公司而言，可能分析结果显示，免费试用注册到付费订购之间是一个夹点。通过深度分析流失原因，团队发现，在免费试用阶段没有使用某个特定功能的用户比那些使用了该功能的用户购买利润丰厚的企业计划的可能性小了一半。因此，团队可能决定重点试验提高使用该功能的试用者比例，进而提高试用期结束后购买付费计划的人数。

就绘制路线图的工具来说，我们提到过的许多常见分析工具就能为电商企业制作简单的购买漏斗。像 DoubleClick 这样的广告服务商可以为出售广告版面的互联网公司提供广告反响分析软件。但是，如果想要完整地绘制公司变现漏斗中的所有步骤，还需要一位数据分析师来完成一些额外的工作。

关注每个群组的贡献

你在分析用户数据、评估盈利机会时还需要将用户分成大量群组，就像在破解留存阶段所做的那样，只不过这里你关注的重点是每个群组贡献的收益。因此，首先要根据用户创造收益的高低来建立群组。订阅服务通常按照订购计划的档位来划分群组；电商企业则可以根据用户每年（或者每月和每周，具体取决于你的商业模式）的消费额来划分群组；靠广告盈利的公司情况稍微复杂一些，因为用户参与度是决定公司投放多少广告以及向广告主收多高版面费的主要因素，所以采用广告模式的公司不仅应该跟踪广告商业模式中最基本的变现指标——每用户平均收入①，还应该根据用户参与度，尤其是用户对广告感兴趣的程度，来进一步划分群组。比如，根据用户在网站或者 App 上逗留的时间，每次浏览的网页数或者 App 屏数，或者这家公司其他特殊的参与指标（例如用户观看的视频数）来划分群组。[2]

除了收益之外，增长团队还应该用其他方式来划分群组，这也是我们在讨论破解留存时所推荐的做法。分组方式应该包括（但不限于）：地点、年龄和性别、客户购买商品的类型或者使用的功能、获客渠道（是通过谷歌广告还是推荐计划）、使用哪种设备访问网站或 App（台式机还是移动设备，是使用微软 Windows 系统还是苹果系统）、使用的是哪种网络浏览器、在某个时间段内访问网站或 App 的次数、用户第一次购买或者第一次采取行动的日期等。同样，在这个阶段重点不是寻找留存规律，而是寻找每个群组和收益之间的关联，从而帮助团队找到试验想法。

我们来看一看 HotelTonight 的例子。这个移动 App 可以使临时需要住宿的用户以很低的折扣预订酒店房间。它根据用户使用 App 时联网的方式 [是通过 Wi-Fi（无线局域网）还是通过 3G 或 4G 网络连接] 来创建群组并分析不同群组的购买行为，结果有一个出人意料的重大发现：那些通过 3G 或 4G 网络使用 App 的用

① 每用户平均收入，指一个时间段内运营商从每位用户身上获取的利润。——译者注

户订房率是那些在 Wi-Fi 环境下使用 App 的用户的两倍。（使用 Wi-Fi 预订不是应该更容易吗？）因此它提出了一个假设：相比使用不稳定的数据连接，用户使用 Wi-Fi 更容易在其他旅游网站上进行比较购买，因为数据不稳定时竞争对手的网站速度很慢而且不可靠，用户会更愿意使用 HotelTonight 来预订房间，但如果使用网速很快的 Wi-Fi，那么用户就会进行比较购买。基于这个洞察，HotelTonight 只向那些不是使用 Wi-Fi 的用户投放定向广告，最终提高了那些看到广告的新用户的购买率。[3]

对于电商企业来说，除了按照顾客的消费额来划分群组以外，其他重要的划分方式还包括顾客购买量、订单的平均金额、所购商品的类型、第一次购物的日期、在某个时间段内的购物次数（比如每月或每年）以及他们通常购物的月份或年份。比如，团队发现，90 天内只购物一次的用户中在接下来的 12 个月里消费额达到甚至超过 500 美元的比例是 55%，但 90 天内购物两次的用户这个比例是 95%。因此，团队可以设计一些试验鼓励所有在 90 天内购物一次的用户在这期间购物两次。比如，团队可以在用户第一次购物 30 天后通过邮件向他们提供巨大的折扣或者特殊优惠（例如免费配送），然后 60 天后再发送一次这样的邮件。

对于广告收益模式的公司来说，更细地划分用户群可以让它们试验不同的变现手段，既可以进一步变现已经创造很高用户参与度的广告版面，还可以改善参与度较低的版面的广告效果，进而实现增加营收。例如，一家媒体公司的增长团队可能发现，用户在网站上的逗留时间达到或者超过两分钟的话，那么他们点开广告的可能性是那些逗留时间不足两分钟的用户的三倍。了解到这一点后，增长团队可以设计试验来增加不常使用网站的用户在网站上的逗留时间，例如可以在用户读完一篇文章后向他们展示相关度更高的文章。或者，团队可能发现许多读者停留很久的网页并没有特别有效的广告内容，如视频库页面或者篇幅很长的文章。这时团队就可以试验在这些页面上使用新的广告类型或者改变广告的展示位置，比如用户浏览视频页面时在两个视频之间展示广告或者用户在阅读长篇文章时在文章内部插入广告。

SaaS 公司的用户一般是企业，它们需要重点分析的用户群组就应该是不同类型的企业，因为有些公司财力雄厚，所以它们更愿意购买价格更高的计划和附加功能。比如“调查猴子”（SurveyMonkey，一家网络调查公司）就按客户类型进行群组分析。这家网站专门为各类企业提供可以满足不同目的的问卷调查服务，它的用户包括进行市场调研的营销团队、衡量用户满意度的用户服务团队，以及为科研论文做问卷调查的学生等等。这家公司增长团队负责人埃琳娜·韦尔娜和她的团队发现（可能并不意外），来自教育机构和非营利组织的客户和大学生购买专业付费版本的比例不及其他类型的用户。于是他们试验专门向这几类用户提供折后计划，以提高他们从免费用户转为付费用户的比例，进而提高他们创造的收益。

用户最愿意付费购买的软件功能也会有群组差异。例如，大公司可能拥有自己的内部用户关系管理软件系统，因此它们可能愿意出高价购买能够与现有系统轻松整合的软件，而没有现成系统的创业公司可能更看重获得开箱即用的功能，而不会考虑系统整合这个问题。

如果你的产品或服务面向国际市场，那么公司还应该按国别来分析变现，因为不同国家的支付方式以及服务收费标准可能不同。比如，德国用户也许更有可能使用某几种支付方式进行购买，而俄罗斯用户却可能使用另外一种支付方式，从而导致不同的国家的变现率有很大差异。同理，有些商业模式可能在某个国家更容易被用户所接受。比如，美国用户很容易接受订购服务，但是在其他国家可能就没那么容易了。增长团队可以试验在不同国家使用不同的支付方式来提高每个国家的变现。[4]

认识你的用户

正如前面所讲，有很多划分群组的方法可以帮助我们获得新洞察。为了更好地变现，增长团队要做的第一步是按照某些相同特征对用户进行大致分类。这些特征可能包括：用户来自同一地区，有着相同的经历，消费水平大致相同，有相同的产品需求，或者是几个因素的组合（其中很多都是我们在讨论群组划分时提到过的）。创建分组的目的在于更好地想出满足客户特殊需求的方式。许多营销者可能非常熟悉用户画像这种做法，即为每个群组中最具代表性的客户创建虚拟档案。例如在英曼，我们找出了四种主要的用户类型：工作经验不足 3 年的房产中介；有 5~10 年工作经验的房产中介；房产经纪人；特许经营管理和技术专家。这些组别代表了我们的客户群中最常见的聚类，增长团队可以有针对性地设计实验来增加每个群组带来的营收，比如，试验个性化的邮件沟通方式、着陆页以及促销折扣等等。

调查用户的需求

增长团队还应该通过调查问卷直接向用户了解每个关键群组最希望看到的产品改进，比如，他们希望使用哪些可能的新功能、哪些新的计划档位或者希望如何改进特价商品的可选范围。毫无疑问，增加营收的核心在于向用户提供让他们觉得很有吸引力而且最能满足他们需求的产品和服务。当然，不同群组的需求也会不同。

提高用户消费额的最佳途径是向他们提供可购买的额外商品或者付费使用的产品功能，这一点应该是不言自明。（或者，对于广告商业模式来说，可以提供额外的体验和内容，让客户花更多时间浏览广告，从而提高客户参与度。）前面我们讲过特性蔓延的危害，现在我们则要强调它的反面——增加新功能。企业需要稳步而且非常谨慎地推出用户可以购买的新产品或者新功能，以持续增加营收。亚马逊马不停蹄地增加所售商品的种类以及每种商品类型包含的产品选择，脸谱网频繁推出新功能，这些都是最好的例子。增加产品或功能成功的关键是专注于向用户提供让他们觉得有价值并且愿意花钱购买的商品，而不是一味地推出公司自认为用户需要的选择。

增长团队应该通过问卷调查系统地向用户呈现他们对新产品或者新功能的构思，然后通过试验决定是否进行大规模推广。BitTorrent 团队在问卷调查中向客户提的问题就很成功，这让他们成功地从诸多选项中选出最需要开发的功能。需要特别注意的一点是，他们的问卷调查并未采用开放式提问，而是给出了若干选项，让客户从中选出对自己价值最大的好处。你可以向一些参与问卷调查的用户提供带有新功能的免费产品，这样既可以激励用户参与问卷调查，也可以保证他们在问卷中的回答的确是他们的真实想法。

通过让用户给每个选项打分，最后可能得到两个或者几个不错的备选功能，增长团队可以建议将这些功能加入产品开发路线图中，以备下次使用。BitTorrent 团队开发省电功能在很大程度上就是因为这个选项在问卷调查中得分最高，结果这项功能将日收益提高了 47%。自动关闭 App 功能分数也很高，团队也对它进行了测试并且收到很积极的用户反馈。最后公司向所有 App 用户推出这项功能，结果日收益增加了 20%。[5]

表 8-1　针对新功能对用户开展问卷调查表

你最希望 PRO App 拥有哪些功能？							
	最不想要 1	2	3	4	5	6	最想要 7
不用下载整文个件就能观看 / 预览媒体内容	○	○	○	○	○	○	○
只在我要求下载时才下载种子文件	○	○	○	○	○	○	○
当电量低时暂停使用 uTORRENT	○	○	○	○	○	○	○
病毒扫描	○	○	○	○	○	○	○
高级用户支持	○	○	○	○	○	○	○
下载完成后自动关闭 uTORRENT	○	○	○	○	○	○	○

注：参与五次问卷调查的用户将获赠包含所有新增功能的安卓版 uTORRENT。

利用数据和算法为用户定制产品和功能

在第七章我们讨论过，个性化策略可以帮助你建立更加牢固的客户关系，从而留住客户。个性化同时还是一个很好的变现策略，比如在用户正在浏览的网站或者 App 上显示为他们量身定制的产品推荐或者通过邮件和移动推送向用户发送个性化推荐都是特别有效的做法。亚马逊在这方面又是领跑者。它的团队开发出了最强大的推荐引擎，可以在用户浏览网站时为他们提供个性化的产品推荐。这个算法程序可以根据用户的搜索历史和购买习惯以及其他相似用户的习惯等数据来选择向用户推荐的商品。实际上，所有的亚马逊用户看到的都是根据他们的喜好为他们量身定制的亚马逊，这让他们获得一种独一无二的用户体验。

一些推荐引擎极其复杂，比如说亚马逊、谷歌和网飞使用的推荐引擎就是这样。但也有许多推荐引擎是基于相对简单的数学知识。Looker 这家商业智能软件公司的首席分析师科林·齐马指出，使用一个基于杰卡德系数（Jaccard index）或者杰卡德相似系数（Jaccard similarity coefficient）的简单公式就能就算出两个产品之间的相似度，从而帮助你向用户推荐他们可能购买的额外商品，因为公式的计算结果显示出人们通常同时购买这两样商品。

$$J(A, B) = \frac{|A \cap B|}{|A \cup B|} = \frac{|A \cap B|}{|A| + |B| - |A \cap B|}$$

杰卡德系数公式

这个公式看起来复杂，但其实很简单。它说的是两个商品之间的相似度等于 A 和 B 交集的元素个数除以 A 和 B 并集的元素个数。我们以食品商店 App 为例快速看看这是怎样计算的。假设这个 App 团队想要验证他们的一个假设：在 App 上向用户推荐常常一起购买的商品将提高每次购物的平均订单金额。为了使推荐更有效，他们需要计算人们在购买某种商品（比如花生酱）时同时购买所推荐的商品（比如果冻）的可能性比购买其他商品组合的可能要大。团队需要推荐用户最有可能一起购买的商品组合来提高用户接受推荐并且将推荐商品加入购物车的可能性。

杰卡德系数中交集的元素个数是同时购买花生酱和果冻的人数，并集的元素个数是单独买花生酱或者单独购买果冻的人数之和。例如，你发现有 30 人同时购买花生酱和果冻，而 100 人单独购买花生酱或者单独购买果冻，那么你所得到的杰卡德相似性分数就是 0.3，这个数值代表的相似度已经很高了。相反，花生酱和洗衣粉的相似指数肯定要低得多。

这个公式可以用来计算商店里任意两种商品的组合，从而帮你找到强大的推荐，提高用户购买量。而且，在这些最好的推荐引擎的帮助下，商品推荐只会越来越好而且越来越个性化，这是因为购物的人越多，每位用户的购买习惯以及大量用户的购买规律这两方面的数据就会越来越多。比如，如果用户将红牛饮料放入购物车，那么食品商店 App 的建议引擎可能会向用户推荐苏打水和青柠，因为数据显示大多数购买红牛的用户也购买伏特加调酒饮料，[6] 虽然用户可能以前并没有购买过这些商品。

注意隐私边界

个性化推荐有一点要注意，如果你对自己的行为不够敏感的话可能会弄巧成拙。比如，如果你过度窥探人们的生活，那么个性化定制就会变得十分可怕。举一个尽人皆知的负面例子。大型零售商塔吉特（Target）无意间公开了一个未成年女性怀孕的消息。其实这个女孩儿一直努力瞒着父母不让他们发现这件事。根据记者查尔斯·杜希格在《纽约时报杂志》中的报道，塔吉特向这个姑娘推送定向广告，为她提供婴儿服和婴儿床的购物券。女孩儿的父亲得知后怒气冲冲地跑到百货店质问经理："我女儿还在读高中你们就给她婴儿服和婴儿车的购物券，你们是想鼓励她怀孕吗？"几天后百货店经理打电话给这位父亲表示道歉，但女孩儿父亲的态度与之前截然不同。他说："我和女儿谈过了，实际上我家里发生了一些我之前并不知情的事情。她的预产期在8月份。应该是我向你道歉才对。"尽管得到了这位父亲的原谅，但是这个被广泛报道的故事在塔吉特顾客和消费者权益倡导者中间引发了激烈的反应，他们认为数据挖掘和个性化定制是不可原谅的侵犯隐私行为。[7]

如果你没有摸准用户的喜好，个性化定制可能很快令用户弃你而去。如果用户得到的建议对他们毫无吸引力，比如服装零售商向用户推荐不符合他们品位的服装款式，或网飞向用户推荐他们讨厌的电影类型，那么用户不但会对推荐不以为然，而且还有可能被惹怒。试想，如果你的好友（甚至更糟糕，你的伴侣）送给你的生日礼物完全不符合你的品位，你会做何感想？错误的个性化定制非但不能改善收益，相反还会极大地损害收益。

这也是为什么试验如此重要。测试个性化定制策略的一个好办法是先向一小部分用户发送个性化邮件和短信推送，并且评估这些用户的反应和个性化定制的效果。完成这一步后增长团队就能获得用户体验有效性方面的早期数据，如果结果是积极的，那么团队就可以进一步在个性化方面做投资。大多数邮件营销软件提供各种各样的个性化选项，既可以简单地将收件人姓名插入邮件正文，也可以根据他们的历史行为向他们发送不同的信息和产品推荐。

例如，我们的食品商店 App 团队就可以通过向那些只完成一次购买的用户发送免运费的购物券来刺激他们继续购买。如果测试成功，团队就可以试验将这类推送内置在 App 里向所有至少用 App 购买过一次商品的用户推广免费配送。

优化定价

给产品或服务定价一直都是增加营收最棘手的问题，定价太低会让你损失利润，太高又会吓跑用户，同样损失利润。公司在这方面犯错的方式不胜枚举，可能是公司在确定初始价格之前没有进行充分的分析，可能是定价试验的频率太低，可能是定价高出了市场愿意支付的水平，还有可能是公司在不该降价的时候急于降价。增长团队可以极大地帮助公司正确定价。他们可以与产品和财务团队合作，通过开展问卷调查和用户调研找出最佳定价区间并进行试验。

销售实物商品的公司定价相对会容易一些，因为它们只需要考虑所售商品的生产或购买成本、营销和配送成本，最后再将利润算进去。但即使是实物产品，增长团队也能够基于他们所掌握的用户购买行为和生命周期价值这些信息开展试验。过去几十年研究人员发现了许多零售业中可以触发购买行为的原则，增长团队可以从里面寻找灵感。比如，威廉·庞德斯通在他的书《无价：洞悉大众心理玩转价格游戏》（*Priceless: The Myth of Fair Value*）中就提到“心动价格”（charm price）的威力，也就是相对于整数价格，那些故意以 9、99、98 或者 95 结尾的价格对消费者来说更具吸引力。尽管看似不可思议，但这样的定价策略确实有效。庞德斯通在书中写道：“1987—2004 年发表的 8 份研究表明，心动价格相比数值接近的整数价格可以将销售额提高 24 个百分点。”[8]

其他使用心理战术的策略包括强调正价商品比降价商品贵的价值所在，在价签上印出美元符号，这些都可以影响用户行为。和其他增长手段一样，这些策略并不是对所有产品所有客户都适用。但是如此多的选择意味着增长团队有大量机会可以不断测试和优化定价，实现营收增长。

给实物商品定价相对容易，但如何对没有原材料成本、在网上交付的软件商品进行定价呢？Price Intelligently（一个价格最优化软件）的CEO帕特里克·坎贝尔针对SaaS产品的定价介绍了大量最佳实践。他建议，首先在用户中开展问卷调查（正如我们在讨论许多其他增长手段时所建议的那样），询问受访者哪些功能对他们而言最重要以及他们愿意为此支付什么样的价格。问卷可以按照下面这个顺序向用户提四个问题：

- （产品）在哪个价位会让你觉得太贵而决不会考虑购买？
- （产品）在哪个价位会让你觉得略贵，但你还是会考虑购买？
- （产品）在哪个价位会让你觉得购买很划算？
- （产品）价格低到哪种水平会让你开始怀疑产品质量？[9]

用户反馈会告诉你他们觉得太高、太低以及适中的价格区间。根据问卷调查的结果团队可以绘制出下面这幅图（见图8–1）。

图8–1中央看起来像菱形的区域就是进行定价试验的理想测试区间。当然，你不应该只考虑用户反馈，还必须考虑其他一系列复杂因素，例如生产和分销成本、营销和一般性支出以及针对竞争产品开展的市场调研等等。此外，测试的价格区间必须是由增长团队和财务团队共同来确定，并且还要得到执行领导层的同意。

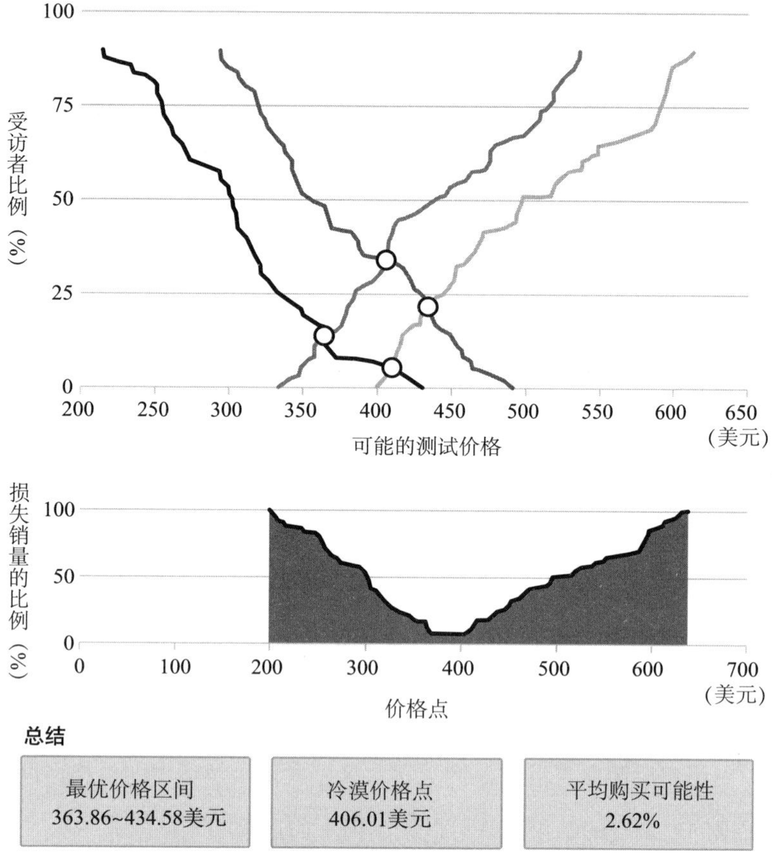

图 8–1 用户在多大程度上愿意支付这个价格？

资料来源：Price Intelligently

有人认为直接向用户询问价格问题只能带来“低价”的回答，因为用户总是想怎样对他们最有利。但是，即使是那些认为不能直接根据用户反馈来决定价格的人当中，大多数都同意通过调查问卷和采访获得的用户反馈至少可以帮助你决定产品定价，而且你还能了解到目标用户中哪些人愿意出这个价钱。事实上，这也是开展定价试验如此重要的原因。许多公司感觉价格一旦定好就不能改动，而实际上正确的做法是，团队应该不断试验定价，正如他们对待其他增长环节一样。无论你是选择原封不动地使用上面提供的定价提问，或是对它们加以修改以满足你的具体需求，还是自己重新设计问题，这些都可以，关键是要利用用户反馈来帮助你持续开展试验。

接下来，你需要将定价调研与之前的功能调研结合起来，创建一个由用户最看重的功能和愿意支付的价格点所组成的矩阵，这样你就能得到坎贝尔所说的画像—定价匹配。它可以帮助你信心满满地设计出满足购买者需求和期待的产品计划和定价。

让我们再次以第七章中假想的视频流公司为例说明实际操作是怎样的。通过问卷调查和群组分析，这些公司可能发现使用服务的用户分为迥然不同的两类：一类用户只想观看节目和电影这个基本功能而不希望出现任何广告；另一类用户则希望获得更丰富的娱乐体验。正如前面所讲，增长团队首先应找出能够代表这两类用户的用户原型：基本款邦妮（Basic Bonnie）代表了不需要任何附加内容、只要简单的视频流服务的用户类型；通吃款安德鲁（All-Access Andrew）代表了想要这项服务的所有附加项目（而且也愿意付费）的用户类型。

表 8–2 视频流公司两类用户喜好差异

基本款邦妮	通吃款安德鲁
看重的功能	
最喜欢的电视剧	能在任何设备上观看节目
没有广告	儿童图书馆
	多位用户登录
最不看重的功能	
能在任何设备上观看节目	没有广告
多位用户登录	愿意支付的价格：每月 19.99 美元
愿意支付的价格：每月 9.99 美元	获取成本：52 美元
获取成本：27 美元	终生价值：479.76 美元
终生价值：109.89 美元	

理解用户喜好上的差异可以帮助增长团队寻找试验区域。例如，考虑到一些用户可以接受的月订阅价远远高出 9.99 美元，所以团队可以试验向其中的部分用户提供价位更高的订阅计划，让他们能够在多个设备上观看视频或者允许更多家庭成员同时使用服务。

无论你试图变现何种产品，在为用户提供选择时需要确保定价与产品价值相匹配。包括软件产品在内的一些产品通常是按需付费，也就是按照使用量来付费。例如，HubSpot 的营销软件按照存储在它的数据库中的联系人人数来收费，因为这是衡量用户对服务的使用量以及他们从中获得价值的一个理想衡量指标。试想，如果 HubSpot 按照每家公司注册的用户账号数量来收费，那么很可能出现的情况是，公司只注册一两个账号，然后公司员工共享这些账号。这就意味着 HubSpot 赚取的收益与产品使用量完全失衡。Unbounce（一款开发着陆页面的工具）根据用它的软件创建的着陆页的访客量来收费，而调查猴子则是按照使用它的问卷调查软件收集的问卷反馈数量来收费。这两种衡量指标都与用户从服务中获得的价值直接挂钩。像这样用来决定用户付费额的度量被称为价值度量（value metrics）。

坎贝尔建议在确定你的价值度量之前先问自己三个问题。

1. 这个价值度量是否与用户看到的价值相匹配？
2. 这个度量是否会随着用户对产品使用量的增加而增加？
3. 这个度量是否易于理解？[10]

调查猴子的价值度量显然符合所有标准。它根据调查问卷的反馈数量来决定收费，这很容易理解，因为问卷调查得到的反馈越多，它的价值就越大。此外，用户创建并发出的问卷数量越多，调查问卷的价值也会越大。

但是，定价正确了还不够，如何在价格页面以及其他地方向用户呈现并传达这些价格信息同等重要。如果你的商业模式包含许多不同的价位选择，那么确保用户能够轻松对比各个方案包含的功能，判断某些方案是否值得更贵的价格就显得尤其重要。团队应该在每种计划的功能列表中一目了然地列出该计划包含的所有基本功能以及额外好处。我们来通过一个假想的定价页面来看看如何进行操作。

		价值最高
基本款 / 免费	白银款 / 每月 5 美元 按月付费 全年付费优惠	黄金款 / 每月 10 美元 每年 120 美元
注册 ▶	注册 ▶	注册 ▶
–	–	每月可以阅读任意文章
–	新闻电子报订阅	新闻电子报订阅
全球搜索	全球搜索	全球搜索
5G 存储空间	20G 存储空间	无限存储空间

图 8–2　典型的 SaaS 定价页面

对于靠广告营收的产品，增长团队应该试着给广告单位（advertising units）定价。他们应该试着给不同的广告类型定价，比如标准横幅广告、包含动画或者互动元素的广告（如富媒体广告）和视频广告，同时他们还应该试验广告的位置，然后对比各种情况下的用户参与度。掌握了用户参与的数据后，团队可以试验各种广告版面的收费模式，比如根据广告点击量或者浏览次数来收费，或者通过广告联盟模式来收费，也就是当用户点进广告，跳转到广告主的网站上采取行动或者购买商品的话，广告主就要向广告版面提供商付推荐费。

记住，价格定好后不应该把它抛到脑后，从此不再过问。和我们前面讲过的所有增长杠杆一样，定价也需要不断试验。我们建议 SaaS 产品的增长团队至少每个财政季度测试一次定价改变，而电商企业则应该更频繁更持续地测试定价，就像亚马逊那样。这个策略叫作动态定价，它利用许多方面的数据，如存量、季节性规律、一天中的时间、顾客购买历史、使用的电脑类型等来不断调整并测试价格变化，最后找出能够带来最大购买量、实现利润最大化的价格。但要注意，和个性化定制一样，如果方法不当，动态定价也有可能适得其反。旅游网站Orbitz就是一个反例。有新闻曝出内幕，那些使用苹果电脑在 Orbitz 上购买旅游产品的用户看到的酒店和旅游计划价格普遍比那些使用台式电脑的用户看到的价格高很多。确实，Orbitz 通过调研发现，苹果用户愿意也有能力为酒店房费多出 30% 甚至更高的价钱，于是他们利用这个数据从苹果用户身上赚更多钱。[11] 显然，苹果用户看到这个报道心里肯定不高兴。

基于广告模式的增长团队同样应该不断优化定价。像谷歌和脸谱网这些最大的广告平台采用拍卖模式来为它们库存中的广告版面定价。也就是说，广告主想在平台上投放广告时就会给出一个它们愿意付的价格，然后广告平台将广告位卖给出价最高的广告主（这样说过于简化了这个过程，拍卖过程其实十分复杂）。如果头名中标者因为达到了当日预算上限或者因为其他限制而用完了当日预算额，那么出价第二高的广告主将顺位获得广告版面，以此类推，直到平台售出所有库存广告位。这些公司也会综合考虑广告质量和用户反应这些因素来决定哪些广告主优先得到哪些广告位，哪些广告应该放在更加醒目的位置，以此来激励广告主制作优质广告。显然，这样做对广告主和广告平台都有利。没有这类竞标机制的小型广告发布平台则应该根据供求关系不断测试库存定价，以实现收益增长的最大化。

定价相对论

增长团队与管理层一起设计定价实验时应该考虑长期以来经过实践和研究确立的定价原则。其中一个原则叫作定价相对论（pricing relativity），也就是人们对于价格高低的判断会受到其他价格选项的影响。丹·艾瑞里在他的名作《怪诞行为学》（*Predictably Irrational*）中描述了一项实验，实验表明，消费者愿意付多少钱在很大程度上受到价格选项组合的影响。艾瑞里发现，《经济学人》（*Economist*）订阅计划的定价方式十分让人费解。它的网络版杂志全年订阅价是 59 美元，纸质版杂志全年是 125 美元，而纸质版加网络版的合订价也是 125 美元。这一观察给艾瑞里带来了实验灵感。

价格相同但是订阅方案的内容却不同，这让艾瑞里十分困惑。他将下面这个订阅页面拍下来给 100 名麻省理工学院的学生看，让他们选择一种订阅方案。这些学生要么选择只包含网页版的方案，要么选择纸质版加网页版方案，其中选择后者的比例为 84%。然后他去掉中间选项，也就是只包含纸质版的那个选项

（前一个实验中没有人选择这个方案），重新找来 100 个学生在剩下的两种方案中进行选择，结果令他大吃一惊：68% 的学生（之前只有 16%）选择第一种价格更低、只包含网页版的方案。为什么？因为之前的中间选项让潜在用户能够轻松对比每种方案的价值，这让许多人觉得第三种方案其实是免费赠送网络版杂志——这太划算了！于是他们选择了价格更高的订阅方案。中间这个选项有时被称为烟幕弹套餐（decoy package），它是驱使用户购买价位更高产品的利器。[12]

就职于 SmartShoot 的数字营销专家史蒂夫·扬就很擅长使用这种烟幕弹产品。SmartShoot 是一个将专业摄影师和摄像师与服务需求者联系起来的平台型企业。最初，他们只提供包年和包月这两种订购计划，40% 的访客选择包年计划，剩下的 60% 选择包月计划。扬和他的团队提出了一个假设：如果增加一个新计划，使它在功能上略逊于包年计划，同时价格也略便宜，他们就能够利用价格相对论现象驱使更多人购买包年计划。于是他们增加了一个比包年计划便宜 10 美元，但功能减少了很多的烟幕弹产品。结果，转化率飙升了 233%，86% 的访客选择 299 美元的包年计划。[13]

这个例子给我们的启示是：团队应该试验增加一个产品选项，利用定价来帮助用户更好地了解你向他们出售的产品和计划的相对价值。

少并不总是多

你希望提高用户购买量时可能会有强烈的降价冲动。低价确实常常能够带来更高的销量，但其实并非总是如此。有时，降价甚至会损害销售，或者至少不像你期望的那样增加需求量。因此，在面向所有用户调低价格之前首先进行降价试验十分必要。

在 Qualaroo，我们通过试验发现应该提高价格，结果我们的营收随之大幅增加。我们一开始的假设是，如果改善我们的免费增值版在线问卷调查的性能，那么使用者中就会有越来越多的人为了能够使用扩展功能、获得更强大的调查能力而升级到付费版本。但是，这个假设最后失败了，改进功能后的免费版本根本没有提高付费产品的销量。于是，我们提出了另一个假设：可能我们的目标用户对功能和价格组合并不敏感。于是我们转了个弯，试验提高产品价格。结果这次成功了。通过提价我们增加了产品对大客户的吸引力，因为他们想要的是同类最优产品，而不是价格最低的产品。心理学家、畅销书作者罗伯特·西奥迪尼解释说，这是因为人们将价格看作是质量的信号，这在技术和专业服务市场特别常见。事实证明他是对的，因为在接下来的一年半里我们进行了三次提价，结果不仅利润激增，而且我们还打开了对调查需求很大的大型公司这个全新市场。

你销售的可能既不是网络服务也不是技术产品，但关键问题却是一样的：用户并不像你想象中那样对价格很敏感。增长黑客提供了一个简单易行的方法来帮助你判断用户对价格的敏感度。这不仅可以用于为你出售的产品和服务定价，也可以用于为激励用户采取行动而提供的折扣。英曼的增长团队为了鼓励用户完成支付过程，针对那些在结算中途放弃购买的用户试验 25% 的限时折扣，果然，相比没有提供任何优惠的情况，折扣极大地促进了销售，将成功下单的用户比例提高了 39%。接下来团队又进行了另一个试验，将折扣从 25% 降为 10%。结果，尽管折扣力度减小了，但是下单用户的增长率基本上没有发生变化。因此，团队通过提供一个更小的折扣就将注册过程的创收提高了 18.9%。

小心翼翼地推进

测试定价十分关键，但同时也充满危险，因为用户普遍不喜欢看到太大的价格变动。所以，增长团队必须确保用户体验前后一致。比如，一旦用户看到页面上的价格变化，那么他们之后再访问网站时就总会看到。可以想象一下，如果你发现自己花 100 美元买的东西第二天只卖 75 美元，你会有什么感受？像这样换位思考就很容易明白为什么不断改变价格和功能只会赶跑潜在用户。

通过销售团队进行销售的商品还面临一个特殊的挑战，即与急于成单的销售代表协调定价测试的问题（而且产品价格越高，销售代表的提成就越高）。销售团队必须时刻清楚访客正在浏览哪个版本的价格页面（试想，如果销售人员报了一个价格，而潜在用户看到的却是完全不同的定价试验页面，或者在上面看到完全不同的价格，那会有多尴尬、多糟糕）。这就意味着要将增长团队的价格试验与销售团队的内部用户管理数据库关联起来，这可以交给软件团队来完成，或者通过关联 Optimizely 和 Salesforce 这样的第三方工具来完成。这些工具通过使用 Zapier（将各种独立应用自动串联起来的开发平台）或者 Segment（大数据分析平台）这样的技术能够在不同的技术系统之间进行数据传送。

最后还有一个难题。增长团队通常没有权限自行决定测试定价改动，这往往需要产品、财务以及销售团队（如果公司采用的是基于销售的商业模式）共同来决定。因此，进行定价和折扣测试时考虑周详并且协调好各方面就显得十分重要，因为这样可以保证公司各个环节的所有利益攸关方都知晓正在进行的定价试验以及这对用户体验和其他关键业务指标（如利润、经常性收入以及每位用户的平均订单额）带来的影响。

一分钱的差距

定价考虑的反面同样棘手。可能用户已经习惯免费使用产品，因此他们不愿意付一分钱，在线软件或 App 就常常面临这种情况。风险投资家乔希·科佩尔曼将这种定价难题称为一分钱差距（penny gap），也就是在用户眼中免费使用产品和哪怕付很少的价钱之间存在着天壤之别。

事实上，有时很低的价格都会引起巨大的摩擦，对于网络产品或者数字产品更是如此，甚至有时提供免费产品比花钱获取付费用户的成本更低。此时，利用广告或者付费使用的附加功能来变现免费用户可以极大改善营收。斯图尔特·K. 霍尔的 7 分钟体能训练 App 就是一个例子。一开始，他将这款应用定位为预先付费产品并且发布了带有优惠码的新闻宣传。几周后，下载量微乎其微。于是他决定试试让用户免费使用 App。结果不到三天，App 的日均下载量就达到 72 000 次，是之前付费使用时的 2 500 倍，而且它在 49 个国家中一跃成为排名第一的 iPhone 健身应用。不光 App 的下载量激增，它的营收也大幅增加，这是因为霍尔在推出免费 App 的同时增加了 App 内的购买项目，即一个可以提供健身记录和个性化定制服务的软件升级服务。尽管 97% 的 App 用户都是免费用户，但是通过这几个简单的升级功能就将 App 的整体营收增加了 300%。[14]

事实上，如果你的产品是移动 App，你往往别无选择，只能让它成为免费产品。为什么？看看收入最高的那些 iOS 游戏的情况就知道了。我们在写这本书的时候，苹果应用商店内收入排名前 50 的游戏中没有一个是预先付费产品。这些游戏都可以免费下载，之后它们要么是通过广告赚钱，要么通过应用内升级解锁更多功能来创收。[15]

如果你的主要变现渠道是附加功能和产品升级，那么优化你的战略，劝说更多免费使用者升级就显得非常关键。幸运的是，现在有一些现成的策略可供增长团队试验，其中一种做法是在免费用户使用产品时向他们展示只有付费用户才能使用的功能。广受欢迎的音乐串流 App Spotify 就成功地使用了这个策略。它在免费用户的使用体验中展示一些只有付费用户才能打开的高级功能。当这些免费用户试图使用这些功能时就会跳出一个行为召唤，鼓励他们先从免费版升级到付费版，然后就能使用这些高级功能。

除此之外，增长团队还可以试验针对升级版收取订阅费，或者引入虚拟商品或应用内货币，像糖果传奇（Candy Crush）和口袋妖怪 Go（Pokémon Go）这样的大受欢迎的网络游戏就成功利用这个策略提高了变现能力。艺电有限公司（Electronic Arts）这家知名的游戏公司推出了各种各样使用数字货币的游戏，玩家可以更快地升级或者在游戏中增加新角色。这些游戏内的虚拟商品大受欢迎，仅 2015 年第四财季就给艺电带来了超过 1.73 亿美元的收入。[16] 这个策略不只适用于游戏，像约会 App、照片 App 和其他所有产品都可以将虚拟货币作为一个变现策略。例如，流行的约会应用 Coffee Meets Bagel（咖啡遇上面包圈）就出售“咖啡豆”，用户可以使用这种虚拟货币来做许多事，比如拿它来兑换与之前错失的对象的第二次见面机会，或者查看朋友为自己推荐的潜在约会对象的身份。

增长团队也应该试验不同策略间的组合来为免费增值产品创收。许多成功的 App 使用广告、推荐费以及赞助费三者间的组合来创造收入。团队也可以考虑通过出售用户数据和活动信息来实现变现。例如，App 可以通过订阅模式或者收入共享的方式向想要获取用户活动信息的公司收取费用，比如与在线零售商合作在 App 内销售产品。

无论哪种情况，增长团队都应该让数据说话，用数据衡量哪些做法有效，哪些功能能让用户掏钱，然后进行试验，满足这些需求并逐渐实现营收的最大化。

重温消费者心理学

问卷调查在找出人们愿意出多高价钱方面确实强大，但我们都知道，消费者的行为并非总是理性的或者可预测的。他们嘴上说想要 A，最后却买了 B。所以，尽管用户反馈可以极大地帮助增长团队想出可以试验的增长手段，但明白消费者行为心理学对变现用户、增加营收有很大的价值。

大量有趣的研究带来了很多能够揭示人们购买行为心理的洞察。增长团队可以从这些心理学研究结果中寻找增加营收的实验灵感。诺贝尔心理学奖获得者丹尼尔·卡尼曼专门研究行为心理学并且写了大量相关著作，在《思考，快与慢》（*Thinking, Fast and Slow*）这本书中，他分享了许多有关消费者行为的心理学发现。同样，经济学家丹·艾瑞里在他的著作《怪诞行为学》中提到的消费者购买决策方面的实验令人大开眼界，比如我们之前讲到的《经济学人》订阅计划就出自这本书。还有一本讲消费者如何做出选择的书也很棒，书名叫作《选择的艺术》（*The Art of Choosing*），作者是选择心理学领域的世界级专家席娜·伊加尔 。这里篇幅有限，我们无法深入探讨这些研究者（以及许多在这个领域有影响力的其他专家）关于消费者行为方面的所有发现，但我们建议读者阅读这些书籍以便更好地了解消费者心理，并从中获得可试验的新的增收手段。

不过此处我们需要重温一下在第五章讨论激活时曾经介绍过的罗伯特·西奥迪尼提出的影响用户行为的六原则。让我们来看一看如何使用这六个原则来寻找实现变现的增长手段。

互惠原则

本质上，互惠原则是说投桃报李是人的本能。公司和营销者在设计增长实验时可以首先围绕给予展开，而不急于向用户索要购买的承诺，这样就可以发挥互惠原则的力量。

好市多是使用互惠原则的大师，它让店内样品和产品演示成为在连锁店购物体验的一大亮点。公司发言人吉奥万尼·迪米欧指出，一些产品演示将购买率提高了 2000%！其中的部分原因是消费者感到他们免费得到了一些东西。无论是一片烟熏牛肉还是如何使用高级蔬菜削皮器的示范，都让用户会觉得如果不买的话会心存愧疚。[17] 我们前面提到过的 HubSpot 的网站评估工具 Marketing Grader 也使用了互惠原则。它首先免费为用户进行全面深入的网站分析，因为它的增长试验显示，这样做能让用户更愿意与 HubSpot 的销售人员讲话、订阅它的邮件或者向别人推荐这个品牌。正如配送服务免费升级和订单折扣能够为电商触发这种互惠原则一样，赠送网络研讨会、视频、白皮书以及其他内容对于网络产品也可以发挥一样的作用。事实上，许多 SaaS 公司的免费增值模式也利用了互惠原则，因为它们先提供一些免费功能，然后期待在用户获得成功的使用体验并对产品产生需求后进行功能升级。

承诺和一致原则

西奥迪尼发现，一旦我们采取某个行动，我们就有可能继续采取与之前行动相一致的新行动。这就是为什么汽车销售人员得到的指示是要让潜在客户在一份没有法律效应的购买条款清单上签上自己名字的首字母，因为在纸上签名这个行动让客户之后更有可能签署正式的汽车购买文件。眼镜零售网站 Warby Parker 使用了相同的做法，它的在家试戴计划可以让潜在消费者选择并收到 5 副眼镜，客户可以等到试戴之后再决定购买哪一副。一旦客户试戴了眼镜就不可能不买了。

在利用承诺和一致原则时你可以先让用户先许下一个小的承诺，然后引导他们之后完成更大金额的购买行为，从而增加收入。亚马逊的心愿单功能就利用了这个原则。他们知道，如果用户将书籍或者其他商品加入心愿单，那么他们购买这个商品的可能性就很大，因为用户已经承认自己有想要购买的愿望。又比如，如果你向最近在你的网站上购买过商品的用户及时发送信息并向他们提供新的优惠，用户就可能再一次下单，从而提高整体购买量，因为他们希望与先前的购买决定保持一致。即使你只是简单地询问用户以后是否还会在你的网站上购买商品，也有可能带来额外的线下购买行为。

社会认同原则

遵循社会规范或者效仿他人的做法是购买行为最强大的驱动力。西奥迪尼重点以英国税务总署（HMRC，相当于美国的国家税务局）为例说明了这个原则。2009年，英国税务总署面临民众拖欠巨额税款这一严峻的问题。它尝试向欠税的公民寄去追收税款的通知书，但这样做根本无济于事。于是英国税务总署与专家史蒂夫·马丁合作，尝试使用一种基于社会认同原则的新方法。结果证明，这个方法十分简单有效。英国税务总署从拖欠税款的纳税人中选出一部分作为试验组，然后在寄给他们的追收税款通知书中加入一句话：大多数英国居民都按时足额缴税。结果这个简单的事实陈述将试验组的缴税率从57%提高到86%，追回的税款金额达到5.6亿英镑（拖欠的总额为6.5亿英镑）。只是简单地提醒人们纳税的社会规范就带来了令人惊讶的改善。[18]

太多公司错误地解读了社会规范，它们使用可信度不高或者泛泛而谈的证言来试图说服客户购买价格更高的商品。比如一家餐馆可能在它的菜单背面加入诸如“市区最好的肉排，爱吃！”这样的证言。这只会适得其反，用餐的客人不会点那个更贵的菜，因为他们怀疑证言是假的。转化专家安吉·舒特米勒找到了有效评论和有效证言的7个核心要素，她用“CRAVENS”这个首字母缩写来概括了这些要素：可信（credible）、相关（relevant）、有吸引力（attractive）、可视（visual）、可量化（enumerated）、接近购买点（nearby purchase points）以及具体（specific）。[19]

鲜花配送店daFlores就通过在它的电商网站中加入了一条满足以上这些简单标准的证言提高了收益。最初它在网站上展示文字证言，但后来发现用户并不了解它的品牌，于是它将证言换成了一张庆祝公司在脸谱网上的粉丝突破60万的图片。结果，用这种可信、相关、有吸引力、可量化而且可视的方式向用户展示公司拥有数量庞大的粉丝群这一事实一举将收入提高了44%。因为看到有这么多人喜欢在这家网站上购买鲜花能够让用户感到放心。[20]

提高社会认可在转化旅程中的可见度可以为增长团队带来变现的机会。增加证词、知名客户的企业标志、客户使用产品的结果、当前在你的网站上购物或者订购的人数等，这些都可以向用户提供已经采取相同行动的其他客户的信息，从而让潜在客户相信他们的决定是对的。比如，线上女装零售商ModCloth通过其“成为买家”计划让用户自己决定网站出售哪种风格和尺码的衣服，并用一枚勋章来告诉用户哪些是“买家认可”的商品。那些带有“成为买家”勋章的衣服在网站上的销售率是其他商品的两倍。[21]

权威原则

研究表明，相比普通人我们更愿意相信专家和权威人士的话，哪怕只是在语言上稍微暗示这种权威性就能够增加购买行为。卡亚皮肤诊所（Kaya Skin Clinic）就是一个例证。它将“专家”这个词加入网站的行为召唤中，使之变成“我想听专家的意见，注册吧！”，[22] 这么简单的一句话就将销量提高了 22%。

权威原则解释了为什么 1/4 的电视广告都使用明星代言，而且为什么名人创办的公司往往十分成功，比如演员杰西卡 · 阿尔芭（Jessica Alba）创办的美国诚实公司（Honest Company）。也许因为行业特点和预算限制，名人代言不在你的考虑范围之内，但是各行各业都有在你的目标用户心中具有威信和影响力的人物或者品位引领者。增长团队可以利用权威原则，尝试利用这些有影响力的人物来增加收益。

喜好原则

如果深受我们喜欢的人推荐了一款产品或者服务的话，我们会买得更多。Airbnb 重新设计它的朋友推荐计划，将推荐人的照片放入邀请函中，就是利用了喜好原则。结果，Airbnb 的朋友推荐创造的日注册量和房间预订量增加了 300%，这在一定程度上要归功于它在新的推荐计划中增加了这种“人情味”。[23]

如果你正打算利用喜好原则进行试验，那么你可以考虑在网站上使用真人的照片，比如你的销售人员或者用户的照片。除此之外，你在着陆页上显示的友好的欢迎词也可以带来同样的用户反应。还记不记得 Nasty Gal 的创始人索菲亚·阿莫鲁索通过让网站上人气最高的模特穿上销量最差的衣服，以此来提高销量？这也是利用喜好原则。好在你要做的改变很多都不是大规模的技术性改变，增长团队只需要进行快节奏试验就能提高销售额或者销售量，或者驱使人们购买更贵的商品。

稀缺原则

当我们觉得自己要错失良机的时候，我们采取行动的可能性更大。Booking.com 就充分利用了稀缺原则来增加收入。这家在线住宿预订网站通过向用户展示他们已经错失的房间来让用户明白预订机会不会永远等着他们。同时他们还向用户显示有多少人已经在今天完成了预订，酒店还剩下多少房间，甚至还有多少人在那一刻正在其网站上看房间——这个触发物等于告诉用户，“你最好现在就预订，否则过一会儿就后悔莫及了”。

使用稀缺性作为刺激购买的策略是要触发用户害怕错过的心理。你可以试验限定促销时间，当商品只有几件库存时显示剩余数量，限制预约咨询顾问的机会，或者限定可以获得特价商品的人数等做法。如果商品马上就要售罄，或者很难买到，或者特价马上就要结束，或者顾客因为这样或那样的原因可能错失机会，那么商品被销售出去的可能性比其他任何情况都要大。

现在我们已经讲完了驱动增长的四个关键试验类型：获取、激活、留存和变现。在下一章，也就是最后一章，我们将讨论对增长团队而言，继续在这四个方面努力、避免掉入增长停滞这个常见的陷阱中是多么重要。增长停滞能够也常常意味着灾难的降临，即使是对大品牌而言也是如此。记住，增长团队决不能沉浸在过去的光环中，把“打盹儿你就输”这个谚语稍加改动就可以用在这里：在今天竞争激烈的商业环境中，不前进就是失败。

第九章

良性循环：维持并加速增长

正如我们在整本书里所讲，驱动增长的工作永远处在进行时。实现爆发式增长的公司是那些不断突破自我、利用现有成功、把握新机遇并且创造良性增长循环的公司。

今年，脸谱网的增长团队将庆祝团队创立10周年。当初，它还只是一个负责扭转脸谱网疲软局面的5人团队，通过壮大队伍，实施了大量计划，驱动着脸谱网这个史上最大的社交网站看似不可阻挡的增长，这个增长团队对脸谱网在这10年里取得的非凡成就功不可没，打破了人们关于在线社区可以达到何等规模的所有先入之见。现在这家公司每天为超过10亿的用户提供服务，[1]在全球拥有巨大的增长空间，而且还能从其庞大的用户群中无限挖掘增收机会。此外，脸谱网在用户数量和用户参与度方面势如破竹的增长为它赢得了金融投资者以及市场的强大支持。他们为脸谱网提供大量资本用于创新，支持包括像购买Oculus和进军虚拟现实领域这样看似不着边际的长期投资和“网络无处不在计划”（Internet Everywhere initiative）。这个计划试图利用太阳能无人机将无线网络送到地球上最偏远的角落。这就是良性增长循环的最好例子。

无论你的增长团队是 5 人还是 500 人，无论你的公司市值高达数百万美元还是刚刚起步，你都可以效仿脸谱网的做法，持续并且不遗余力地使用新方法在各个方面展开试验，驱动增长。

避免增长停滞

对市场变化反应不够灵敏是想实现长远成功的公司面临的最大威胁。可能这是因为公司未能及早觉察产品或渠道疲乏，没有意识到出现了新的竞争，没有对产品进行必要升级，没有及时调整营销策略，或者没有使用新技术。Skype（微软旗下的一款聊天工具）就饱尝自满的苦果。一开始，无论以什么标准来看，Skype 都极其成功，但被微软收购之后就不再坚持创新。结果，它的领地迅速被提供聊天服务的移动 App 所蚕食，比如 Facebook Messenger、WhatsApp 以及横扫企业界、成长迅猛的群聊公司 Slack。Skype 败在了哪一步？简单地说，Skype 的产品和执行团队没有敏锐意识到移动通信服务的巨大魅力，也没有察觉移动手机和平板电脑会如此迅速地被运用到办公沟通中。

像这样在战略远见和产品创新上的失误常常导致公司陷于增

长停滞的困境，这是就职于领导力咨询网 CEB 的马修·奥尔森、德里克·范贝弗和塞思·韦里共同提出的一种表述。增长放缓常常毫无预兆地发生，而且，无论是已经站稳脚跟的大品牌还是一度增长迅猛的创业公司都有可能经历增长停滞。它极难预测，而且往往发生在强劲的增长之后。奥尔森和他的同事在《哈佛商业评论》（*Harvard Business Review*）中报道了他们有关增长停滞的一项重大发现。他们用经典品牌李维斯（Levi's）举了一个例子。1995 年，这家公司的销量达到历史最高，实现了 70 亿美元的收入。但从 1996 年开始公司的销量急剧下滑，到 2000 年公司收入仅为 46 亿美元，跌幅高达 35%。文中提到的其他经历增长停滞的大品牌包括 3M 公司、苹果、芝加哥第一银行、卡特彼勒、戴姆勒、玩具反斗城和沃尔沃等。可能你会觉得，如此突如其来的倒退一定是市场中突然出现了干扰所造成的。但研究表明，通常这些停滞并不是由刚进入市场的大胆竞争者或具有破坏性的创新导致的。真正的原因是公司长时间疏于监测用户满意度，也没有积极地去发现用户不满的早期迹象。通常，用户忠诚度下降已经持续好几年，但公司却浑然不觉，等到发现的时候已经太晚。

他们在报告里还指出，公司取得市场主导地位后自信心膨胀，这往往也会导致增长停滞。也就是说，即使公司发现了竞争威胁也没有把它当一回事儿。这种虚假的安全感会阻碍公司积极创新，令它们满足于在已有的产品上进行零敲碎打式的改进，而不是积极寻找新的市场机遇来驱动增长。即使是最警觉的产品团队也会受到发展迅猛的竞争对手的伏击，因为可能它们引入了一项新技术，或者进行一项创新。

另一方面，如果公司没有专注自身的核心产品或服务，而将精力用在推出吸引人眼球的新产品、附加扩展功能或者进军新市场上，那么这也会带来增长停滞。人才的流失也会引发停滞，比如那些对驱动增长至关重要的明星人物投奔了竞争对手，让组织机制不再完备，或者公司因为失去他们的远见卓识和鞭策而无法继续维持强劲的增长。[2]

不只是产品开发团队可能在这里栽跟头，营销团队如果骄傲自满或者不创新的话也会导致增长急剧减速。增长停滞的一个常见原因是公司过度依赖一些已经不再有效的营销渠道。随着为公司源源不断带来用户的渠道日益成熟，曾经的洪流很快就会变成涓涓细流。这背后的原因可能很多，比如出现新的竞争，用户行为发生改变（这常常是由技术造成的，比如转向移动设备），或者约束渠道的游戏规则发生了变化。

Upworthy 和 Buzzfeed 这样的在线发布平台就饱尝规则变动之苦。这两家公司都不得不依靠脸谱网的新闻推送（News Feed）算法来为自己的网站吸引大量访客。每次脸谱网决定调整为用户挑选故事的规则时，它们都会紧张地屏住呼吸，因为哪怕是对新闻推送算法最微小的改动都有可能导致它们的读者量一落千丈，从而影响它们的广告收入。

有些公司甚至过度依赖脸谱网的新闻推送算法，对它们而言，这样的改动甚至会威胁到它们的生存。Viddy 这个视频 App 的市值曾一度达到 3.7 亿美元，但它的营销和分销都太依赖脸谱网。当脸谱网修改了它的新闻推送算法之后，这个 App 在脸谱网上的可见度急剧下降，导致 App 的用户量从每月 5 000 万一下跌倒不足 50 万，最后开发者不得不关闭了这个 App。[3]

脸谱网并不是此类渠道变化的唯一“罪魁祸首”。许多渠道都会定期更改它们的规则，从而让那些过度依赖渠道来接触目标市场的公司遭受严重的增长停滞。谷歌是另一个很好的例子，因为它经常更改自己的搜索排名算法，这往往让那些将搜索作为主要用户获取渠道的公司关门倒闭。

通常，由失误导致的用户流失或者市场份额丢失都是可以避免的，但是像竞争对手创新或者市场变化带来强烈干扰这样的因素可能就在公司的掌控范围之外了。具有颠覆性的技术可能突然破坏营销渠道的有效性，比如广告屏蔽技术。随着创新步伐日益加快，大数据云存储和挖掘这些数据的机器学习算法之类的强大新工具已经能够被新兴创业公司所购买和使用。所以即使是沃尔玛和微软这样实力强大的公司也必须学习如何在产品开发和营销过程中变得更加敏捷。今天，没有一家公司敢将自己的潜在用户拱手让给竞争对手。这就是为什么刚刚完成孵化的创业公司和引领市场的大公司都需要引入增长黑客。

增长团队可以帮助公司保持警觉，不断监测用户行为变化并试验新的增长想法。增长团队既能积极应对同时也能未雨绸缪。

他们能够洞察到早期预警信号，并且可以全身心地投入到获取、激活、留存和变现最大数量的用户上，甚至通过创新找到驱动增长的新机遇。

但增长团队也只是肉眼凡胎，他们也可能变得骄傲自满，因为分心而偏离增长使命，或者受到市场力量和颠覆性技术的冲击。但是快节奏的增长黑客过程可以让增长团队以最快的速度有效地修正航线。这一章我们将介绍一些可能阻碍增长团队的常见问题，以及减少或者避免这些问题的方法。

与鲨鱼为伍

一些鲨鱼必须一直游动才能存活，一旦停下来它们离死亡就不远了。增长团队就像这些鲨鱼一样。那些没有持续进行创新，没有持续挖掘用户数据、开展用户调研，没有快速进行试验并且得出结论的公司日子都不会长久。首要目标过多、资源有限、企业惯性这些问题能够将那些曾经表现卓著的团队迅速拖垮。这对于实现高速增长的创业公司尤其危险。创业公司人员配备不足，仅仅为满足日益庞大的用户群的需求就手忙脚乱，或者仅仅是让公司正常运作就有做不完的工作，所以增长团队成员有可能被安排去做别的事情。而且，公司通过高强度的快节奏试验（比如发布新产品），在实现大规模获客之后稍微放慢试验节奏也是合情合理的。毕竟，在这种令人羡慕的情况下增长不是问题。但是，团队需要时刻保持警惕，决不能陷入这种自满心理。记住，增长停滞往往发生在公司最没有防备的时候。我们建立过GrowthHackers.com，所以我们非常了解偏离增长航线的后果。

2014年底，我们的增长黑客社区刚满一岁。尽管在过去10个月我们的访客数量大幅增加，但突然之间增长似乎触到了瓶颈，接连三个月网站的访问量始终原地踏步，这让我们十分沮丧，我们不知道哪里出了问题。是因为增长黑客们对我们的在线社区失去了兴趣？我们没有满足他们的需求，导致他们离开平台在其他地方重新聚集？肖恩凭着直觉决定调查增长停滞的这三个月我们进行试验的次数，结果令他震惊：整个季度我们开展的测试不到10次。最大的讽刺是，我们还一直盲目地相信增长是板上钉钉的事。我们早期的冲劲已经被常规的行政事务所取代，而宝贵的增长试验则让位于繁重的日常工作。肖恩迅速集结了队伍。

我们一致同意，从今往后我们要身体力行地践行我们的理念。我们每周至少要进行三次试验（一周三次听起来好像不多，对一些团队而言也确实不多，但对我们这支小团队来说却是非常快的节奏），我们还规定增长工作永远优先于行政事务。我们发誓要将时间和资源用在增长团队认为最重要的计划上，其他一切都是次要的。定下目标后，我们重新激活了想法提出过程，很快将点子库中的点子数量从50个增加到100个，最后超过了200个。整个团队立刻焕发出新的活力，到了第二周，试验开始获得成功，我们的努力也看到了回报。我们每周都重复这个循环过程，增长幅度随之提高。通过试验我们找到了能够更好激活网站访客的方法，将更多人从一次性的网站访客转化为持续参与社区活动的忠诚用户。我们通过再次参与循环（reengagement loop）、推送以及努力让更多用户更快更频繁地体验到服务的“啊哈时刻”等方法来改善留存。结果，我们在接下来的三个月中实现的增长相当于过去一整年的增长（见图 9–1）。

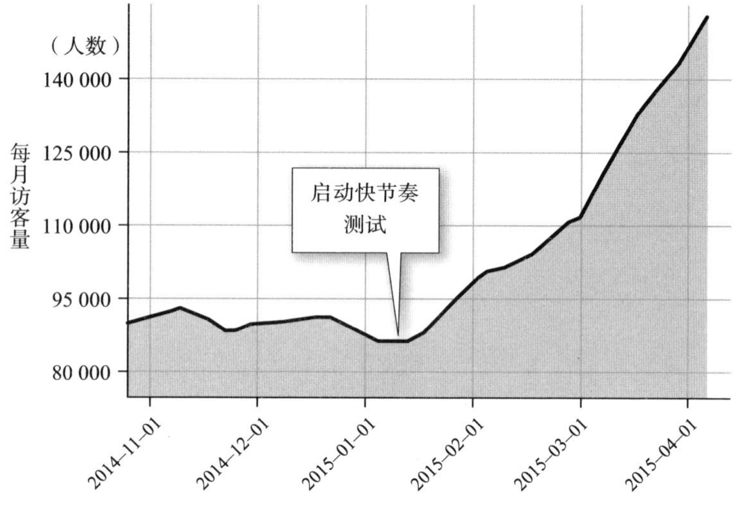

图 9–1　增长黑客每月访客

结果令人吃惊：我们摆脱了停滞，并且进入了一个快速的增长轨道——最巅峰的时期我们在两周内就增加了 2 万名用户，而那个季度网站访问量增加了 76 个百分点，几乎是一开始时的两倍。其间我们并没有在付费流量或广告上做额外投资，所实现的增长完全是由于我们以尽可能快的速度完成了一轮又一轮的增长黑客过程，并在这个过程中找到成功做法，然后专注于那些胜出的测试来进一步驱动增长。

完成最初的高强度试验之后，我们的测试节奏变得相对平稳，虽然不像之前那样激烈但也保持较快的速度，只有在推出新软件或者新的营销测试这样的新计划时才恢复之前的高强度试验。这种节奏上的变化是意料之中的事，但是关键是要密切监测各种增长量度，并且经常问自己如果团队节奏慢了下来是否有一个正当的理由，如果没有的话那是否是因为团队中出现了自满的情绪。如果是后者，团队就需要立刻加快试验节奏。

不要低估决心的力量

增长团队开始滋生自满情绪还有一个原因，可能他们觉得增长杠杆的潜力已经被挖掘殆尽，无法再带来新的增长。但是，在开始实施新计划之前，团队应该强迫自己再去寻找新的方法，以最大限度地利用已经成功了的渠道和策略。团队如果不拿出决心创造更大的成功就会浪费很多增长潜力。

布莱恩·鲍尔弗和安德鲁·陈认为这跟玩海战棋使用的战术相同。玩这个游戏的时候你无法看到对手的棋盘，只能猜测对方战舰的位置，然后射击。第一次射击后，你必须在相同区域连续多次攻击，就像热跟踪导弹一样死死盯住那艘船，直到把它击沉为止。增长团队需要像玩海战棋一样对他们的目标穷追不舍，直到最大限度地实现每种增长渠道带来的成功。

比如在 GrowthHackers，我们在发展早期推出了邮件简报服务，向用户推荐每周精选的增长黑客博文，这成功提高了我们的读者量。数据分析结果十分明确，因为每周都有源源不断的用户访问网站并阅读这些文章。但是我们并没有就此宣告胜利而停止努力。我们集中精力积极寻找可以让它成为更强大的增长杠杆的方法。比如，我们试验将简报的注册表从着陆页的底部移到顶部。前面我们提到过注册量因此增加了 700%，极大增加了登记邮箱地址的用户人数，并且每周都为我们带来盈利。接着我们又问自己，如何再进一步挖掘已经优化的新闻报，真正最大化地利用我们的邮件营销机会。于是我们重新设计了 GrowthHacker.com 用户账号的创建过程，在其中增加让用户选择接收邮件简报这个步骤，这又将我们的邮件注册量提高了 22%。但我们还不满足。我们知道沿着这个方向继续试验还可以带来更大的成功，所以决不能轻易放弃。我们感觉邮件注册表不够吸引人，并且假设，如果告知用户新闻简报有多受欢迎的话可能还会进一步提高注册量（这就是前一章讲到的社会认同原则的最好例子）。于是我们设计一个新的注册条，并且在上面更醒目地显示鼓励用户注册的行为召唤："加入超过 6 万名来自推特、脸谱网、谷歌和优步的增长专家的行列吧！他们每周都能读到我们最好的文章。"这个试验进一步将注册量提高了 44%。

简而言之，一旦增长团队发现有效的增长手段，就应该最大限度地挖掘它的增长潜力，而不是急着进入下一个战场。下决心取得更大成功可以让你一次又一次地赢得增长。

深挖数据金矿

增长团队还有可能（错误地）认为，他们已经充分挖掘了整个数据池的潜力，所以增长杠杆已经不能继续带来增长。如果是这种情况，团队就必须考虑投入时间和金钱创建一个更加全面的数据库来提升团队的分析能力，正如我们在前面所建议的那样。可能你还记得，脸谱网的增长团队在开启增长黑客过程大约一年后停止了所有的试验，在 2009 年 1 月用了整整一个月的时间改善他们的分析监测，这使得团队能够进行更加精细、更加强大的数据分析。他们之所以这样做是因为团队的增长想法越来越少。通过在深度分析上做投资，团队能够更好地监测和衡量脸谱网用户如何在网站上从一个网页跳到另一个网页。这些新数据帮助团队找到大量新的潜在试验，从而刺激增长，促进公司的发展更上一层楼。

要判断哪些数据值得深挖，增长团队首先应该回顾顾客和用户在到达产品的“啊哈时刻”之前需要完成的主要任务和途径。对于每一个关键任务和体验，增长团队需要找出数据缺失的地方或者数据相对稀薄或者粗糙的地方，然后加固数据。比如，一家时装品牌的增长团队应该问自己，他们能否找出访客将一件衣服加入购物车之前浏览了多少张这件衣服的图片。或者，他们能否计算出用户在输入自己的配送信息时填写每一栏所花的时间。团队通过强化数据系统找到了这些问题的答案。可能他们发现，那些浏览 4 张衣服图片的顾客将衣服放入购物车的概率是 50%，而只看了两张图或者更少的顾客这一概率只有 20%。这个更加细致的观察应该引导团队进行新的增长试验，例如为每件商品配更多图片，或者让顾客能够更加轻松地浏览大量商品图片。

除了填补产品使用和用户行为方面的数据缺口外，团队还应该问自己是否具备必要的分析能力来最大限度地利用所掌握的数据。如果增长团队一直都没有一位全职的数据分析师或者数据科学家，那么公司应该考虑聘请或者调配一位这方面的专家全职加入团队。

发掘新渠道

在第五章中我们讨论过，增长过程前期团队最好专注于一两种获客渠道。但是随着时间的推移，团队应该试验增加新渠道。这不仅是实现更大规模增长的途径，同时还能避免现有渠道突然改变游戏规则所导致的增长停滞，就像前面提到的脸谱网或者谷歌那样。如果团队发现在现有渠道内很难再想出新的增长策略，这就是一个信号，说明应该开始试验新渠道了。比如对于一家完全依赖付费渠道的公司，增长团队就应该试验开发搜索引擎优化、内容营销或者社交网站营销等这些有机渠道来补充他们的付费渠道。

忽视或者无视有机增长渠道是增长团队常犯的另一个错误。付费营销实施起来更容易，有时这会削弱团队寻求更有创意的解决方案的决心。此外，有机增长渠道通常要经过更长的等待才能看到成效，因而团队更青睐见效快的付费渠道。但是，有机渠道能够成为至关重要的长期增长引擎。比如，搜索引擎优化就是猫途鹰（TripAdvisor）、Yelp、Zillow 这些公司主要的增长动力。这些公司并不是一开始就像现在这样拥有巨大的搜索优势。它们的团队经过大量试验后才取得了现在的成功。

引入全新视角

对于陷入停滞或者缺少想法的增长团队来说，最好的解决办法莫过于引入全新视角。邀请其他部门的同事、其他团队或者个人一起出谋划策能够碰撞出大量有创意的新点子。你可能还记得，在 GrowthHackers，我们先向整个公司开放了新点子提出过程，然后又对我们的董事会、我们信任的顾问以及社区成员开放了这个过程。实际上，我们的好几个十分成功的试验想法都来自我们的一位外聘顾问。比如通过提高我们在谷歌关键词搜索结果中的排名来改变我们的网站就是这位外聘顾问提出来的。

团队可以通过许多途径实现交叉生成想法。微软的主要增长黑客负责人安库尔·帕特尔定期将微软不同团队的产品经理、工程师和设计师叫到一起分享新点子和新发现，这样做极大激发了他的团队不断提出新的测试想法。摩根就职的“科技”初创孵化园会将初创企业的成功试验分享给其他创业公司，供它们学习和参考。

敢于给想象插上翅膀

想要追逐更大增长的公司面临的最大挑战是如何摆脱目前成功的做法带来的思维禁锢——“只要没坏就不用修理”的思维模式。增长团队能够极大地帮助公司打破思维禁锢，突破这种思维定式，寻找更好的做法。

第一步，最好是测试已经获得成功的产品、功能或者营销策略的关键设计，看看能否对它们进行实质的改进。团队一开始可以从小处着手，先试验重新设计那些似乎已经最优化的功能或界面，看看能否让它变得更有效。你可以把它当作超越局部最大值（local maximum）原则。局部最大值被定义为某个区域中的最高点，但又不是全局最高点。例如，在一年的时间里试验同一个定价页面能够让你找到那个定价页面效果的局部最高点。但是要实现更大的成效，团队应该试验完全不同的定价页面风格。超越局部最高点对于持续推动新增长十分关键。

第二步，增长团队应该定期进行更大胆的创新试验，而不只是局限在优化方面。这些不着边际的做法是公司最好的护身符，可以帮助它们避免常常导致增长停滞的渐进式创新。当然，这些大的改动通常需要更长的准备时间。最好的做法是在两次渐进式的优化之间引入一次大动作。Pinterest 的 Copytune 机器学习优化软件就超越了简单的 A/B 测试，从而捕获数以百万计的新用户。同样，优步决定大胆测试推出固定单次乘车价格的服务，而不是像原来那样按照乘车需求来调价（本书写就时这一版本的测试仍只限于旧金山地区），就是一个超越其他增长试验的值得称赞的做法。定期进行这样大胆的试验十分必要。如果这些大的改动与持续的优化努力保持步调一致的话，将会带来飞跃式的增长。

我们相信增长黑客法远不只是一种商业战略，甚至也不是一个持续过程。它是一种哲学、一种思维方式，而且它能被任何规模的任何公司和团队所采用。希望这本书能够给你带来启发，让增长黑客法成为你实现增长的利器。

我们祝愿您在一往无前的增长路途中不断获得成功。

致谢

《增长黑客》这本书是根据我们整个职业生涯所学的知识写成的，因此我想感谢那些给予我学习机会的人。首先，我要感谢我的家人，他们理解我在创业阶段不分白昼地忙于测试。我也要感谢公司创始人和 CEO 给我信任，让我在他们的创业公司和宝贵的早期客户身上进行试验。我特别要感谢 LogMeIn 和 Uproar 的迈克·西蒙（Mike Simon），他冒险启用我并且在我事业刚起步时给予我许多指导。还有 Xobni 的大卫·魏登（David Weiden）、亚当·斯密（Adam Smith）和玛特·布雷齐纳、Dropbox 的德鲁·休斯顿（Drew Houston）、Eventbrite 的凯文·哈茨（Kevin Hartz）以及 Lookout 的约翰·赫林（John Hering），他们在自己的创业公司最脆弱的阶段接受我非常规的想法，让我担任他们过渡时期的执行增长负责人。还有 Polaris Partners 的大卫·巴雷特（David Barrett）和 True Ventures 的托尼·康拉德（Tony Conrad），感谢这两位风投家在我创立 GrowthHackers.com 时给予我支持。

最后，我要感谢让这本书付梓成册的卓越团队。首先，我要感谢我的搭档摩根·布朗，他的专注和努力让这本书从一开始就保持正确的航向。还有我们的充满才华、给予我们莫大支持的团队，包括丽萨·迪蒙娜（Lisa Dimona）、艾米丽·卢斯（Emily Loose）和塔利亚·克龙（Talia Krohn），他们帮助我们将《增长黑客》提升到一个新的高度。

肖恩·埃利斯

这样一段旅程结束时值得我们感激的人实在太多。这本书写了差不多三年，书中总结了到目前为止我在自己的职业生涯中学到的所有知识和经验。首先，我要感谢我的家人：我的妻子埃丽卡（Erika）、孩子班克斯（Banks）和奥德丽·格蕾丝（Audrey Grace）。他们为了服务于我的写作放弃了无数个夜晚、晚餐和周末活动。一想到为了完成《增长黑客》而牺牲掉的与他们共处的时间我就惊恐万分。希望这些时间没有白费，而且他们知道，这本书是我带着对他们的爱为他们写的。我很感激家人给我空间让我做完这件事。谢谢你，埃丽卡，自始至终你都那么无私、善良、善解人意。你是最好的伴侣，如果没有你的爱和支持我不可能做到这些，我爱你。

其次，我要感谢我的搭档肖恩。感谢他的信任，让我加入这个项目并与我分享他的智慧和学识。与他共事给我的事业带来了难以估量的影响，我会永远感激有这个机会与他并肩作战并向他学习。

写书不是一蹴而成，而是反复修改，删除了又重写。这本书不是两个人，而是许多人共同努力的结果，其中的所有人都值得我感激。首先是我们的经纪人丽萨，她从我们糟糕的提议中看到一个伟大的点子，并且花时间帮助我们理清思路，让它生根发芽。若不是因为她独具慧眼看到这个想法的价值，我们不可能完成这本书。我还要感谢艾米丽，我们的开发编辑和伙伴。她将我们粗糙的措辞、混乱的逻辑和只有内行才读得懂的术语改为简单易懂的文字。还有塔利亚和蒂娜（Tina）以及皇冠商业（Crown Business）的整个团队。他们对这本书充满信心，并且帮助我们将它完成。感谢你们对我们的信任、对这本书的信心以及你们的远见和团队协作，没有你们我们不可能完成这本书。

《增长黑客》其实是我们写给增长社区的一封情书。在书里我想要说出你们给增长过程注入的技巧和活力，以及你们通过辛勤努力所创造的真正价值。我希望我表达清楚了这一点。我们创作《增长黑客》的初衷是让人们知道你们为世界各地的企业创造的巨大价值以及你们为了使具有潜力和价值的新想法获得应有的关注而付出的努力。写这本书还为了展示你们的智慧与思考、创新和激情，并且将它们与那些迫切想听到你们声音的观众分享。感谢我们社区中的每一个成员，感谢你们启发、传播、分享和支持增长在企业成功中发挥的关键作用。每一天你们都给我新的启发，能够和你们成为同事、同伴和朋友是我的荣幸。我还要感激书中提到的所有人，你们是我们这个领域中名气响亮、勤奋敬业并且令人仰慕的领袖。

我曾经在数字营销领域工作了17年，大学毕业后我在SalesMountain.com获得了第一份工作，之后有幸进入其他创业公司和企业工作。这本书是我经验的总结。每次选择新公司时我的座右铭一直都是“优化团队胜过其他一切”。秉持这个理念，我有幸为许多杰出人士工作，与他们共事。一个人的职业生涯中会遇到许多让你感激的人，我也不例外。我站在巨人的肩膀上，很感激他们给予我宝贵的时间，教会我他们的智慧和经验。我想深深感激的人包括：杰克·阿博特（Jack Abbott），感谢你教会我“快”的艺术和“无中生有”的艺术，也谢谢你一直鞭策我不断创造价值；马克·阿弗莱克（Mark Affleck），谢谢你让我学会自信，利用自己的长处进行领导，这让我每天都在成长；劳拉·戈德堡（Laura Goldberg），你超一流的标准和对数据驱动的坚持对我的实践和领导方式产生了深刻的影响；还有布拉德·英曼（Brad Inman），你教会我没有比一觉醒来冲向下一个机会更可能取得成功。

最后，我要真诚地对我的家人说一声“谢谢”。如果没有他们就不会有我，更不会有这本书。谢谢你妈妈，你总是给我不变的支持，即使有时我并不值得你这样对我。你对我无穷的爱是上天给我的真正的礼物。谢谢你爸爸，你总是鞭策我对自己的期望再高一点，尽全力做到最好。感谢你给我树立了高标准。我还要感谢我的哥哥格雷姆（Graeme），我最好的朋友，谢谢你给我的一生的友情和回忆。我爱你们。

摩根·布朗

注 释

前 言

1. Eric Ries, "How Dropbox Started as a Minimum Viable Product," Tech-Crunch, October 19, 2011, techcrunch.com/2011/10/19/dropbox-minimal-viable-product/.

2. 随后，我又和 LogMeIn 合作帮助其增长。LogMeIn 是由 Uproar 创始人成立的创新性服务公司。当时，其主要竞争对手 GoToMyPC 正在大力进行市场推广。在我的帮助下，LogMeIn 一举成为市场领导者。这其中有何秘诀？我和工程师们合作，利用技术来达到一个对他们来说不同寻常的目的：设计新的方法以寻找并获得新客户，并从客户身上学习，以优化客户定位、扩大客户群并提高营销投入的效益。

3. Steve Jurvetson and Tim Draper, "Viral Marketing: Viral Marketing phenomenon explained," 1997 年 1 月 1 日，DFJ blog, 2016 年 9 月 13 日查阅，http://dfj.com/news/article_26.shtml。

4. Eric M. Jackson, *The PalPal Wars: Battles with eBay, the Media, the Mafia, and the Rest of Planet Earth*（WND Books: 2012），35-40.

5. Josh Elman, "3 Growth Hacks: The Secrets to Driving Massive user Growth." 2013 年 8 月拍摄，2013 年 8 月发布于 Youtube，https://www.youtube.com/watch?v=AaMqCWOfA1o。

6. “Conversation with Elon Musk,” 网上视频，可汗学院，发布于 2013 年 4 月 17 日，2016 年 9 月 13 日查阅。

7. LeanStartup.co, “Dropbox@StartupLessonsLearnedConference2010,” July 2, 2014, youtube.com/watch?v=y9hg-mUx8sE.

8. Douglas MacMillan, “Chasing Facebook's Next Billion Users,” Bloomberg.com, July 26, 2012, bloomberg.com/news/articles/2012-07-25/chasing-facebooks-next-billion-users.

9. Chamath Palihapitiya，2012 年 5 月 13 日，对问题“脸谱网增长团队做的哪些决定帮助脸谱网达到了 5 亿用户的规模”的评论，Quora 网站，2016 年 9 月 13 日 查 阅，https://www.quora.com/What-are-some-decisions-taken-by-the-Growth-team-at-Facebook-that-helped-Facebook-reach-500-million-users；Yishan Wong，2010 年 12 月 12 日，对问题“脸谱网是如何将网站翻译成不同语言版本的”的评论，Quora 网站，2016 年 9 月 13 日查阅，https://www.quora.com/What-was-the-process-Facebook-went-about-getting-their-website-translated-into-different-languages。

10. Andrew Chen, “Growth Hacker is the new VP Marketing,” *@andrewchen*（博客），2016 年 9 月 13 日查阅，http://andrewchen.co/ how-to-be-a-growth-hacker-an-Airbnbcraigslist-case-study/。

11. Michael Carney，“Brian Chesky: I lived on Cap'n McCain's and Obama O's got Airbnb out of debt,” 2013 年 1 月 10 日，*Pando*(blog)，2016 年 9 月 13 日查阅，https://pando.com/2013/01/10/brian-chesky-i-lived-on-capn-mccains-and-obama-os-got-Airbnb-out-of-debt/；Andrew Chen, “Growth Hacker is the new VP Marketing”；Dave Gooden, “How Airbnb Became a Billion Dollar Company,” *Dave Gooden*(blog)，2011 年 6 月 31 日，2016 年 9 月 13 日查阅，http://davegooden.com/2011/05/how-Airbnb-became-a-billion-dollar-company/。

12. Matthew S. Olson, Derek van Bever and Seth Verry, “When Growth Stalls,” *Harvard Business Review*, March, 2008.

13. Atif Awan “Lessons Learned from Growing LinkedIn to 400m Members,” GrowthHackers.com video of talk, February 18, 2016, https://growthhackers.com/

videos/gh-conference-16-aatif-awan-head-of-growth-linkedin-lessons-learned-from-growing-linkedin-to-400m-members.

14. Amir Efrati, "The People Who Matter at Uber," *The Information* (blog), August 30, 2016, https://www.theinformation.com/the-people-who-matter-at-Uber.

15. 通用电气《2013 年年度报告》，第 6 页。

16. Michael Porter and James E. Heppelman, "How Smart, Connected Products Are Transforming Companies," *Harvard Business Review*, October 2015.

17. Fred Lambert, "Tesla Is Building a New Growth Team 'From Scratch' Ahead of the Model 3 Launch, Hires from Facebook and Uber", *Eletrek* (blog), May 9, 2016, electrek.co/2016/05/09/tesla-growth-team-model-3 -launch-hires-facebook-Uber/.

18. http://original.livestream.com/f8industry/video?clipId=pla_a093cf1f-2d34-4e74-8377-9e54bc65d8e9.

19. 作者的采访，2016 年 2 月 17 日。

20. "Internet Users by Country (2016)," Internet Lives Stats website, 2016 年 9 月 13 日查阅 , http://www.internetlivestats.com/internet-users-by-country/。

21. Aaron Smith, "U.S. Smartphone Use in 2015," Pew Research Center website, April 1, 2015, http://www.pewinternet.org/2015/04/01/us-smartphone-use-in-2015/.

22. Anne Freier, "Ad blocker adoption jumped over 34% in 2016," *Mobyaffiliates* (blog), June 23, 2016, mobyaffiliates.com/blog/ad-blocker-adoption-jumped-over-34-in-2016/; "Nearly Two in Three Millennials Block Ads," eMarketer blog, September 21, 2015, emarketer.com/Article/Nearly-Two-Three-Millennials-Block-Ads/1013007.

23. Nathalie Tadena, "Streaming Video Subscriptions Are Now Just as Popular as DVRs," *Wall Street Journal* website, Updated June 27, 2016 12:29 p.m. ET, 2016 年 9 月 13 日 查 阅 , wsj.com/articles/streaming-video-subscriptions-are-now-just-as-popular-as-dvrs-1467032401。

24. Eric Kutcher, Olivia Nottebohm, and Kara Sprague, "Grow Fast or Die Slow," McKinsey & Company website, April 2104, 2016 年 9 月 13 日查阅 , mckinsey.com/industries/high-tech/our-insights/grow-fast-or-die-slow。

25. "73% of CEOs Think Marketers Lack Business Credibility," Fournaise

Marketing Group website, media release, June 15, 2011, 2016 年 9 月 13 日 查 阅 , fournaisegroup.com/marketers-lack- credibility/。

26. Graham Charlton, "Why are conversion rates so low? [infographic]," *Econsultancy* (blog), October 18, 2012, 2016 年 9 月 13 日查阅 , econsultancy.com/blog/10914-why-are-conversion-rates-so-low-infographic/。

27. quora.com/What-are-some-decisions-taken-by-the-Growth-team-at-Facebook-that-helped-Facebook-reach-500-million-users.

第一章

1. Carolyn Dewar, Scott Keller, Johanne Lavoie, and Leigh M. Weiss, McKinsey & Company, Organization Practice, "How do I drive effective collaboration to deliver real business impact?" September 2009.

2. Adam M. Kleinbaum, Toby E. Stuart & Michael L. Tushman, "Communication (and Coordination?) in a Modern, Complex Organization," Harvard Business School's *Working Knowledge* Blog, July 31, 2008.

3. Ranjay Gulati, "Silo Busting: How to Execute on the Promise of Customer Focus," *Harvard Business Review*, May 2007.

4. Ben Horowitz, "Good Product Manager/Bad Product Manager," Andreessen Horowitz website (no exact date given), a16z.com/2012/06/15/good-product-managerbad-product-manager/.

5. NoahKagan, "What HAppens After You Get Shot Down by Mark Zuckerberg?" Fast Company, July 24, 2014, fastcompany.com/3033427/hit-the-ground-running/what-hAppens-after-you-get-shot-down-by-mark -zuckerberg.

6. Harry McCracken, "Inside Mark Zuckerberg's Bold Plan for the Future of Facebook," *Fast Company*, *Long Read/Behind the Brand* (blog), November 16, 2015.

7. "Fireside Chat: Defining True Growth—How Do You Find Your North Star Metric," GrowthHackers, https://growthhackers.com/videos/gh -conference-16-fireside-chat-with-nate-moch-vp-product-teams-at -zillow-and-morgan-brown-coo-at-

inman-news.

8. Andrew McInnes, "How Do You Choose the Best Growth Team Model?" Medium, October 19, 2015, medium.com/swlh/how-do-you-choose-the-best-growth-team-model-632ad5a85 be9#.955lnqbgc.

9. John Egan, "How We Increased Active Pinners with One Simple Trick," Pinterest Engineering blog, March 18, 2016, engineering.pinterest.com/ blog/how-we-increased-active-pinners-one-simple-trick.

10. Anand Rajaraman, "Goodbye, Kosmix. Hello, @WalmartLabs," @Walmart-Labs blog, May 3, 2011, walmartlabs.blogspot.com/2011/05/goodbye-kosmix -hello-walmartlabs.html.

11. Josh Schwarzapel, "How to Start a Growth Team: Lessons learned from starting the Yahoo Growth & Emerging Products Team," Medium, July 9, 2015. 12.

12. McInnes, "How Do You Choose the Best Growth Team Model?".

13. 摩根对乔西·埃尔曼的采访，2016 年 4 月 26 日。

14. 摩根对劳伦·谢福尔的采访，2016 年 3 月 3 日。

第二章

1. Alice Z. Cuneo, "Microsoft Changes Its Marketing Tune for Lackluster Zune," *Advertising Age*, November 5, 2007.

2. Farhad Manjoo, "The Flop That Saved Microsoft," *Slate*, October 26, 2012.

3. Chamath Palihapitiya, "How We Put Facebook on the Path to 1 Billion Users," 2013 年 1 月 9 日发布于 YouTube, youtube.com/watch?v=raIUQP71SBU; 布赖恩对于问题 "Yelp 是如何获得 2500 万条评价的，它在起步时采用了什么创新的方法吸引用户" 的回答，Quora，2013 年 7 月 31 日，quora .com/How-did-Yelp-get-its-first-25-million-reviews-What-was-the-innovation-to-attract-users-when-they-started。

4. Amy Pack, "Is Branch Out a LinkedIn Killer," CNBC.com, June14, 2012, cnbc.com/id/47736408.

5. Josh Constine, "How BranchOut Hit the Tipping Point and Grew from 1M to

5.5M Actives in 2 Months," TechCrunch, March 2, 2012, techcrunch.com/2012/03/02/branchout-growth/; Colleen Taylor, "Branch- Out Hits 25 Million Users, Nabs $25M in Series C Funding," Tech- Crunch, April 19, 2012, techcrunch.com/2012/04/19/branchout-25-million -users-funding-series-c/.

6. Marc Drees, "BranchOut Keeps Falling Down, Down," ERE Media, June 23, 2012, eremedia.com/ere/branchout-keeps-falling-down-down/.

7. Colleen Taylor, "BranchOut CEO Rick Marini on Building a Company atop Facebook's 'Shifting Sands' [TCTV]," TechCrunch, August 10, 2012, techcrunch.com/2012/08/10/branchout-ceo-rick-marini-on-building-a -company-atop-facebook-shifting-sands-tctv/.

8. Ingrid Lunden, "As BranchOut Team Goes to Hearst, 1-Page Buys BranchOut's Assets for $5.4M in Cash and Shares," TechCrunch, November 18, 2014, techcrunch.com/2014/11/18/branchout-1-page/.

9. Growth @ Airbnb, "Driving User Growth at Airbnb," 2016 年 4 月 11 日发布于 YouTube, youtube.com/watch?v=03mc78lKOwI。

10. Newsweek Staff, "My Big Break: Yelp's Jeremy Stoppelman," *Newsweek,* October 21, 2009, newsweek.com/my-big-break-yelps-jeremy-stoppelman -81133; Erick Schonfeld, "Citysearch Recasts Itself as CityGrid Media," TechCrunch, June 2, 2010, techcrunch.com/2010/06/02/citysearch-recasts -itself-as-citygrid-media.

11. JP Mangalindan, "The Trials of Uber," *Fortune,* February 2, 2012, tech.fortune.cnn.com/2012/02/02/the-trials-of-uber/.

12. Andrew Chen, "New Data Shows Losing 80% of Mobile Users Is Normal, and Why the Best Apps Do Better," Andrew Chen blog (n.d.), andrewchen.co/new-data-shows-why-losing-80-of-your-mobile-users-is -normal-and-that-the-best-Apps-do-much-better/.

13. Downloadable Library of SaaS Resources, Pacific Crest Securities, pacific-crest.com/saas-survey-file-vault/.

14. Lisa Jennings, "Study: Restaurants Improve Customer Retention Rates," *Nation's Restaurant News,* June 8, 2012.

15. Tony Boobier, “Keeping the Customer Satisfied: The Dynamics of Cus- tomer Defection, and the Changing Role of the Loss Adjuster,” CILA report, July 2013.

16. Ash Maurya, “The Achilles Heel of Customer Development,” Lean Stack, August 2009, leanstack.com/customer-development-getting-started/.

17. Danielle Maveal, 对 Quora 上的问题 “Etsy 在起步时是如何获得第一批独立卖家的” 的回答 , August 21, 2014, quora.com/How-did-Etsy-get-its-first-batch-of-independent-sellers-when-it-started。

18. Etsy registration statement, sec.gov/Archives/edgar/data/1370637/000119312515077045/d806992ds1.htm.

19. Ibid.

20. Bryan Hackett, “Tinder’s First Year User Growth Strategy,” Parantap Research & Strategy blog, March 3, 2015.

21. Ibid.

22. Issie Lapowsky, “How Tinder Is Winning the Mobile Dating Wars,” *Inc.,* May 23, 2013.

23. Jackson, *PayPal Wars,* 35–40.

24. Margaret Kane, “eBay Picks Up PayPal for $1.5 Billion,” CNET, August 18, 2002, cnet.com/news/ebay-picks-up-paypal-for-1-5-billion/.

25. Josh Muccio, “Brian Balfour of HubSpot—The Minimum Viable Test and How to Grow Your Startup,” Dailyhunt, April 27, 2015, dailyhunt.thepitch.fm/hubspot.

26. “How to Increase Signups by 200%,” Treehouse blog, July 21, 2009, blog.teamtreehouse.com/how-to-increase-sign-ups-by-200-percent.

27. David Carr, “Giving Viewers What They Want,” *New York Times,* Feb- ruary 24, 2013, nytimes.com/2013/02/25/business/media/for-house-of-cards-using-big-data-to-guarantee-its-popularity.html?_r=0.

28. Robert J. Moore, “Applying the Lessons of ‘Moneyball’ and ‘Golden Motions’ to Your Business,” *Boss* (blog at *New York Times*), boss.blogs.nytimes.com/2014/06/10/Applying-the-lessons-of-moneyball-and-golden-motions-to-your-business/.

29. Keith Sawyer, *Zig Zag: The Surprising Path to Greater Creativity* (JosseyBass, 2013), 22–3.

30. Simone Baribeau, "The Pinterest Pivot," *Fast Company,* October 23, 2012, fastcompany.com/3001984/pinterest-pivot.

31. Leah Goldman and Alyson Shontell, "Groupon's Billion-Dollar Pivot: The Incredible Story of How Utter Failure Morphed Into Fortunes," *Business Insider,* March 4, 2011, http://www.businessinsider.com/groupon -pivot-2011-3?op=1.

32. Jawed Karim, University of Illinois commencement address, May 13, 2007, https://youtu.be/24yglUYbKXE.

33. David Skok, "SaaS Metrics 2.0—A Guide to Measuring and Improving What Matters," *For Entrepreneurs from David Skok* (blog) (n.d.), forentrepreneurs.com/saas-metrics-2/.

第三章

1. Sarah Perez, "Everpix: All Your Photos, Automatically Organized and Accessible from Anywhere," TechCrunch, September 12, 2011, techcrunch.com/2011/09/12/everpix-all-your-photos-automatically-organized-and -accessible-from-anywhere/.

2. "The Truth About Conversion Ratios for Downloadable Software," *Successful Software* (blog) (n.d.), successfulsoftware.net/2009/04/23/the-truth-about-conversion-ratios-for-software.

3. Casey Newton, "Out of the Picture: Why the World's Best Photo Startup Is Going Out of Business," The Verge, November 5, 2013, theverge.com/2013/11/5/5039216/everpix-life-and-death-inside-the-worlds-best-photo-startup.

4. Andy Johns, "Indispensable Growth Frameworks from My Years at Facebook, Twitter and Wealthfront," *First Round Review* (blog) (n.d.), firstround.com/review/indispensable-growth-frameworks-from-my -years-at-facebook-twitter-and-wealthfront/.

5. Ibid.

6. Ibid.

7. Elman, "3 Growth Hacks."

8. Alex Schultz, "Lecture 6: Growth," *How to Start a Startup* (blog), startupclass.samaltman.com/courses/lec06/.

9. Palihapitiya, "Facebook on the Path to 1 Billion Users."

10. Jordan Crook and Anna Escher, "A Brief History of Airbnb," slideshow at TechCrunch (n.d.), techcrunch.com/gallery/a-brief-history-of-Airbnb/; "How Design Thinking Transformed Airbnb from a Failing Startup to a Billion Dollar Business," *First Round Review* (n.d.), firstround.com/review/How-design-thinking-transformed-Airbnb-from-failing-startup-to-billion-dollar-business/.

11. Austin Carr, "19: Airbnb," *Fast Company*'s Most Innovative Companies 2012, February 7, 2012, fastcompany.com/3017358/most-innovative-companies-2012/19Airbnb.

12. Schultz, "Lecture 6: Growth."

13. Jack Dorsey, "Instrument Everything," eCorner (Stanford University), February 9, 2011, ecorner.stanford.edu/videos/2643/Instrument-Everything.

14. Alex Schultz and Naomi Gleit, Facebook F8, "Ready to Grow" Breakout Session, April 21, 2010, original.livestream.com/f8industry/video?clipId=pla_a093cf1f-2d34-4e74-8377-9e54bc65d8e9.

15. Rob Sobers, "$9 Marketing Stack: A Step-by-Step Guide," Rob Sobers blog (n.d.), robsobers.com/9-dollar-marketing-stack-step-by-step-setup -guide/.

16. Willix Halim, "Create a Full Company Growth Culture," GrowthHackers Conference, February 18, 2016, https://growthhackers.com/videos/ gh-conference-16-william-halim-svp-growth-freelancer-create-a-full -company-growth-culture.

17. Avinash Kaushik, "The Difference Between Web Reporting and Web Analysis," *Occam's Razor* (Avinash Kaushik' s blog) (n.d.), kaushik.net/avinash/difference-web-reporting-web-analysis/.

18. John Egan, "The 27 Metrics in Pinterest's Internal Growth Dashboard,"

John Egan blog, January 22, 2015, jwegan.com/growth-hacking/27-metrics-pinterests-internal-growth-dashboard/.

19. Josh Elman, "3 Growth Hacks," https://www.youtube.com/watch?v=AaMqCWOfA1o.

第四章

1. Associated Press, "College Football Games Are Getting Longer; Are They Too Long?" *OregonLive* (blog at the *Oregonian*), December 26, 2014, oregonlive.com/collegefootball/index.ssf/2014/12/college_football_games_are_get.html; Phil Steele, "Offensive Plays per Game/Pace," Phil Steele blog, January 14, 2016, philsteele.com/blogs/2016/JAN16/ DBJan14.html.

2. Frederick F. Reichheld and Phil Schefter, "The Economics of E-loyalty," Harvard Business School archives, July 10, 2000, hbswk.hbs.edu/archive/1590.html.

3. Bryan Eisenberg, "3 Steps to Better Prioritization and Faster Execution," Bryan Eisenberg website, December 3, 2010, bryaneisenberg.com/3-steps-to-better-prioritization-and-faster-execution/.

4. "PIEF ramework," WiderFunnel blog, August 28, 2015, widerfunnel.com/case-studies/telestream-case-study/pie_2015_v1/.

5. Lars Lofgren, "My 7 Rules for A/B Testing That Triple Conversion Rates," Lars Lofgren blog (n.d.), larslofgren.com/growth/7-rules-for-ab-testing.

第五章

1. Ginny Marvin, "US digital ad revenues top $59.6 billion in 2015, up 20 percent to hit another high," MarketingLand blog, April 21, 2016, http://marketingland.com/us-digital-ad-revenues-60-billion-2015-iab-174043.

2. "Slowing Growth Ahead for Worldwide Internet Audience," eMarketer blog, June 7, 2016, http://www.emarketer.com/Article/Slowing-Growth-Ahead-Worldwide-Internet-Audience/1014045.

3. Sarah Frier, "Fab.com's Ascent to $1 Billion Valuation Brings Missteps" Bloomberg Technology blog, June 24, 2013, http://www.bloomberg.com/news/articles/2013-06-24/fab-com-s-race-to-1-billion-valuation-brings-missteps.

4. James Currier, (August 12, 2014) "[500DISTRO] Do You Speak Growth? Examining the Language Behind What Users Want," retrieved from https://www.youtube.com/watch?v=FI52Z-fDM5c.

5. Consumer Insights group, Microsoft Canada, "Attention spans," Spring 2015, page 6, https://advertising.microsoft.com/en/WWDocs/User/display/cl/researchreport/31966/en/microsoft-attention-spans-research-report.pdf.

6. Alyson Shontell, "How To Create The Fastest Growing Media Company In The World," *Business Insider*, November 5, 2012; Upworthy, "The Sweet Science Of Virality," March 18, 2013 [slideshare], retrieved from: http://www.slideshare.net/Upworthy/the-sweet-science-of-virality.

7. Currier, "[500DISTRO] Do You Speak Growth?"

8. Video of Febreeze advertisement from 1998, viewed at: https://www.youtube.com/watch?v=4-kAIHN6qYY.

9. Charles Duhigg,《公司如何获知你的秘密》,《纽约时报杂志》, 2012 年 2 月 16 日。

10. Video of Febreeze advertisement from 1999, viewed at: http:/www.youtube.com/watch?v=ZTPNtruSIU0.

11. Molly Young, "Be Bossy: Sophia Amoruso Has Advice for Millennials and a Bone to Pick With Sheryl Sandberg," *New York* Magazine, *The Cut* blog, May 26, 2014, http://nymag.com/thecut/2014/05/sophia-amoruso-nasty-gal-millennial-advice.html.

12. Blake Masters, "*Peter Thiel's CS183: Startup - Class 9 Notes Essay,*" Blake Masters blog, May4, 2012, http://blakemasters.com/post/22405055017/peter-thiels-cs183-startup-class-9-notes-essay.

13. Aatif Awan, "Lessons Learned from Growing LinkedIn to 400m Members," February 18, 2016, retrieved from: http://growthhackers.com/videos/gh-conference-16-

aatif-awan-head-of-growth-linkedin-lessons-learned-from-growing-linkedin-to-400m-members.

14. Brian Balfour, "5 Steps To Choose Your Customer Acquisition Channel," *Coelevate* blog, May 21, 2013, http://www.coelevate.com/essays/5-steps-to-choose-your-customer-acquisition-channel.

15. Ivan Kirigin, (August 13, 2014) "[500DISTRO] Sharing Lab Notes: 27 Referral Program Hack-tics in 20 Minutes," retrieved from: http://www.youtube.com/watch?v=KMGnOU3lwQg.

16. Shontell,《如何创造增长最快的媒体公司》。

17. David Skok, "Lessons Learned -Viral Marketing," *For Entrepreneurs from David Skok* blog, [no date of post], http://www.forentrepreneurs.com/lessons-learnt-viral-marketing/.

18. Alex Schultz, "Lecture 6: Growth," How to Start a Startup blog, http://startupclass.samaltman.com/courses/lec06/.

19. Eventbrite, "Social Commerce: A Global Look at the Numbers," Eventbrite blog, October 23, 2012，https://www.eventbrite.com/blog/ds00-social-commerce-a-global-look-at-the-numbers/.

20. Josh Elman，"3 Growth Hacks" .

第六章

1. AdRoll, "What Is Retargeting," 2016, https://www.adroll.com/getting-started/retargeting; Andrew Chen, "Losing 80% of mobile users is normal."

2. Ibid.

3. Neil Patel, Talk at Search Engine Journal Summit, Santa Monica, California, February 24, 2015, retrieved at: http://www.slideshare.net/SearchEngineJournal/1-neil-patel-final.

4. Ibid.

5. Growth@ Airbnb, "Driving User Growth at Airbnb, April 11, 2016, retrieved at: https://www.youtube.com/watch?v=03mc78lKOwI.

6. Josh Elman,《三个增长黑客策略》。

7. John Egan, "Measuring for Engagement: Understanding User Gains, Losses & Levels of Interaction," August 12, 2014, retrieved at: https://www.youtube.com/watch?v=NghOllGvv4E.

8. Neil Patel, Talk at Search Engine Journal Summit, slideshare.net/SearchEngineJournal/1-neil-patel-final.

9. "How Adobe converted free trial downloads into satisfied customers," *Bunchball* (blog) 2016, http://www.bunchball.com/customers/adobe.

10. Adam Kleinberg, "Brands That Failed with Gamification," iMedia, July 25, 2012, imediaconnection.com/articles/ported-articles/red-dot-articles/2012/jul/brands-that-failed-with gamification/.

11. Gabe Zichermann, "Cash is for SAPS," *Gamification* (blog), October 18, 2010, http://www.gamification.co/2010/10/18/cash-is-for-saps/.

12. Jen Wieczner,《星巴克卡中的钱比一些银行还要多》,《财富》杂志，2016 年 6 月 10 日。

13. BJ Fogg's Behavior Model, "What Causes Behavior Change?" http://www.behaviormodel.org.

14. Andrew Chen blog, "New Data Shows Up to 60% of Users Opt-Out Of Push Notifications (Guest Post)," http://andrewchen.co/why-people-are-turning-off-push/.

15. John Egan, "Long-term Impact of Badging," John Egan blog, February 13, 2015, http://jwegan.com/growth-hacking/long-term-impact-badging/.

16. Adam Marchick and Thue Madsen "How to Craft Push Notifications That Users Actually Want to Receive," Kissmetrics blog, 2016, http://grow.kissmetrics.com/webinar-93.

17. B J Fogg's Behavior Model 'Triggers Tell People to 'Do It Now!' " , behaviormodel.org/triggers.html.

18. Kyler Rush, "Optimization at the Obama Campaign: A/B Testing," Kyler Rush Blog, December, 12, 2012, http://kylerush.net/blog/optimization-at-the-obama-campaign-ab-testing/.

第七章

1. 彼得·德鲁克，《管理：任务、责任、实践》，(New York: Routledge, 2012)，57。

2. Fred Reichheld, “Prescription for Cutting Costs,” Bain & Company report (n.d.), bain.com/Images/BB_Prescription_cutting_costs.pdf.

3. 埃伦·韦特（Ellen Huet）, What Really Killed Homejoy? It Couldn’t Hold On to Its Castomers”，《福布斯》，2015 年 7 月 23 日。

4. Daniel B. Kline, “Amazon Prime Improves Its Customer Retention Rate,” June 1, 2016, fool.com/investing/2016/06/01/amazon-prime-improves-its-customer-retention-rate.aspx.

5. Jules Maltz and Daniel Barney, “Should Your Startup Go Freemium?” TechCrunch, November 4, 2012, techcrunch.com/2012/11/04/should-your-startup-go-freemium/.

6. Brian Balfour, “Growth Is Good, but Retention Is 4+Ever,” May 10, 2015,retrieved at: youtube.com/watch?v=ch7aps2h8zQ.

7. Alistair Croll and Benjamin Yoskovitz, *Lean Analytics: Use Data to Build aBetter Startup Faster* (Sebastopol: O’Reilly Media, Inc., 2013), 73.

8. 达米什·沙阿（Dharmesh Shah）和摩根·布朗的对话，2016 年 3 月 1 日。

9. 鲍尔弗，《增长很好，但留存是永远》。

10. Daniel B. Kline, “Amazon Improves Its Customer Retention Rate,” *The Motley Fool*, June 1, 2016, http://www.fool.com/investing/2016/06/01/amazon-prime-improves-its-customer-retention-rate.aspx.

11. Christoph Janz, “From ‘A as in Amiga’ to ‘Z as in Zendesk’,” *The Angel VC* (blog), July 16, 2016, christophjanz.blogspot.com/2016/07/from-as-in-amiga-to-z-as-in-zendesk.html.

12. 尼尔·埃亚尔，《上瘾：让用户养成使用习惯的四大产品逻辑》(Portfolio: 2014)，5–10。

13. 布拉德·斯通（Brad Stone），《一网打尽：贝佐斯与亚马逊时代》(Little,

Brown: 2013)，187。

14. 布拉德 · 斯通，“What’s in Amazon’s Box? Instant Gratifcation,” Bloomberg, November 24, 2010, bloomberg.com/news/articles/2010-11-24/whats-in-amazons-box-instant-gratifcation。

15. Dave Kim, comment on question “How did Yelp get initial traction and overcome the critical mass problem?” Quora, March 10, 2011, quora.com/How-did-Yelp-get-initial-traction-and-overcome-the-critical-mass-problem.

16. Zhongmin Wang, “Anonymity, Social Image, and the Competition for Volunteers: A Case Study of the Online Market for Reviews,” April, 2010, https://editorialexpress.com/cgi-bin/conference/download.cgi?db_name=IIOC2010&paper_id=336.

17. Sarah Silbert, “The Inside Scoop on the Amex Centurion (Black) Card,” *The Points Guy* (blog), October 14, 2015, thepointsguy.com/2015/10/amex-centurion-black-card/.

18. Sarah Buhr, “theSkimm on How to Rapidly Grow an Audience of Engaged Millennials,” TechCrunch, May 9, 2016, techcrunch.com/2016/05/09/theskimm-on-a-better-way-to-serve-the-news-to-young-professionals/.

19. Justin Ellis, “How theSkimm’s Passionate Readership Helped Its Newsletter Grow to 1.5 Million Subscribers,” Nieman Lab blog, August 18, 2015, niemanlab.org/2015/08/how-the-skimms-passionate-readership-helped-its-newsletter-grow-to-1-5-million-subscribers/.

20. Jimmy Daly, “Behavioral Emails That Keep Customers Coming Back (with Examples from My Inbox),” Unbounce blog, March 9, 2015, unbounce.com/email-marketing/behavioral-emails-keep-customers-coming-back/.

21. 摩根 · 布朗与舒维克 · 慕克吉的谈话，2016 年 3 月 10 日。

22. Cara Harshman, “The Homepage Is Dead: A Personalization Story,” Call To Action Conference, June 20, 2016, http://calltoactionconference.unbounce.com/speakers/2016-cara-harshman.

23. Egan, “How We Increased Active Pinners.”

24. Bing Gordon, "Five Things to Know About Retention Hacking," KPCB blog, November 17, 2014, kpcb.com/blog/fve-things-to-know-about-retention-hacking.

25. Debora Viana Thompson, Rebecca W. Hamilton, and Roland T. Rust, "Feature Fatigue: When Product Capabilities Become Too Much of a Good Thing," Marketing Science Institute blog, 2005, msi.org/reports/feature-fatigue-when-product-capabilities-become-too-much-of-a-good-thing/.

26. David Pogue, "Simplicity Sells," TED Talk, flmed February 2006, retrieved at: ted.com/talks/david_pogue_says_simplicity_sells?language=en.

27. Jordan T. McBride, "Dan Wolchonok on Running Retention Experiments," *ProftWell* (blog), January 21, 2016, blog.proftwell.com/saasfest-recap-dan-wolchonok-on-running-retention-experiments.

第八章

1. Monetate, "Monetate Ecommerce Quarterly for Q1 2016," 2016, retrieved at: http://info.monetate.com/EQ1_2016.html.

2. 克罗尔（Croll）和尤科维奇（Yoskovitz），《精益数据分析》, p113-119。

3. Colin Zima, (September 8, 2014) "Growth Hacking with Data-How to Uncover Big Growth Opportunities with Deep Data Dives," retreived at: https://growthhackers.com/videos/growth-hacking-with-data-how-to-uncover-big-growth-opportunities-with-deep-data-dives/.

4. Elena Verna, (February 18, 2016) "Product Experience Usability To Improve Growth," retrieved at: https://growthhackers.com/videos/elena-verna-vp-growth-at-surveymonkey-product-experience-usability-to-improve-growth.

5. Annabell Satterfield (Growth at Bittorrent), "Engaging Customers to Find Your Next Big Growth Opportunity," retreived at: https://growthhackers.com/videos/gh-conference-16-annabell-satterfield-growth-at-bittorrent-engaging-customers-to-find-your-next-big-growth-opportunity.

6. Colin Zima, "Recommendations Are Easier Than You Think," *Looker*(blog),

December 22, 2014, https://looker.com/blog/recommendations-are-easier-than-you-think.

7. Charles Duhigg, "How Companies Learn Your Secrets," February 16, 2012, *New York Times Magazine*, retreived at: http://www.nytimes.com/2012/02/19/magazine/shopping-habits.html?_r=0.

8. William Poundstone, *Priceless: The Myth of Fair Value* (*and How to Take Advantage of It*), (Hill and Wang, 2011), 185-92, retreived at: https://books.google.com/books?id=4Fs1TrLjWhUC&lpg=PT156&dq=poundstone%20charm%20pricing&pg=PT156#v=onepage&q=poundstone%20charm%20pricing&f=false.

9. "The Price is Right: Essential Tips for Nailing Your Pricing Strategy," First Round Review [n.d.], retreived at: http://firstround.com/review/the-price-is-right-essential-tips-for-nailing-your-pricing-strategy/.

10. Patrick Campbell, "The Value Metric: Optimize Your Pricing Strategy for High Growth," Price Intelligently, March 12, 2014, retrieved at: http://www.priceintelligently.com/blog/bid/195287/The-Value-Metric-Optimize-Your-Pricing-Strategy-for-High-Growth.

11. Dana Mattioli, "On Orbitz, Mac Users Steered to Pricier Hotels," *Wall Street Journal*, August 23, 2012, retreived at: http://www.wsj.com/articles/SB10001424052702304458604577488822667325882.

12. Dan Airley, *Predictably Irrational, Revised and Expanded Edition: The Hidden Forces That Shape Our Decisions*, (Harper Perennial, 2010), retreived at: https://books.google.com/books?id=44ecn9XukOoC&lpg=PA1&dq=%22the%20economist%22%20subscription&pg=PT21#v=onepage&q=%22the%20economist%22%20subscription&f=false.

13. Steve Young, "How a Made-up Product Increased Conversions by 233%," Unbounce, August 14, 2012, retreived at: http://unbounce.com/conversion-rate-optimization/made-up-product-increased-conversions/.

14. Stuart Hall, "An App Store Experiment," StuartKHall.com, June 20, 2013, retreived at: http://stuartkhall.com/posts/an-App-store-experiment.

15. "Top Apps on iOS Store, United States," App Annie, September 16, 2016, retreived at: https://www.Appannie.com/Apps/ios/top/.

16. Sarah Needleman, "How Mobile Games Rake In Billions" , *Wall Street Journal*, July 28, 2106, retreived at: http://www.wsj.com/articles/how-mobile-games-rake-in-billions-1469720088.

17. Joe Pinsker, "The Psychology Behind Costco's Free Samples," *The Atlantic*, October 1, 2014, retreived at: http://www.theatlantic.com/business/archive/2014/10/the-psychology-behind-costcos-free-samples/380969/.

18. Steve J. Martin, Noah Goldstein, Robert Cialdini, *The small BIG: Small Changes That Spark Big Influence*, TK: Grand Central Publishing, 2014, retreived at: https://books.google.com/books?id=3a5gAwAAQBAJ&lpg=PT10&dq=the%20small%20big%20HMRC&pg=PT10#v=onepage&q=the%20small%20big%20HMRC&f=false.

19. Angie Schottmuller, (March 30, 2016) "Social Proof Power Plays," retreived at: https://inbound.org/discuss/conversionxl-live-notes-slides-and-q-a-slideshare-s-now-included#angieschottmuller.

20. "Conversion for E-commerce: Two Winning Tests for a Multilingual Online Florist," Conversion Rate Experts, [n.d.], retrieved at: http://www.conversion-rate-experts.com/daflores-case-study/.

21. Aileen Lee, "Social Proof is the New Marketing," TechCrunch, November 27, 2011, retreived at: https://techcrunch.com/2011/11/27/social-proof-why-people-like-to-follow-the-crowd/.

22. Paras Chopra, "Focus Matters on a Landing Page and Here's Why: 22% Increase in Sales," Visual Website Optimizer, October 24, 2012, retreived at: https://vwo.com/blog/call-to-action-increase-sales/.

23. Jason Bosinoff, "Hacking Word-of-Mouth: Making Referrals Work for Airbnb," Airbnb, March 27, 2014, retreived at: http://nerds.Airbnb.com/making-referrals-work-for-Airbnb/.

第九章

1. Facebook, September 16, 2016, retrieved at: newsroom.fb.com/company-info.

2. Matthew S. Olson, Derek van Bever, and Seth Verry,《当增长停滞时》,《哈佛商业评论》, 2008 年 3 月。

3. Jon Russell, "Viddy, Once Touted as 'The Instagram for Video,' Will Shut Down on December 15," TechCrunch, November 4, 2014, retrieved at: techcrunch.com/2014/11/04/viddy-once-touted-as-the-instagram-for-video-will-shut-down-on-december-15/.